Esoterik

Herausgegeben von Gerhard Riemann

Marlies Burghardt, geboren 1945 in Hamburg, studierte Germanistik, Soziologie und Psychologie. Seit 1976 ist sie als freie Journalistin tätig auf den Gebieten Frauenthemen, Reisen und Kultur. Ausgelöst durch Reisen nach Asien und durch Naturerlebnisse in Amerika Auseinandersetzung mit spirituellen Themen und mit der Bilderwelt des Unbewußten. Seit 12 Jahren intensive Arbeit mit dem Tarot, Tarotseminare und Einzelberatungen.

Von Marlies Burghardt ist außerdem
als Knaur-Taschenbuch erschienen:

Tarot und Lebensbaum (Band 86028)

Dieses Buch wurde auf chlor- und säurefreiem Papier gedruckt.

Originalausgabe Juli 1995

Umschlagillustration Peter F. Strauss
Satz DTP ba · br
Druck und Bindung Ebner Ulm
Printed in Germany
ISBN 3-426-86086-4

2 4 5 3 1

Marlies Burghardt

Tarot-Praxis

Mit Lebensbaum, Symbolverzeichnis
und Übungen für Rider-Waite- und
Crowley-Karten

Knaur

Inhalt

Teil II

Erfahrungen sammeln mit den Tarotkarten

Übungen, Selbsterfahrung, Spiele, Meditation

Teil III

Befragungen mit den Tarotkarten

Teil IV
Interpretationshilfen
Stichworte und Abbildungen

Teil V
Die Tarotkarten als Hilfsmittel bei psychischen Transformations- und Wachstumsprozessen

Vorwort

In meinem Buch *Tarot und Lebensbaum** bin ich auf den geistigen Hintergrund der Tarotkarten eingegangen und habe meine Interpretationen zum Rider-Waite-Tarot dargestellt. Hier möchte ich vor allem weiter zum praktischen Üben, zur Schulung der Intuition und zur intensiven Selbsterfahrung mit Hilfe der Tarotkarten anregen und dabei den Crowley-Tarot mit einbeziehen. Selbstverständlich können die Karteninterpretationen und Übungen auch auf andere Tarotdecks angewendet werden, sofern sie sich an den Rider- oder den Crowley-Tarot anlehnen. Alle Übungen, die vorgestellt werden, wurden in meinen Seminaren mit großem Eifer und viel Spaß ausprobiert und brachten den Teilnehmern so manchen wichtigen Hinweis auf sich selbst.

Um eine enge Beziehung zu den Tarotkarten zu entwickeln, ist es unbedingt erforderlich, tief in die Symbol- und Bildersprache einzudringen und durch Übung die intuitive Wahrnehmung zu schulen. Manche Menschen benötigen da überhaupt keine Anregung von außen – sie leben sehr im Einklang mit ihrer inneren Stimme. Eigentlich hat jeder Mensch diese Gabe. Aber durch die Betonung des Rationalen in unserem Kulturkreis tun sich heute viele Menschen schwer mit der Welt der Bilder und empfinden es als sehr hilfreich, wenn jemand sie an diese Bereiche heranführt. Deshalb bringe ich besonders im Teil IV »Interpretationshilfen« Erläuterungen zum Hintergrund und zur Symbolik der Tarotkarten – zu den vier Elementen, zum Lebensbaum der Kabbala, zur Farb- und Bildsymbolik –, so daß jeder tiefer in die Welt des Tarot einsteigen, seinen ganz persönlichen Zugang

* Erschienen ebenfalls in der Reihe Knaur Esoterik.

dazu finden und sich selbst näherkommen kann. Mich fasziniert immer wieder, wie vielschichtig die Sprache der Bilder ist und wie eine bestimmte Karte durch ganz unterschiedliche Symbole ähnliche Themen in den Menschen anspricht: Dem einen sagen die astrologischen Zeichen sehr viel, einem anderen geben Farben und Bilder wichtige Hinweise, ein dritter stellt über die Zahl die Verbindung zum Lebensbaum her und kommt dadurch zu wesentlichen Erkenntnissen.

Besonders im Crowley-Tarot tut sich eine umfangreiche Symbolwelt auf, die viele Menschen intensiv berührt. Ich kann im Kapitel »Stichworte zur Tarot-Bildsymbolik« darauf nur ganz kurz eingehen – die Vielfalt der Symbole würde ein Buch allein füllen. Ich vertraue aber darauf, daß die Bilder für sich sprechen, und verweise ansonsten auf Bücher, die intensiv die Bildinhalte der Crowley-Karten behandeln.* Bei den Karteninterpretationen gehe ich jeweils sowohl auf die Lichtseiten ein – Mitte, Ziel genannt – als auch auf die Schattenseiten. Den Schatten untergliedere ich in seine beiden Extreme, je nachdem, ob das Potential der Karte überzogen oder zu wenig gelebt wird.

Ich halte es für sehr bereichernd, sich einmal Karten verschiedener Tarotspiele genauer anzusehen und sie miteinander zu vergleichen. Deshalb stelle ich im Teil II »Erfahrungen sammeln mit den Tarotkarten« unterschiedliche Spiele vor.

Bei meinen kurzgefaßten Interpretationen geht es mir vor allem um Grundaussagen der Karten, um Gesamtthemen. Dennoch berücksichtige ich hierbei auch Aspekte, die bei den Rider- und Crowley-Karten jeweils voneinander abweichen.

Im Anschluß an die Karteninterpretationen folgen jeweils Übungen, die dabei helfen, den inneren Bezug zu den Karten herzustellen. Auch der Teil II »Erfahrungen sammeln mit den Tarotkarten« bietet eine sehr gute Möglichkeit, die ganz persönliche Verbindung zu den

* Beispielsweise Akron/Hajo Banzhaf, »Der Crowley-Tarot«, Heinrich-Hugendubel-Verlag.

Tarotkarten zu finden und sich dabei selbst zu erfahren. Erst wenn ich die Grundmuster der Großen Arkana in mir wiedererkenne oder wenn ich die Elemente bei den Kleinen Arkana in Beziehung zu mir setze, fühle ich mich persönlich angesprochen. Wenn ich die Hofkarten nehme und meine Kindheit und das damalige Beziehungsgefüge nachkonstruiere oder wenn ich prüfe, welche Rolle ich heute oft lebe und was mir angst macht, so erfahre ich die Kräfte der Karten in mir. Bei Teilnehmern meiner Seminare erlebe ich immer wieder die »Aha-Erlebnisse« bei diesen Übungen. Vielen erschließen sich ganz intensiv Karteninhalte, mit denen sie vorher Probleme hatten. Erst durch das persönliche Berührtsein ergibt sich die innere Beziehung zum Tarot. Denn es geht ja darum, die Karten von innen her zu begreifen.

Zunächst ist es zwar für viele von uns hilfreich, durch Bücher und Anregungen von außen wieder Zugang zur Welt der Bilder und damit zur Innenwelt zu finden. Danach gilt es dann aber, mehr und mehr das Gelesene ruhen- und loszulassen, um allein weiterzugehen und eigene Erfahrungen zu machen. Das bezieht sich auf alle Interpretationen der Tarotkarten. Die Kartenbeschreibungen zeigen Grundlinien auf, aber jeder sollte die Karten durch seine eigenen Erfahrungen und Empfindungen mit Leben erfüllen und sie damit zu seinen ganz persönlichen Wegbegleitern machen.

Um den Zugang zu Legemodellen zu erleichtern und den Umgang mit ihnen zu verdeutlichen, stelle ich im Teil III »Befragungen mit den Tarotkarten« Befragungsbeispiele vor, die zeigen, wie man an Themen herangehen kann. Dabei zeigt sich dann auch, wie aus der Position der Karten zueinander meist erkennbar ist, wann die »Licht-« und wann die »Schattenseite« der Karte gemeint ist.

Weil die meisten von uns große Probleme haben, sich selbst wirklich zu lieben – vor allem auch mit den Schattenseiten –, gibt es hier ganz viel zu tun. Das eine ist, die eigenen Stärken wirklich zu sehen, sich über sie zu freuen und sie zu leben. Das andere ist, den Schatten zu erkennen, anzunehmen und zu transformieren. Zur Wandlung des

Schattens reicht es nicht, ihn intellektuell zu verstehen, sondern es ist erforderlich, sich mit ihm innerlich auseinanderzusetzen, ihn zu fühlen, ihn dann zu akzeptieren und schließlich sich selbst und anderen zu verzeihen, um das Alte loslassen zu können. Dieser Transformationsprozeß hilft dabei, alte, überlebte Verteidigungs-, Abwehr- und Überlebensmechanismen hinter sich zu lassen. In Teil V »Die Tarotkarten als Hilfsmittel bei psychischen Transformations- und Wachstumsprozessen« gehe ich darauf ein und bringe im Anschluß daran Affirmationen, durch die bisherige Negativprogramme unserer Psyche durch positive ersetzt werden können.
Der Umgang mit den Tarotkarten und ihrer Symbolik und Weisheit kann insgesamt die Wahrnehmung schulen und erweitern und dazu beitragen, auch im täglichen Leben der Intuition zu vertrauen und achtsam zu sein bei allem, was uns begegnet. Wenn wir offen und aufmerksam in die Welt hinausgehen, so kann sie uns Spiegel der wirkenden Kräfte und damit Selbsterfahrungs- und Orientierungshilfe sein: Welche Menschen begegnen mir? Welches Thema verbindet uns? Was sagt mir die Zahl des heutigen Datums? Wie die Tarotkarten uns Spiegel sind, so lehren sie uns, alles, was uns begegnet, als Spiegel zu begreifen. So können wir mehr und mehr in Einklang kommen mit uns und allem um uns herum, können voller Vertrauen und Kraft unseren Weg im Auf und Ab des Alltags gehen und dabei die Kräfte spüren, die uns tragen und uns Führung, Orientierung und Sicherheit geben.

Was ist Tarot?

Die 78 Tarotkarten sind zunächst einmal Spielkarten, auf denen farbige Bilder, Zahlen und oft hebräische Buchstaben und astrologische Zeichen abgebildet sind. Diese Bilder sprechen das Unbewußte an, wo all das gespeichert ist, was dem Menschen je begegnete. Hier ist der Ort der Hoffnungen, Wünsche, Ängste, des Selbst- und Weltbildes, aber auch des inneren Wissens. Hier ist das, was von innen her Regie führt über das Leben des Menschen und darüber, wie er sich und die Welt erlebt, was er anstrebt, was er zu vermeiden sucht.
Über die Tarotkarten ist es möglich, mit dem Unbewußten in Kontakt zu treten und auf diese Weise sich selbst immer näherzukommen, um schließlich mehr und mehr bei dem, was man tut, das innere Wissen einzubeziehen und in Einklang mit ihm zu leben.
Die einzelne Karte ist also keine Autorität außerhalb des Menschen, sondern sie berührt einen Bereich in ihm, der immer vorhanden war und ist und der durch die Karte aktiviert wird. Dieser Bereich spricht zu uns beispielsweise in Träumen, und er äußert sich in einer Symbolsprache, die viele Menschen in unserer verstandesbetonten Gesellschaft meist erst wieder lernen müssen – theoretisch und vor allem praktisch durch Übung.
Die Bildersprache reicht tief in die Schichten des persönlichen und kollektiven Unbewußten hinein. Die Tarotkarten als Schlüssel zum Unbewußten helfen dabei, die Verbindung mit dem Inneren aufzunehmen, somit unbewußte Inhalte bewußtzumachen und damit blockierte Kraft zu befreien und ins tägliche Leben zu integrieren. Insofern haben wir durch die Tarotkarten die Möglichkeit, Entscheidungen in Übereinstimmung mit der inneren Stimme zu treffen und so unseren ganz persönlichen Weg zu gehen.

Ein Tarotspiel besteht aus 78 Karten, die sich aufgliedern in 22 Große Arkana und 56 Kleine Arkana (*arcanum* = geheimes Wissen). Die Großen Arkana sind archetypische Bilder und symbolisieren Urerfahrungen des Menschen, Urmuster. Die Kleinen Arkana setzen sich zusammen aus 40 Zahlenkarten und 16 Hofkarten. Die 40 Zahlenkarten verkörpern objektive Kräfte, die im einzelnen Menschen und im gesamten Universum wirken. Sie repräsentieren Situationen, in denen Menschen stehen, Situationen des Alltagslebens. Die 16 Hofkarten, auch Personenkarten genannt, zeigen das Rollenverhalten von Menschen und die Art und Weise, wie mit dem auf der jeweiligen Hofkarte vertretenen Element umgegangen wird – das kann man selbst, das können aber auch andere Menschen sein. Letztendlich geht es aber immer um den Fragenden selbst, denn alles, was er an anderen Menschen ablehnt, was ihm angst macht oder was ihn anzieht, hat auch mit ihm zu tun.

Den Hintergrund der Tarotkarten bilden die 4 Elemente, die Kabbala mit dem Lebensbaum und der Zahlensymbolik sowie die Astrologie. Auf die Elemente und den Lebensbaum gehe ich im Anschluß an dieses Kapitel und im Teil IV »Interpretationshilfen« kurz ein.

Über die Ursprünge des Tarot gibt es die verschiedensten Spekulationen. Urkundlich belegt ist, daß sie im 14. Jahrhundert in Europa auftauchten. Der Rider- und auch der Crowley-Tarot, die beiden am meisten verbreiteten Tarotspiele, entstammen der Tradition des englischen Geheimordens Golden Dawn. In dieser spirituellen Vereinigung wurden u. a. mit Hilfe der Kabbala, der Astrologie, der Tarotkarten bewußtseinserweiternde Erfahrungen gemacht. Arthur Edward Waite gab seinen Tarot 1910 heraus. Jahrzehnte später folgten dann die Karten von Aleister Crowley. In beiden Fällen übernahmen Frauen die Kartengestaltung: die Künstlerinnen Pamela Colman Smith (Rider-Tarot) und Lady Frieda Harris (Crowley-Tarot).

Mittlerweile sind mehrere Hundert verschiedene Tarotdecks auf dem Markt, gestaltet von den verschiedensten Künstlern, auch so namhaften wie Albrecht Dürer oder Salvador Dalí.

Besonders seit den sechziger Jahren unseres Jahrhunderts, seit der Zeit der Hippie-Bewegung haben die Tarotkarten immer mehr Anhänger unter Menschen, die sich mit sich selbst und mit Spirituellem auseinandersetzen, gefunden. Die Tarotkarten werden heute teilweise schon in der Psychotherapie mit hinzugezogen. Sie dienen insgesamt hauptsächlich der Selbsterfahrung, der Entscheidungsfindung und als allgemeine Orientierungshilfe.

Da die Karten aus dem verdeckten Kartenstapel gezogen werden, stellt sich für jeden, der das zum ersten Mal hört, die Frage, wieso eine »zufällig« gezogene Karte ihn selbst zu diesem Zeitpunkt repräsentiert, was die Karte mit ihm zu tun hat. Darauf kann auch keine Antwort gefunden werden, die unseren Verstand zufriedenstellt, dann der braucht Erklärungen, die analytisch und auf Kausalschlüssen aufgebaut sind. Wir bewegen uns hier aber auf einer anderen Ebene, wo ganzheitlich eins mit dem anderen verbunden ist, und das kann der Verstand so nicht nachvollziehen aufgrund seines begrenzten Blickwinkels und seines Aufspaltens in Subjekt und Objekt. In dieser »anderen« Welt gelten eigene Gesetze, hier gibt es keinen Zufall. Vielleicht kann zu diesem Thema die Auseinandersetzung mit dem Lebensbaum der Kabbala (siehe auch S. 21 und S. 302ff.) weiterhelfen. Dieses ganzheitliche Abbild im Kosmos wirkender Kräfte veranschaulicht, wie Kräfte auf verschiedenen Ebenen wirken, die wiederum alle miteinander in Verbindung stehen. Diese Kräfte entstammen der Einheit, Gott, und sie verdichten sich immer mehr, um so die materielle Welt zu bilden und in ihr wirken zu können. Wie beispielsweise die Gedanken mit der materiellen Welt verbunden sind, können wir erleben, wenn wir gerade über einen Menschen sprechen oder an ihn denken – und genau an dem Tag trifft ein Brief von ihm ein. C. G. Jung nennt dieses Phänomen Synchronizität, d. h., hier geht es um Ereignisse, die über eine gemeinsame Energiequalität verfügen, über ein Gesamtthema, einen gemeinsamen Sinn. Dies müssen wir uns vor Augen halten, wenn wir verstehen wollen, was die Tarotkarten mit uns zu tun haben. Ebenso wie all die Menschen und die Situationen, mit denen wir zu einem bestimmten Zeitpunkt »zufällig« in Verbindung stehen, gehört auch die Tarotkarte zu uns, die wir in diesem Augenblick ziehen, und sie spricht etwas an, was mit uns zu tun hat. Jeder, der Erfahrungen mit den Tarotkarten gemacht hat, weiß, was gemeint ist. Für ihn sind auch keine theoretischen Erklärungen über die Funktionsweise mehr nötig – die eigene Erfahrung allein zählt.

Insofern kann ein Buch zum Thema Tarot überhaupt nur dazu beitragen, den Einstieg zu erleichtern, Hintergründe zu verdeutlichen, Zusammenhänge aufzuzeigen, das »innere Auge« zu öffnen für die Botschaften des Unbewußten. Nachher muß jeder durch regelmäßiges Üben und Achtsamkeit immer tiefer in die Welt der Bilder eindringen und so über das Berührtsein durch die Karten seine persönlichen Interpretationen und seinen eigenen Zugang zum Tarot finden.

Die vier Elemente

Da die vier Elemente Feuer, Wasser, Luft und Erde ein ganz entscheidender Bestandteil des Tarot sind, möchte ich zunächst hier und dann im Teil IV »Interpretationshilfen« auf sie eingehen und ansonsten jeden dazu anregen, die Bedeutung der Elemente in sich und außerhalb zu beobachten. Bei allen Tarotkarten, ganz besonders aber bei den Kleinen Arkana, geht es um das Wirken der vier Elemente – Feuer, Wasser, Luft und Erde –, denen im Tarot die vier Sätze der Stäbe, Kelche, Schwerter und Münzen bzw. Scheiben entsprechen.
Hauptvertreter des Feuer-Elements ist in der Natur die Sonne, die Wärme und Licht gibt und damit Leben auf der Erde ermöglicht. Deshalb war sie bei vielen Völkern die göttliche Kraft, die am meisten verehrt wurde. Andere Vertreter des Feuer-Elements sind: Vulkane, Explosionen, Feuersbrunst, Blitz. Dem Feuer-Element wird im menschlichen Körper der Stoffwechsel, die Verbrennung, zugeordnet und, bezogen auf die Psyche, all das, was mit dem »zündenden Funken«, mit Aktivität, Dynamik, Begeisterung, Temperament und mit dem Wollen zu tun hat. Dem Feuer-Element entsprechen im Tarot die Stäbe und in der Astrologie die Feuerzeichen Widder, Löwe, Schütze.
Hauptvertreter des Wasser-Elements ist in der Natur das Meer, das den Menschen durch seine unendliche Weite und Tiefe immer fasziniert hat. Aber auch ein Fluß, ein See, eine Quelle, der Regen sind Wasserkräfte und damit ganz wichtige Lebensspender, die bei Naturvölkern in Form von Meeres-, Fluß-, See-, Quell- und Regengöttern Verehrung fanden. Dem Wasser-Element werden im menschlichen Körper das Blut und überhaupt alle Körperflüssigkeit zugeordnet und, bezogen auf die Psyche, all das, was mit Fühlen, mit

Liebe, Phantasie und dem Unbewußten zu tun hat. Dem Wasser-Element entsprechen im Tarot die Kelche und in der Astrologie die Wasserzeichen Krebs, Skorpion, Fische.

Das Luft-Element begegnet dem Menschen zum einen in der Luft, dem lebenswichtigen Sauerstoff, zum anderen im Wind, im Sturm, im Orkan ... Luft zeichnet sich dadurch aus, daß sie überall ist, unfaßbar. In ihrer Leichtigkeit steigt sie nach oben, bildet den »Himmel« über uns. Menschen beteten Windgötter an, die eine kühle Brise schicken sollten mit frischer Luft und regenbringenden Wolken. Dem Luft-Element wird im menschlichen Körper die Atmung zugeordnet und, bezogen auf die Psyche, das Denken, Analysieren, Entscheiden, Planen sowie Wertvorstellungen, Bewußtheit, Kommunikation. Dem Luft-Element entsprechen im Tarot die Schwerter und in der Astrologie die Luftzeichen Zwillinge, Waage, Wassermann.

Das Erd-Element zeigt sich einmal im menschlichen Körper insgesamt und dann durch die den Menschen umgebende Natur und alles, was eine sichtbare Form hat – die Materie. Es ist die Erde, der Boden an sich, alles, was gewachsen ist oder geschaffen wurde. Insofern enthält das Erd-Element auch alle anderen Elemente in sich. Im menschlichen Körper zeigt sich beispielsweise eine Krankheit als Ausdruck eines Ungleichgewichts der anderen Elemente. Das Symbol des Erd-Elements, das Pentagramm, die »Münze« im Rider-Tarot, zeigt auch, daß dieses Element alle anderen in sich enthält (siehe S. 299) und die Verbindung der vier Elemente mit dem fünften, dem Geist oder Äther, darstellt. Insofern ist Erd-Kraft verdichtete geistige Energie.

Das Erd-Element wird oft durch das Naturkreuz ausgedrückt (siehe S. 300/301), dessen vier Balkenenden den vier Elementen entsprechen, die sich in der Kreuzmitte treffen, der Quintessenz. Das Erd-Element ist die Basis, das Fundament. In Naturreligionen wurden Erdgöttinnen verehrt und um Fruchtbarkeit und ausreichende Nahrung gebeten. Dem Erd-Element wird der gesamte menschliche Körper zugeordnet, und hier vor allem die feste Substanz, beispielsweise die Knochen, aber auch die Sinnesorgane. Das Erd-Element hat auch etwas zu tun mit der Bodenständigkeit eines Menschen – mit dem praktischen Zupacken, den Arbeitsergebnissen, dem Realitätssinn, dem Umgang mit Geld und Materie. Dem Erd-Element entsprechen im Rider-Tarot die Münzen, im Crowley-Tarot die Scheiben und in der Astrologie die Erdzeichen Stier, Jungfrau, Steinbock.

Die vier Elemente Feuer, Wasser, Luft und Erde (Stäbe, Kelche, Schwerter, Münzen/Scheiben) werden mit den hebräischen Buchstaben Jad, He, Wav, He bezeichnet, aus denen sich der für die Juden heilige und unaussprechliche Name Gottes zusammensetzt: Jahwe.

Die Grundkräfte, denen die vier Elemente entsprechen, wirken im einzelnen Menschen und überall um ihn herum, können allerdings sehr verschieden ausgeprägt sein. Mancher Mensch ist vor allem vom inneren Feuer durchdrungen – er ist voller »Power«, will gestalten und muß ständig in Bewegung sein. Ein anderer lebt überwiegend das Wasser-Element – er schwelgt in Gefühlen und Phantasien und verbindet sich ganz intensiv mit anderen Menschen und mit allem um ihn herum. Dann gibt es Menschen, die dem Luft-Element am nächsten sind – sie denken, ordnen, planen, kommunizieren, entwickeln Theorien. Andere wiederum tragen vorwiegend Kräfte des Erd-Elements in sich – sie stehen mit beiden Beinen fest auf dem Boden der Tatsachen, packen gerne zu und sind voller Realitätssinn.

Bei den meisten Menschen sind mehrere Elemente ausgeprägt. Oft kommt es aber vor, daß eines dominiert und ein anderes schwächer entwickelt ist. Für ein einigermaßen harmonisches Leben ist es jedoch wichtig, daß die verschiedenen Elemente nebeneinander zum Ausdruck kommen können: die männlichen Elemente Feuer (Stäbe) und Luft (Schwerter) neben den weiblichen Elementen Wasser (Kelche) und Erde (Münzen/Scheiben), so wie insgesamt Gefühl (Wasser/Kelche) und Verstand (Luft/Schwerter), Denken (Luft/Schwerter) und Handeln (Feuer/Stäbe), Phantasie (Wasser/Kelche) und Realität (Erde/Münzen-Scheiben) in Einklang gebracht werden sollten.

Die Tarotkarten können uns dabei helfen, ungelebte Potentiale zu entdecken und zu leben, aber auch, Schattenseiten zu erkennen, um sie dann langsam zu wandeln.
Erst wenn die Elemente im einzelnen Menschen in Harmonie sind, muß er sich nicht krampfhaft an anderen Menschen festhalten oder sie bekämpfen, weil sie etwas haben, was ihm fehlt oder was ihn stört, sondern er ist im Einklang mit sich und der Welt.

Der Lebensbaum – Hauptsymbol der Kabbala

Da der Lebensbaum der Kabbala den Hintergrund der Rider- und Crowley-Tarotkarten darstellt und sowohl die Großen wie die Kleinen Arkana mit ihm in Verbindung stehen, will ich zunächst hier und dann im Teil IV »Interpretationshilfen« auf ihn eingehen.

Die Kabbala zählt zu den Uroffenbarungen der Menschheit und soll ihre Quellen in den Einweihungsstätten Ägyptens, Chaldäas und Babylons haben. Ganz stark vereinfacht ausgedrückt, ist die Kabbala eine Mischung aus Religion, Naturwissenschaft und Psychologie. Der Mensch versucht, mit ihrer Hilfe Gott, sich selbst und der Welt nahezukommen. Der größte Teil der Kabbala wurde mündlich von Lehrern an Schüler weitergegeben. Erst seit dem Mittelalter existieren Bücher, so der Jezira, der Sohar und der Bahir, die ältesten schriftlichen Unterlagen der Kabbala.

Das Hauptsymbol der Kabbala ist der Lebensbaum, der als ganzheitliches Abbild der im Kosmos wirkenden Kräfte alle Formen und Erscheinungen der Schöpfung in sich enthält, von ihrem höchsten Ursprung in Gott bis hinunter zum kleinsten Atom.

Der Lebensbaum besteht aus zehn Urkräften, zehn Kraftzentralen, die Sefirot (= Lichter Gottes) genannt werden. Von der Eins bis zur Zehn findet eine schrittweise Verdichtung der Kraft statt: Die Energie wird heruntertransformiert, um so auf den unterschiedlichen Ebenen nutzbar zu sein. Der Ursprung, dessen Licht alle anderen Ebenen durchdringt, ist die Eins, und die Zehn als höchste Verdichtung der Energie bildet die äußere Hülle. Sie birgt alle Kräfte in sich. Das Ganze entspricht dem hermetischen Gesetz »wie oben – so unten«.

Die kosmische Ordnung stellt eine in sich geschlossene Einheit dar,

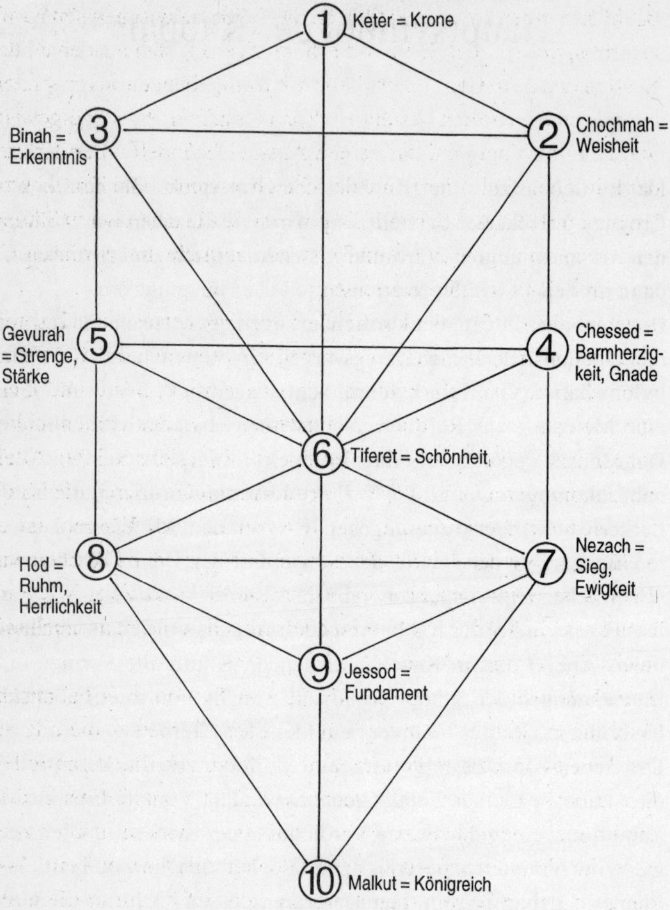

Der Lebensbaum

deren Anfang und Ende nicht zu erkennen sind. Alle Kräfte sind in immerwährender Bewegung, die durch das Spannungsfeld zwischen jeweils zwei entgegengesetzten und sich dennoch ergänzenden Polen entsteht. Abbild dieses Gesetzes der Polarität sind im Lebensbaum die beiden äußeren Säulen (siehe S. 308). Zwischen den Kraftzentralen der rechten Säule mit schöpferischen, sich ausdehnenden Kräften und denen der linken Säule mit formgebenden, schützenden, begrenzenden Kräften besteht ein Spannungsfeld, ein ständiges Hin und Her von Energien, das seinen Ausgleich findet in den Kräften der mittleren Säule, der Säule des Gleichgewichts. Die Kraftzentralen der mittleren Achse einen die polaren Kräfte der äußeren Säulen, indem sie die gegensätzlichen Energien sammeln und auf ihren Ursprung und auf ihr Ziel ausrichten.

Jeder Mensch ist Teil des kosmischen »Energienetzes«, und insofern verfügt auch der Mensch über seinen »Lebensbaum«, sein Kräftediagramm. Darin ist zu erkennen, wie sich Körper, Seele und Geist durchdringen und wo die verschiedenen Teile der Persönlichkeit angesiedelt sind – Ego, Selbst, Höheres Selbst (siehe S. 309). Allein auf den menschlichen Körper übertragen, repräsentieren die Kraftzentralen des Lebensbaums die Kraftzentren des Körpers (siehe S. 310). Insofern ist der Lebensbaum Inbegriff der Ganzheit und dient dem Menschen als Orientierungshilfe, und zwar wie eine Landkarte, in der er sowohl seinen jeweiligen Standort als auch sein höchstes Ziel finden kann.

Zum Lebensbaum gehört eine Fülle von Symbolen – hebräische Buchstaben, Zahlen, astrologische Zeichen, Farben –, die alle auf ihre Weise dabei helfen können, eine Beziehung zu ihm herzustellen. Der Lebensbaum als Kräftediagramm zeigt die Vielfalt der Kräfte, die im einzelnen Menschen und im Kosmos wirken, und er zeigt auch die Verwobenheit und Verbundenheit aller seiner Teile. Wer mit dem Lebensbaum arbeitet, begibt sich tief hinein in die uralte Weisheit und Kraft, die er verkörpert und wachruft.

Ein Weg, mit ihm in Verbindung zu treten, sind die Tarotkarten. Alle Rider- und Crowley-Karten beziehen sich auf den Lebensbaum – entweder direkt auf die Kraftzentralen oder auf die Pfade, durch die die Kraftzentralen miteinander verbunden sind. Bei den Karteninterpretationen werden deshalb jeweils kurz die Bezüge zum Lebensbaum angesprochen. Wer tiefer in das Thema Lebensbaum einsteigen will, der findet Näheres im Teil IV »Interpretationshilfen«, außerdem in meinem Buch *Tarot und Lebensbaum* und in anderen Büchern, die ausschließlich dem Lebensbaum gewidmet sind.

Teil I

Karteninterpretationen

Die Großen Arkana

Die 22 Großen Arkana verkörpern Urmuster des Menschen und werden deshalb auch archetypische Bilder genannt – Bilder, in denen das Urwissen der Menschheit gespeichert ist. Es heißt unter anderem, daß die Großen Arkana Initiationsbilder ägyptischer Priester gewesen seien. Vielleicht tragen sie deshalb auch die Bezeichnung »22 Bilder der Weisheit«. Diese 22 Bilder stellen Etappen des menschlichen Individuationsweges dar, den ich hier in Kurzform aufzeigen möchte. Dabei beginne ich mit der Karte 0 Der Narr – genausogut wäre es aber möglich, mit I Der Magier anzufangen.
Als 0 Der Narr springt der Mensch hinein in diese Welt mit seinem gesamten Potential. Der Mut und die Spontaneität von 0 Der Narr sind allerdings auch immer zwischendurch bei neuen Schritten erforderlich, genauso kann die Weisheit und Ungebundenheit des Alters in dieser Karte ihren Ausdruck finden. Seinen männlich-aktiven Teil lebt der Mensch als I Der Magier – er will schaffen, kommunizieren und mit seinen schöpferischen Kräften zielgerichtet mitwirken am Ganzen. Den weiblichen Gegenpol verkörpert II Die Hohepriesterin mit ihren passiv-hingebungsvollen Seiten und den aufnehmenden, in die Tiefen des Gefühls und in die innere Weisheit gerichteten Kräften. Dann erfolgt die intensive Prägung durch »Instanzen« dieser Welt (III Die Herrscherin/Die Kaiserin. IV Der Herrscher/Der Kaiser). Führung auf dem Weg in spirituelle Dimensionen und bei der Sinnfindung und ethischen Ausrichtung gibt V Der Hierophant/V Der Hohepriester. Danach verselbständigt sich der Mensch, löst sich aus dem Elternhaus, trifft eigene »Herzensentscheidungen«, verbindet sich in Liebe mit anderen und geht seinen eigenen Weg (VI Die Liebenden).

Im Rider-Tarot sehe ich in den beiden folgenden Stationen, VII Der Wagen und VIII Kraft, jeweils Stufen, die der Mann und die Frau der Karte VI zu bewältigen haben – der Mann soll hinausgehen in die Welt und dabei handelnd männliche Zielgerichtetheit und weibliche Gefühlstiefe berücksichtigen (VII Der Wagen), und die Frau hat das Triebpotential zu integrieren, damit es ihr auf dem weiteren Weg zur Verfügung steht (VIII Kraft). Sie soll liebevolle »Herrin« der Natur sein. Im Crowley-Tarot folgt auf VII Der Wagen VIII Ausgleichung (entsprechend im Rider-Tarot XI Gerechtigkeit). An dieser Stelle legt sich der Mensch Rechenschaft ab über sein Handeln aus VII Der Wagen und balanciert die Kräfte neu aus.

Auf all diesen Stationen wurden immer neue Erfahrungen integriert, die den Menschen reifer machen, die er zwischendurch im Alleinsein verarbeitet (IX Der Eremit) und aus denen er Weisheit bezieht. Dabei erfährt er mehr und mehr seine Einbindung in das große kosmische Energiegefüge: Durch sein Handeln oder auch Nichthandeln schafft er »Fakten«, die sich auf das Ganze und damit auch wieder auf seinen eigenen Weg auswirken (X Rad des Schicksals/Glück). Er spürt das Gesetz des Karma, das Gesetz von Ursache und Wirkung, das ewige Auf und Ab des Lebens.

Mit diesen zehn Schritten sind meiner Meinung nach Grundstufen durchlaufen, und der Mensch ist insbesondere bei der letzten Station mit großen kosmischen Wirkmechanismen in Berührung gekommen.

Danach beginnt ein neuer Zyklus, den der Mensch mit vielen Prüfungen erlebt, denn jetzt geht es darum, immer weiter alte, überlebte Muster und alles zu stark Egobetonte, zu stark Materiebezogene fallenzulassen, um so dem inneren Kern immer näher zu kommen.

Im Rider-Tarot folgt nun XI Gerechtigkeit. Nach all seinen Erfahrungen ist der Mensch jetzt eher in der Lage, Zusammenhänge zu erkennen, sich Rechenschaft abzulegen über das eigene Tun, Entscheidungen zu treffen und Kräfte auszubalancieren. Im Crowley-Tarot folgt nach den Stationen bis zur Zehn ein neuer »Durchlauf«, in dem Frau und Mann jeweils Potentiale zu integrieren haben, die ihnen vielleicht etwas wesensfremd sind. Die Frau hat das Triebpotential zu integrieren und zu leben (XI Lust – entsprechend Rider-Tarot VIII Kraft), und der Mann muß loslassen, sich zurückziehen, eine andere Sicht der Dinge bekommen (XII Der Gehängte). Auch der Rider-Gehängte merkt, daß er sein Weltbild überprüfen und Ruhepausen einlegen muß, um sich so von innen her »erleuchten« zu lassen.

Danach geht es dann immer weiter um das Aufgeben alter Wertvorstellungen, um Loslassen und auch darum, Leid als Bestandteil des Lebens anzunehmen (XIII Tod), dabei sich selbst nahezukommen und sich von Altem zu lösen. Nun sind die Kräfte in ein neues Verhältnis und Maß zu bringen, um den Wandel herbeizuführen (XIV Mäßigkeit/Kunst). Trotzdem verfallen sie immer wieder den Tücken des Ego (XV Der Teufel, XVI Der Turm).

Nach diesen Turbulenzen kommt der Mensch mehr und mehr mit seinem inneren Wesen in Berührung, steht in Verbindung mit der höheren Weisheit und schöpft aus diesen Quellen (XVII Der Stern). Danach muß er sich dann noch tief in sein Inneres hineinbegeben (XVIII Der Mond), um Teile zu erkennen, die im Verborgenen ruhen. Er befreit so die darin gebundene Energie, die ihm dann in XIX Die Sonne zur Verfügung steht. Nun kann er voller Freude, Ursprünglichkeit und Optimismus in dieser Welt leben und »Sonne« sein.

Bei XX Gericht/XX Das Aeon hat der Mensch nun eine ganz hohe Bewußtseinsstufe erreicht. Er verfügt damit über einen großen Überblick über sich und das Leben und löst sich immer weiter aus den Fesseln der Materie. Er folgt seinem inneren Ruf, um schließlich als Teil der universellen Kraft, eingebunden in die kosmische Ordnung, ja zu sagen zum Leben auf dieser Welt, sich einzubringen und dabei in Einklang mit sich und dem Ganzen zu leben (XXI Die Welt/ XXI Das Universum).

Das wäre ein »Rundgang« durch die Großen Arkana.

Da das Leben mit dieser letzten Position und vielleicht auch mit einer möglichen Erleuchtung nicht aufhört, sondern immer weitergeht, werden auch alle anderen Stationen ständig wiederholt, dabei dann aber mit mehr Erfahrung und tieferer Weisheit gelebt.
Die einzelnen Karten der 22 Großen Arkana beinhalten in den vielen verschiedenen Tarotspielen jeweils ungefähr die gleiche Thematik, selbst wenn die Darstellungen oft unterschiedlich sind und manchmal andere Bezeichnungen tragen.
Im englischen Geheimorden Golden Dawn wurden die 22 Großen Arkana den Pfaden des Lebensbaums zugerechnet – den Wegen, die die 10 Kraftzentralen des Lebensbaums miteinander verbinden. Die Karte 0 Der Narr gehört dabei dem 1. Pfad an, dem Pfad zwischen der ersten und der zweiten Kraftzentrale im Lebensbaum (siehe Abb. S. 32/33) Daraus ergibt sich dann die weitere Reihenfolge. Den Pfaden sind die 22 Buchstaben des hebräischen Alphabets zugeordnet, die jeweils bestimmte Zahlenwerte haben. Im Crowley-Tarot ist auf jeder Karte der Großen Arkana der hebräische Buchstabe des Pfades ausgewiesen (jeweils unter dem Bild), auf den sich die Karte bezieht. Es gibt noch andere Pfadzuordnungen, so z. B. die, bei der die Zählfolge mit I Der Magier beginnt. Meiner Erfahrung nach arbeiten nur wenige Menschen mit diesen Pfadzuordnungen. Aber die, die das tun, machen dabei tiefe, bereichernde Erfahrungen, weil sie dadurch die Karten in noch anderen Zusammenhängen erleben, was zu einer Erweiterung des Verständnisses der Karten führen kann.
Eine andere Art der Zuordnung der Großen Arkana zum Lebensbaum erfolgt über die Numerologie. Dabei werden die Karten mit Zahlen unter zehn direkt den Kraftzentralen des Lebensbaums zugerechnet und die Karten mit Zahlen über zehn durch Addieren der Ziffern auf Zahlen von eins bis zehn gebracht – Beispiel XV Der Teufel: 15 = 1 + 5 = 6, also die 6. Kraftzentrale. Zu dieser Kraftzentrale gehört dann auch die Karte VI Die Liebenden (Zahl 6). Die Karte 0 Der Narr bekommt dabei die Nummer 22 = 4, also die 4. Kraftzentrale. Auf diese Weise lassen sich Karten gleicher Basiszahl

ermitteln und oft ist es sehr interessant, nach einer gemeinsamen Thematik zu suchen und dabei die Kraftzentrale des Lebensbaums mit einzubeziehen.

Der Rider-Tarot weicht in zwei Fällen von der üblichen Numerierung der Karten ab: Die Karten VIII Kraft und XI Gerechtigkeit wurden in ihren Zahlenwerten ausgetauscht. In den meisten anderen Spielen trägt die Gerechtigkeit die Zahl VIII und Kraft die Zahl XI. Da der Grund für diese Änderung nicht genannt wird, sollte jeder für sich herausfinden und entscheiden, ob er Waite folgt oder im alten System bleiben will. Dabei könnte man prüfen, welche Reihenfolge einem selbst aus der Folge der Karten heraus mehr einleuchtet oder welche sich im Sinne der Numerologie besser mit der Kraftzentrale des Lebensbaums in Verbindung bringen läßt. Man kann sich auch an der astrologischen Zuordnung und der entsprechenden Reihenfolge ausrichten (die Zählfolge beginnt mit IV Der Herrscher – Widder). Im Crowley-Tarot wird auf jeder Karte unterhalb des Bildes das astrologische Zeichen ausgewiesen. Im Rider-Tarot erscheinen die Zeichen oftmals im Kartenbild – z. B. bei IV Der Herrscher Widderköpfe. Für diejenigen, die sich mit den hebräischen Buchstaben auskennen, gibt es auch die Möglichkeit, aus der Bedeutung der Buchstaben heraus, die den Pfaden des Lebensbaums und damit den entsprechenden Karten zugeordnet sind, Schlüsse zu ziehen und selbst herauszufinden, welche der beiden Karten VIII Kraft/XI Gerechtigkeit ihrer Meinung nach besser zum jeweiligen Pfad paßt. Unabhängig von der Zuordnung dieser beiden Karten zum Lebensbaum geben die hebräischen Buchstaben wichtige Hinweise zu den Pfaden und zu den Karten der Großen Arkana.

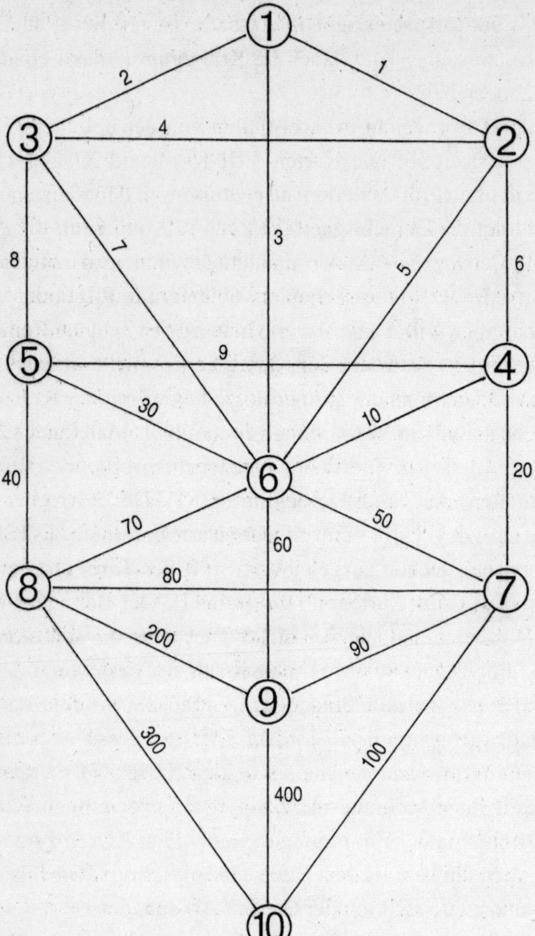

Die Pfade des Lebensbaums

Hebräische Buchstaben mit Zahlenwert und Große Arkana im Crowley-Tarot

1 Alef – 0 Der Narr
2 Bejt – I Der Magier
3 Gimel – II Die Hohepriesterin
4 Daled – III Die Kaiserin
5 He – XVII Der Stern
6 Wa – V Der Hohepriester
7 Sajn – VI Die Liebenden
8 Chet – VII Der Wagen
9 Tet – XI Lust
10 Jad – IX Der Eremit
20 Chof – X Glück
30 Lamed – VIII Ausgleichung
40 Mem – XII Der Gehängte
50 Nun – XIII Tod
60 Samech – XIV Kunst
70 Ejn – XV Der Teufel
80 Fej – XVI Der Turm
90 Zadik – IV Der Kaiser
100 Kuf – XVIII Der Mond
200 Resch – XIX Die Sonne
300 Schin – XX Das Aeon
400 Tov – XXI Das Universum

0 Der Narr

Thema: Spontaneität. Unkonventionalität. Sprung ins Neue.

Mitte, Ziel: Risikobereitschaft. Neues wagen. Mut. In Einklang leben mit der Triebnatur. Instinktsicherheit. Kindliche Spontaneität. Humor. Loslösung von gängigen Normen. Möglichkeit.

Schatten:
Ein Extrem: Narrheit. Leichtsinn. Zügellosigkeit. Totale Freiheit wollen. Nur dem Lustgewinn nachgehen. Labilität.
Ein anderes Extrem: Kein Vertrauen in die Instinkte und in das, was spontan von innen kommt. Nichts Neues wagen. Angst, ein Narr zu sein.

Astrologische Zuordnung bei Crowley: Element Luft.

Numerologie: 0 Der Narr erhält die Zahl 22 (die anderen Großen Arkana tragen die Zahlen 1 bis 21, deshalb wird die Karte 0 Der Narr ans Ende gesetzt). Die Zahl 22 ergibt in der Quersumme 4. Hierher gehören die Großen Arkana IV Der Herrscher/Der Kaiser und XIII Tod (13 = 1 + 3 = 4).

I Der Magier*

Thema: Männliche Aktivität. Kreativität. Initiative. Kommunikation.

Mitte, Ziel: Initiative ergreifen. Zupacken. Zielgerichtetes Tun. Beginn eines Projekts. Kreativität. Kraft von oben handelnd nach unten weitergeben. Geistige Wendigkeit. Kommunizieren.

Schatten:
Ein Extrem: »Macho«. Macht. Überaktivität. Zuviel wollen. Egozentrik. Tricksen. Scharlatanerie.
Ein anderes Extrem: Zaudern. Unentschlossenheit. Sein Potential nicht einbringen. Kein Vertrauen in die eigene Kraft. Kommunikationsschwierigkeiten.

Astrologische Zuordnung bei Crowley: Merkur.

Numerologie: Zahl 1 – I Der Magier, X Rad des Schicksals/Glück (10 = 1 + 0 = 1), XIX Die Sonne (19 = 1 + 9 = 10 = 1 + 0 = 1).

* Im Crowley-Tarot gibt es drei Magier. Da Frieda Harris drei verschiedene Magier gestaltete, wurden alle drei mit ins Spiel hineingenommen. Crowley soll aber nur den »Merkur-Magier« ausgewählt haben. Deshalb wird er auch meist allein eingesetzt. Manchmal heißt es auch, die drei Magier stehen für verschiedene Aspekte: weiß – schwarz – transzendent (Einsatz für das Gute – Kraftmißbrauch – Handeln im Sinne von ganz hoher Bewußtheit und Reife).

II Die Hohepriesterin

Thema: Spirituelle Weiblichkeit. Inneres Wissen. Empfänglichkeit. Hingabe.

Mitte, Ziel: Innere Weisheit. Weiblich, empfänglich, hingebungsvoll sein. Nach innen lauschen. Dinge auf sich zukommen und geschehen lassen. Glauben. Vertrauen in transzendente Kräfte und in die Natur. Gegensätze vereinen. Die Dualität überwinden. Geduld.

Schatten:

Ein Extrem: Verschwimmen in Gefühlen, in anderen Menschen, in der transzendenten Welt. Starke Stimmungsschwankungen. Launen. Lebensangst.

Ein anderes Extrem: Strenge. Trieb- und Lebensfeindlichkeit. Erstarrung. Verstandesmäßiges Wissen statt innerer Weisheit. Sich nicht hingeben können. Dualität statt Verbindung.

Astrologische Zuordnung bei Crowley: Mond.

Numerologie: Zahl 2 – II Die Hohepriesterin, XI Gerechtigkeit/Lust (11 = 1 + 1 = 2), XX Gericht/Das Aeon (20 = 2 + 0 = 2).

III Die Herrscherin/Die Kaiserin

Thema: Sinnlich-emotionale Weiblichkeit. Fruchtbarkeit. Liebe. Schönheit.

Mitte, Ziel: Lebensbejahende, liebevolle Frau – Mutter, Geliebte. Liebe zum Leben. Naturbezogenheit. Fruchtbarkeit. Schwangerschaft. Gebären. Mutterliebe. Geben. Schönes kreieren. Gestalten. Neues schaffen.

Schatten:
Ein Extrem: Dominanzstreben. Kinder übermäßig bemuttern. Symbiose. Herrschsucht. Zu emotional. Eifersucht.
Ein anderes Extrem: Lebensangst. Kein Vertrauen in die Natur. Nicht fruchtbar werden. Blockierte Weiblichkeit. Materielle Unsicherheit.

Astrologische Zuordnung bei Crowley: Venus.

Numerologie: Zahl 3 – III Die Herrscherin/Die Kaiserin. XII Der Gehängte (12 = 1 + 2 = 3), XXI Die Welt/Das Universum (21 = 2 + 1 = 3).

IV Der Herrscher/Der Kaiser

Thema: Männliche Autorität. Verantwortung. Innere und äußere Stärke. Initiative. Strukturgebung.

Mitte, Ziel: Stärke. Mut. Selbstsicherheit. Durchsetzungskraft. Verantwortungsbewußtsein. Auf seinem Gebiet Autorität sein. Menschen führen und motivieren. Realitäts- und Gerechtigkeitssinn. Klarheit. Vernunft. Reife. Toleranz. Disziplin. Strukturgebung.

Schatten:
Ein Extrem: Nur Stärke zählt. Autoritär. Konservatismus. Strenge. Kälte. Machtkampf.
Ein anderes Extrem: Durchsetzungs-, Entscheidungs- und Führungsschwäche. Keine Verantwortung tragen wollen. Autoritätsprobleme.

Astrologische Zuordnung bei Crowley: Widder, Mars.

Numerologie: Zahl 4 – IV Der Herrscher/Der Kaiser. XIII Tod (13 = 1 + 3 = 4), 0 Der Narr (22. Karte = 22 = 2 + 2 = 4).

V Der Hierophant/Der Hohepriester

Thema: Verbindung mit dem spirituellen inneren Kern. Geistiges Wachstum. Glauben. Quintessenz. Innere Wahrheit. Geistige Führung.

Mitte, Ziel: Mit dem spirituellen inneren Kern in Verbindung sein. Geistiges Wachstum. Authentizität. Quintessenz. Glauben. Güte. Versöhnen und vereinen. Barmherzigkeit. Verzeihen. Seelsorger. Die innere Wahrheit nach außen bringen. Wegweisung auf der Suche nach Wahrheit und Sinn. Lehren.

Schatten:
Ein Extrem: Schein-Heiligkeit. Moralapostel. Nur das Gute darf es geben. Welt- und Triebfeindlichkeit. Falscher »Guru«. Fehler dürfen nicht sein. Intoleranz. Zu dogmatisch. Abgehobenheit.
Ein anderes Extrem: Schwäche. Labilität. Nicht zu dem stehen, was von innen kommt. Orientierungslosigkeit. Ständige Angst vor Schuld. Sich abhängig machen von selbsternannten »Gurus«.

Astrologische Zuordnung bei Crowley: Stier, Venus.

Numerologie: Zahl 5 – V Der Hierophant/Der Hohepriester XIV Mäßigkeit/Kunst (14 = 1 + 4 = 5).

VI Die Liebenden

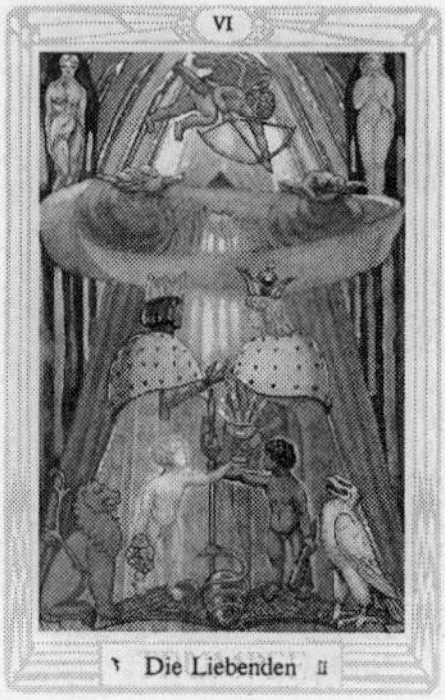

Thema: Liebe. Vereinigung von Gegensätzen. Herzensentscheidungen treffen und den eigenen Weg gehen.

Mitte, Ziel: Liebe. Partnerschaft. Sexualität. Herzensentscheidungen treffen bezogen auf Menschen, Beruf und Vorhaben. Männliches und Weibliches in sich verbinden. Gegensätze überwinden. Vertrauen.

Schatten:
Ein Extrem: Paradiesische Liebe suchen. Zu starke Abhängigkeit von anderen Menschen. Festhalten. Nicht den eigenen Weg gehen. Keine Entscheidungen treffen.
Ein anderes Extrem: Männliches und Weibliches in sich und außerhalb trennen statt zu verbinden. Distanz. Dualität. Mißtrauen.

Astrologische Zuordnung bei Crowley: Zwillinge, Merkur.

Numerologie: Zahl 6 – VI Die Liebenden. XV Der Teufel (15 = 1 + 5 = 6).

VII Der Wagen

Thema: Altes verlassen und Neues wagen. Mut. Herausforderungen annehmen. Im Crowley-Tarot wird bei VII Der Wagen noch die meditative Sammlung vor einem neuen Schritt zum Ausdruck gebracht.

Mitte, Ziel: Mutig seine Ziele ansteuern und dabei die gegensätzlichen Kräfte in der Balance halten. Altes verlassen und, dem eigenen Innern folgend, neue Wege gehen im Rahmen gegebener Grenzen. Beim Handeln Gefühle und Geistiges berücksichtigen. Sich Hindernissen stellen und das eigene Leben meistern.

Schatten:
Ein Extrem: Zu stürmisch nach vorn drängen. Nur die eine Seite berücksichtigen. Konservativ. Sturheit. Strenge. Rücksichtslosigkeit. Grenzen überschreiten.
Ein anderes Extrem: Nichts Neues wagen. Die schützenden Mauern der Kindheit nicht verlassen. Nicht loslassen. Lebensangst. Zweifel. Aufgeben bei Schwierigkeiten.

Astrologische Zuordnung bei Crowley: Krebs, Mond.

Numerologie: Zahl 7 – VII Der Wagen, XVI Der Turm (16 = 1 + 6 = 7).

VIII Kraft/XI Lust

Diese Karten unterscheiden sich bei Rider und Crowley insofern, als im Rider-Tarot die innere Stärke und das Lenken der Triebkräfte im Vordergrund stehen, während bei Crowley Leidenschaft und Lust betont sind, wobei es im Schatten dann um zuviel oder zuwenig Ausleben der Triebe geht.

Thema: Innere Stärke und Lebensfreude durch Integration der animalischen Natur.

Mitte, Ziel: Innere Kraft. Mut. Lebenslust. Ja zur Triebnatur des Menschen. Das Leben genießen. Vitalität. Natürliche Autorität. Triebe annehmen und liebevoll lenken. Das »innere Tier« durch Bejahung und Hingabe zähmen. Den Löwen in sich mal aktivieren, mal dämpfen.

Schatten:
Ein Extrem (Rider): Weibliche Macht. Alle Kraft in Stark- und Tüchtigsein lenken. Kraft darf nur in »Edles« transformiert werden. Nur das eigene Wollen zählt. Seine Körperkräfte überfordern. Blaustrumpf.
Ein anderes Extrem: Keinen Bezug haben zur Triebnatur. Der ani-

malischen Kraft mißtrauen. Lebensangst. Sich nichts zutrauen. Mutlosigkeit. Seine vitalen Impulse nicht leben. Schwäche. Negativität. Feindseligkeit.

Astrologische Zuordnung bei Crowley: Löwe, Sonne.

Numerologie: Zahl 8 – VIII Kraft/VIII Ausgleichung, XVII Der Stern (17 = 1 + 7 = 8).

IX Der Eremit

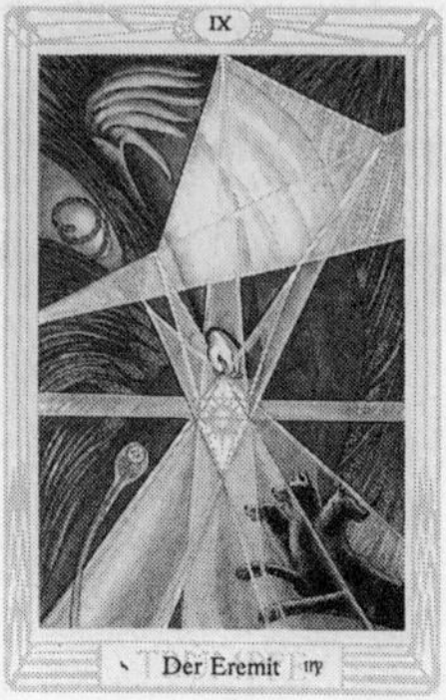

Thema: Innenschau. Reife. Innere Weisheit. Den eigenen Weg gehen.

Mitte, Ziel: Auseinandersetzung mit sich selbst. Rückzug, um Geschehenes zu verarbeiten. Selbstbesinnung. Das Licht in sich finden. Reife. Der Weise im Menschen. Unabhängigkeit. Allein sein können. Suche. Den eigenen Weg gehen.

Schatten:
Ein Extrem: Weltflucht. Ständige Selbstbespiegelung. Weltfremdheit. Lebensfeindlichkeit. Kälte. Eigenbrötlerei. Isolation.
Ein anderes Extrem: Das Licht in sich nicht finden. Nicht lernen aus Erfahrungen des Lebens. Außen suchen statt innen. Lebensangst.

Astrologische Zuordnung bei Crowley: Jungfrau, Merkur.

Numerologie: Zahl 9 – IX Der Eremit, XVIII Der Mond (18 = 1 + 8 = 9).

X Rad des Schicksals/Glück

Thema: Schicksal (Karma). Chancen. Glück. Wandel.

Mitte, Ziel: Gelegenheiten ergreifen. Glück. Chancen nutzen. Die Gunst des Augenblicks erkennen. Neuer Zyklus. Wandel. Flexibilität. Herausforderungen annehmen. Sich dem Schicksal und dem Auf und Ab des Lebens stellen. Einfügung in einen vom Schicksal gegebenen Rahmen. Das Schicksal annehmen. Karma.
Im Crowley-Tarot liegt das Schwergewicht bei X Glück besonders auf dem Aspekt Glück, im Sinne von Gunst des Augenblicks.

Schatten:
Ein Extrem: Herausforderungen und Chancen nicht nutzen. In die Opferrolle gehen. Mißtrauen gegenüber dem Schicksal. Haltloses Rotieren. Zu wenig Bewußtheit fürs eigene Tun entwickeln. Nur das Negative sehen und anziehen.
Ein anderes Extrem: Das Ego will alles steuern und kontrollieren. Am Wohlvertrauten festhalten. Einseitigkeit. Starrheit.

Astrologische Zuordnung bei Crowley: Jupiter.

Numerologie: Zahl 10 – X Rad des Schicksals/Glück, XIX Die Sonne (19 = 1 + 9 = 10). Wenn die 10 auf 1 reduziert wird: I Der Magier).

XI Gerechtigkeit/VIII Ausgleichung

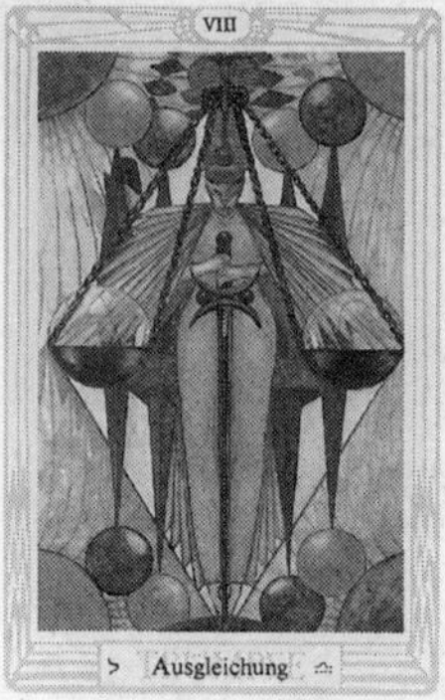

Thema: Balance. Abwägen. Rechenschaft ablegen. Regelungen.

Mitte, Ziel: Die verschiedenen Kräfte in innerer Klarheit immer wieder in die Balance bringen. Zur Harmonie beitragen. Verständnis. Versöhnen. Menschen lieben und annehmen, auch mit ihren Schwächen. Wahrheitsliebe. Selbstverantwortung. Sich und anderen ein fairer, toleranter Richter sein. Regelungen, die der Natur des Menschen angemessen sind. Schlichtung. Vernünftige Entscheidungen treffen. Verträge.

Schatten:
Ein Extrem: Alles muß immer gut und richtig sein. Sich und anderen ein strenger Richter sein. Dualität statt Verbindung. Kälte. Prinzipienreiterei. Rechthaberei. Rechtsstreit. Trennung.
Ein anderes Extrem: Aus Angst vor Fehlern, Kritik und Konflikt nicht entscheiden und handeln. Zweifel. Schuldgefühle. Übermäßiges Harmoniebestreben.

Astrologische Zuordnung bei Crowley: Waage, Venus.

Numerologie: Zahl 2 – II Die Hohepriesterin, XI Gerechtigkeit/Lust (11 = 1 + 1 = 2), XX Gericht/Das Aeon (20 = 20 + 0 = 2).

XII Der Gehängte

Thema: Geistige Umkehr. Ruhepause. Loslassen. Im Crowley-Tarot wird bei XII Der Gehängte besonders der Aspekt »festgefahrene Situation, Sackgasse« betont.

Mitte, Ziel: Die Welt von einer anderen Warte aus betrachten. Umkehr. Loslassen. Flexibilität. Hingabefähigkeit. Es gibt nichts zu tun im Augenblick. Anpassung an wechselnde Umstände. Abstand gewinnen. Pause. Regeneration. Reflexion. Erleuchtung.

Schatten:
Ein Extrem: Sich hängenlassen. Stagnation. Mutlosigkeit. Resignation. Depression. Lebensangst. Selbstaufgabe.
Ein anderes Extrem: Sich nicht hingeben können. Sturheit. Geistige Enge. Starrheit. Zu »kopflastig«. Nicht loslassen.

Astrologische Zuordnung bei Crowley: Element Wasser.

Numerologie: Zahl 3 – III Die Herrscherin/Die Kaiserin, XII Der Gehängte (12 = 1 + 2 = 3), XXI Die Welt/Das Universum (21 = 2 + 1 = 3).

XIII Tod

Thema: »Stirb und werde«. Einengendes, Lebensfeindliches loslassen. Auseinandersetzung mit »Dunklem«, mit Leid, um sich dann zu lösen.

Mitte, Ziel: Altes aufgeben, um neues Leben freizusetzen. Loslassen – Menschen, Besitz, alte Muster, Wertmaßstäbe, Gedanken, einengende Situationen –, um wieder lebendig zu werden. Leid als Bestandteil des Lebens annehmen, sich hineingeben und dann lösen. Transformation. Lösung von Lebensfeindlichem. Raus aus zuviel Egokontrolle, Erstarrung und Sicherheitsstreben.

Schatten:
Ein Extrem: Nur das Dunkle und Negative des Lebens sehen. Ständig Leid erwarten. Alles zur Katastrophe hochstilisieren. Angst zu leben, Angst zu sterben. Unglück. Niederlage. Leid.
Ein anderes Extrem: Das Ego will alles beherrschen und kontrollieren, um Leid auszuschließen. Starrheit. Lebensfeindlichkeit. Nicht sterben und nicht leben können.

Astrologische Zuordnung bei Crowley: Skorpion, Pluto.

Numerologie: Zahl 4 – IV Der Herrscher/Der Kaiser, XIII Tod (13 = 1 + 3 = 4), 0 Der Narr (22 = 2 + 2 = 4).

XIV Mäßigkeit/Kunst

Thema: Wandel. Kräfte neu mischen und verbinden. Rechtes Maß.

Mitte, Ziel: Wandel. Dinge in ein neues Verhältnis zueinander bringen. Gegensätzliches vereinigen. Balance. Koordination. Sein Maß finden. Ausgewogenheit. Flexibilität. Voller Bedacht im Hier und Jetzt abwägen und handeln. Geduld. Mit der unendlichen Lebensenergie in Verbindung stehen und Kräfte neu mischen und verbinden.

Schatten:
Ein Extrem: Zu vorsichtig sein. Ständig abwägen und nicht handeln. Zu starkes Harmoniebestreben. Verschwimmen. Übermäßige Angst vor Veränderungen und vor Fehlern.
Ein anderes Extrem: Maßlosigkeit. Sich überall »einmischen«. Extreme. Ungeduld. Einseitigkeit. Starrheit. Am Alten festhalten und dem Wandel im Wege stehen. Inflexibilität. Dualität.

Astrologische Zuordnung bei Crowley: Schütze, Merkur.

Numerologie: Zahl 5 – V Der Hierophant/Der Hohepriester, XIV Mäßigkeit/Kunst (14 = 1 + 4 = 5).

XV Der Teufel

Thema: Umgang mit dem sogenannten Bösen. Im Crowley-Tarot wird bei XV Der Teufel der Aspekt »irdisch-fruchtbare Kraft« hervorgehoben, die es anzunehmen gilt, um mit ihr umgehen zu lernen.

Mitte, Ziel: Sich bisher Verteufeltes bewußtmachen und damit umgehen lernen. In den Schatten gedrängte blockierte Kraft freisetzen. Ja sagen zu Trieben und sein Maß finden. Aufgeben von Ängsten, von zuviel Kontrolle, von Macht- und Besitzstreben, von zu starker Sinnes- und Triebbezogenheit. »Versuchungen« erkennen.

Schatten:
Ein Extrem: Negative Gedankenmuster. Menschenfeindlichkeit. Trennung statt Verbindung. Vorurteile. Haß. Menschen beherrschen. Macht- und Besitzgier. Zu sinnenbezogen.
Ein anderes Extrem: Kraftblockade. Zweifel. Übermäßige Angst vor dem Bösen. Sich beherrschen lassen. Hörigkeit. Gefangen sein in Abhängigkeit und Angst. Sich für »teuflisch« halten.

Astrologische Zuordnung bei Crowley: Steinbock, Saturn.

Numerologie: Zahl 6 – VI Die Liebenden, XV Der Teufel (15 = 1 + 5 = 6).

XVI Der Turm

Thema: Umbruch. Veränderung. Aufgabe alter Strukturen.

Mitte, Ziel: Herunterkommen vom Turm seines Ehrgeizes, seiner Illusionen und Ängste. Loslösung von der Vergangenheit, von Sicherheiten, von alten Mustern und so eine neue Basis finden. Geistesblitz. Um einen Absturz zu vermeiden, darf die Kraft weder überzogen noch »eingemauert« werden. Veränderung bezogen auf Beziehung, Arbeitsplatz, Wohnort.

Schatten:
Ein Extrem: Turmbau zu Babel. Zu viel und zu hoch hinaus wollen. Zuviel Ehrgeiz führt zum Fall.
Ein anderes Extrem: Sich einmauern im Turm seiner Ängste und Illusionen. Flucht vor Aufgaben und vor Verantwortung. Gewaltsame Auflösung festgefahrener Strukturen.

Astrologische Zuordnung bei Crowley: Mars.

Numerologie: Zahl 7 – VII Der Wagen, XVI Der Turm (16 = 1 + 6 = 7).

XVII Der Stern

Thema: Geistige Klarheit. Höhere Weisheit. Zuversicht. Vision.

Mitte, Ziel: In sich ruhen und aus seiner inneren Quelle schöpfen. Höhere Weisheit. Vertrauen in die kosmische Ordnung und in die Zukunft. Größere Zusammenhänge erkennen. Geistige Klarheit. Visionäre Kraft. Selbstvertrauen. Natürlichkeit. Sinnlichkeit. Kreativität. Glauben. Hoffnung. Neubeginn.

Schatten:
Ein Extrem: Immer »Star« sein wollen. Nur um sich kreisen. Verstandeswissen statt höhere Weisheit. Nur das eigene Wissen zählt. Hochmut. Geistige Starrheit. Dickköpfigkeit.
Ein anderes Extrem: Nicht aus sich schöpfen. Fehlendes Selbstvertrauen. Selbstzweifel. Mißtrauen. Kein Vertrauen in die innere Weisheit. Hoffnungslosigkeit. Depression.

Astrologische Zuordnung bei Crowley: Wassermann, Uranus.

Numerologie: Zahl 8 – VIII Kraft/Ausgleichung, XVII Der Stern (17 = 1 + 7 = 8).

XVIII Der Mond

Thema: Innere Bilder. Bisher Dunkles ins Licht bringen. Gebärprozeß. Weiblichkeit.

Mitte, Ziel: Auseinandersetzung mit inneren Bildern. Sich Hoffnungen, Wünsche, Ängste bewußtmachen. Sich seinen Ängsten stellen. Ja zu unsichtbaren Kräften, zur Natur, zur Weiblichkeit. Sensitivität. Phantasie. Hingabefähigkeit. Zulassen dessen, was aus der Tiefe kommen will. Gebärprozeß.

Schatten:
Ein Extrem: Verschwimmen in Gefühlen und Bildern. Illusionen. Verfließen in alten Ängsten. Immer im »Urmeer« bleiben wollen. Menschen und Vergangenes nicht loslassen.
Ein anderes Extrem: Innere Bilder. Unbekanntes und Gebärprozesse abwehren. Nicht hineingehen in alte Ängste. Ablehnung von Hingabe und von Weiblichkeit.

Astrologische Zuordnung bei Crowley: Fische, Neptun.

Numerologie: Zahl 9 – IX Der Eremit, XVIII Der Mond (18 = 1 + 8 = 9).

XIX Die Sonne

Thema: Strahlen. Lebensfreude. Zentriertheit. Ursprünglichkeit.

Mitte, Ziel: Aus sich selbst heraus strahlen. Lebensfreude. Sich zeigen, so wie man ist. Sich und anderen »Sonne« sein. Sein Potential einbringen. Lebenslust. Das innere Kind. Selbstvertrauen. Vitalität. Optimismus. Selbstliebe. Menschen lieben mit Licht- und Schattenseiten. Kommunikation. Erfolg. Glück.

Schatten:
Ein Extrem: Egozentrik. Ständige Selbstbespiegelung. Übermäßig geltungsbedürftig. Sich und andere verbrennen mit dem eigenen Feuer. Überaktivität. Dominanzstreben.
Ein anderes Extrem: Nicht selbst »Sonne« sein. Zu wenig Selbstvertrauen. Zu abhängig von Autoritäten. Sein Potential nicht einbringen. Pessimismus. Lernschwierigkeit. Versagen.

Astrologische Zuordnung bei Crowley: Sonne.

Numerologie: Zahl 10 – X Rad des Schicksals/Glück, XIX Die Sonne (19 = 1 + 9 = 10). Wenn 10 auf 1 reduziert wird, dann Zusammenhang mit I Der Magier.

XX Gericht/Das Aeon

Thema: Auferstehen. Erwachen. Berufung. Spirituelles Wachstum. Im Crowley-Tarot wird bei XX Das Aeon besonders der allumfassende Überblick betont und die daraus resultierende hohe Urteilsfähigkeit.

Mitte, Ziel: Erwachen. Dem Ruf nach Neuorientierung folgen. Spirituelles Wachstum. Auferstehung aus einengenden Maßstäben und Bindungen. Befreiung aus der Vergangenheit. Sich Rechenschaft ablegen über das eigene Tun und aus Fehlern lernen. Befreiung von Schuldgefühlen. Verständnis. Vergebung. Verbesserte Vitalität.

Schatten:
Ein Extrem: Überall »Jüngstes Gericht« spielen und Menschen in ihrer Gesamtheit richten. Der Verstand, der sich zum Oberrichter macht. »Abgehobenheit«. Geistige Arroganz. Fehler dürfen nicht sein.
Ein anderes Extrem: Seine Kraft in alten Fesseln gefangen halten. Ständige Angst vor Fehlern und vor Schuld. Aus Angst vor dem »Gericht« nicht handeln.

Astrologische Zuordnung bei Crowley: Element Feuer.

Numerologie: Zahl 2 – II Die Hohepriesterin, XI Gerechtigkeit/Lust (11 = 1 + 1 = 2), XX Gericht/Das Aeon (20 = 2 + 0 = 2).

XXI Die Welt/Das Universum

Thema: In Einklang mit dem Kosmos leben. Erfüllung. Vollendung.

Mitte, Ziel: In Harmonie mit kosmischen Gesetzen leben. Einklang von Innen- und Außenwelt. Seine Welt finden. Volle Persönlichkeitsentfaltung. Erfolg. Vollendung. Lebensfreude. Leichtigkeit. Die verschiedenen Elemente immer wieder ausbalancieren. Mit Freiheit, aber auch mit Grenzen leben können.

Schatten:
Ein Extrem: Zur großen, weiten Welt gehören wollen und sich dabei verlieren. Zu außenorientiert. Selbstüberschätzung. Masken anlegen. Grenzen nicht akzeptieren.
Ein anderes Extrem: Erstarrung. Trägheit. Sich nicht einbringen. Sich dem Kräftespiel entziehen. Angst vor der Welt. Seinen Platz in dieser Welt nicht finden. Ablehnung der Welt, so wie sie ist.

Astrologische Zuordnung bei Crowley: Saturn.

Numerologie: Zahl 3 – III Die Herrscherin/Die Kaiserin, XII Der Gehängte (12 = 1 + 2 = 3), XXI Die Welt/Das Universum (21 = 2 + 1 = 3).

Den inneren Bezug herstellen zu den Großen Arkana

Legen Sie die 22 Großen Arkana im Kreis offen vor sich aus, und betrachten Sie sie.

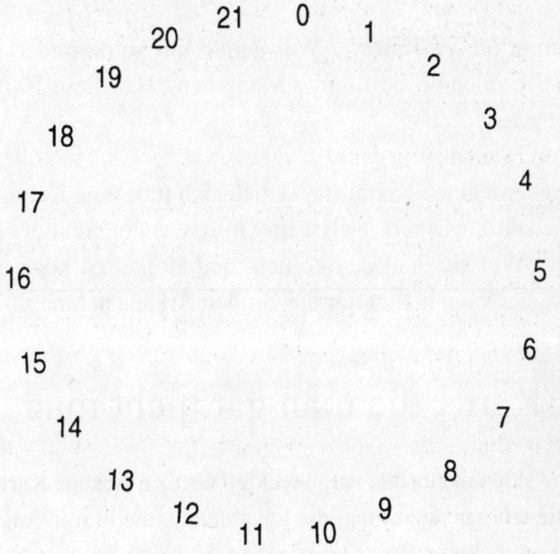

Welche Karten sprechen mich besonders an? Welche Symbole sagen mir etwas? Welche Farben ziehen mich an? Welche Karten berühren mich gar nicht? Welche mag ich nicht? Welche lösen Angst und Ablehnung aus?

Persönliche Lieblingskarte

Dann die eigene Lieblingskarte (1) auswählen. Diese Karte zeigt mir, womit ich mich identifiziere, was ich anstrebe, was ich an mir und an anderen mag.

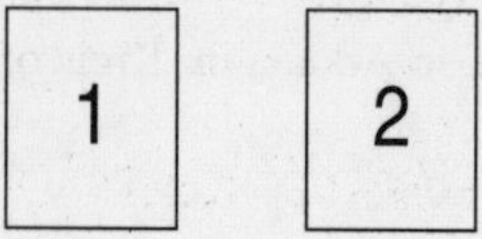

Was kommt mir zu Karte 1? Was gefällt mir so besonders an ihr? Erinnert sie mich an bestimmte Menschen? Hat diese Karte auch Schattenseiten?

Aus dem verdeckten Kartenstapel ziehe ich jetzt eine Karte (2), die mir zeigen soll, was mir noch weiter hilft, das Potential der Karte 1 zu leben. (Wer sich mit den Zahlen- und Hofkarten noch nicht so auskennt, der kann hierzu nur die Großen Arkana nehmen.)

Karte, die man gar nicht mag

Danach wähle ich aus den aufgedeckten Großen Arkana Karte 3, die Karte, die ich gar nicht mag, die ich ablehne, die in mir Angst, Abscheu, Wut auslöst.

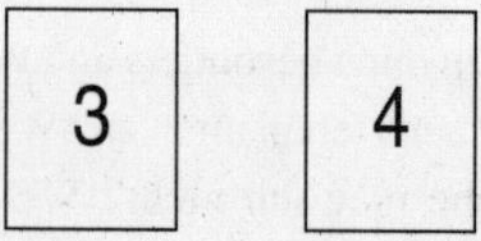

Was kommt mir zu Karte 3? Warum lehne ich sie so ab? Woran erinnert sie mich? Wo liegen meine Ängste, meine Abscheu? Warum muß ich mich oder andere so verurteilen, die so sind, wie es die Karte ausdrückt? Hat diese Karte auch positive Seiten? Wie kann ich die in ihr gebundene Kraft befreien und konstruktiv einsetzen?

Dann ziehe ich aus dem verdeckten Kartenstapel eine weitere Karte (4), die mir zeigen soll, was mir hilft, mit dem durch Karte 3 repräsentierten Potential umzugehen bzw. es zu befreien.

Persönlichkeitskarte

Persönlichkeitsmerkmale. Wie der Mensch in der Welt in Erscheinung tritt, wie er auf sie einwirkt.
Hier wie auch im folgenden werden wichtige Daten des Lebens zugrunde gelegt und durch Bildung der Quersumme auf die Großen Arkana des Tarot bezogen. Bei den Zahlen von 1 bis 10 ist auch die Beziehung zum Lebensbaum hergestellt und damit zu den Zahlenkarten. Das zeigt dann noch – unabhängig von den Bewußtwerdungsprozessen und »großen« Mustern, um die es in den Großen Arkana geht –, welche Situationen im Alltag besonders wichtig sind.
Für die Persönlichkeitskarte bildet man die Quersumme des Geburtsdatums bis höchstens 22 (22 = 0 Der Narr). Falls sich eine einstellige Zahl ergibt, so ist die Persönlichkeitskarte identisch mit der Wesenskarte (s. u.).
Beispiel: 22. 4. 1948 = 22 + 4 + 1948 = 1974 = 1 + 9 + 7 + 4 = XXI Die Welt/Das Universum (Zahlenkarten: Zahl 21 = 2 + 1 = 3; 3 Stäbe, 3 Kelche, 3 Schwerter, 3 Münzen/Scheiben).

Wesenskarte

Bestimmung der Seele. Innere Werte, die man ausdrücken soll.
Man bildet so lange die Quersumme des Geburtsdatums, bis man eine einstellige Zahl erhält.

Beispiel wie oben: 21 = 3 = III Die Herrscherin/Die Kaiserin (Zahlenkarten: Zahl 3 = 3 Stäbe, 3 Kelche, 3 Schwerter, 3 Münzen/Scheiben).

Jahreskarte

Thema, um das es im betreffenden Jahr gehen wird. Proben. Lehren. Man bildet die Quersumme des Geburtsdatums (Tag und Monat) plus betreffendes Jahr.
Beispiel: 22 + 4 + 1994 = 2020 = 2 + 0 + 2 + 0 = 4 = IV Der Herrscher/Der Kaiser (Zahlenkarten: Zahl 4 = 4 Stäbe, 4 Kelche, 4 Schwerter, 4 Münzen/Scheiben).

Tageskarte

Thema des Tages. Wirkende Energien.
Dabei wird zunächst einmal das Tagesdatum angesehen, und zwar die Tageszahl (Beispiel: 24. Februar – Tageszahl 24 = 2 + 4 = 6). Zahlen bis 22 können direkt den Großen Arkana zugeordnet werden, größere Zahlen werden durch Quersummenbildung auf einstellige reduziert (wie im Beispiel 24 = 6 = VI Die Liebenden). Die 6 = VI Die Liebenden wäre also die entscheidende Zahl des betreffenden Tages. Mancher bezieht diese Zahl nun auf den Lebensbaum und stellt so die Verbindung her zu den Zahlenkarten – in diesem Fall zu den 6 Stäben, 6 Kelchen, 6 Schwertern, 6 Münzen/Scheiben –, die dann die besonderen Situationen des Tages kennzeichnen.
Man kann auch weitergehen, da sich das Tagesdatum ja aus mehreren Zahlen zusammensetzt, nämlich zusätzlich aus den Zahlen für Monat und Jahr. 24. 2. 1994 – Tageszahl = 24 = 6 – VI Die Liebenden, Monatszahl = 2 – II Die Hohepriesterin, Jahreszahl = 1994 = 1 + 9 + 9 + 4 = 23 = 5 – V Der Hierophant/Der Hohepriester. II Die Hohepriesterin und V Der Hierophant/Der Hohepriester wären also

die »Lektionen« des Monats bzw. des Jahres. All diese Werte lassen sich nun durch »Zahlenspielerei« zu einer Summe zusammenfassen:

24. 2. 1994

6 + 2 + 5

8 + 5

13

4

Die Gesamtzahl des Tages wäre also die 4 = IV Der Herrscher. Dabei ist interessant, welche Stationen durchlaufen werden, um zu IV Der Herrscher zu gelangen, d. h. woraus sich in diesem Fall IV Der Herrscher zusammensetzt bzw. was sich hinter ihm verbirgt: VI Die Liebenden, II Die Hohepriesterin, V Der Hierophant/Der Hohepriester, VIII Kraft/Ausgleichung, XIII Tod. Daraus läßt sich ein »roter Faden« ableiten. Manchem reicht aber auch die Tageszahl allein.

Beziehungskarte

Thema der Beziehung. Gemeinsame Aufgabe. Herausforderungen. Die Geburtsdaten (jeweils Tag, Monat, Jahr) beider Partner werden addiert, dann wird die Quersumme gebildet.

Beispiel:

Partner A: 22 + 4 + 1948 = 1974

Partner B: 15 + 9 + 1945 = 1969

Summe: 1974 + 1969 = 3943 = 3 + 9 + 4 + 3 = 19 = XIX Die Sonne (Zahlenkarten: Zahl 19 = 1 + 9 = 10 = 10 Stäbe, 10 Kelche, 10 Schwerter, 10 Münzen/Scheiben bzw. auch 10 = 1 + 0 = 1 = As der Stäbe, As der Kelche, As der Schwerter, As der Münzen/Scheiben).

Namenskarte

Da der Name auch als Synonym für die Seele gesehen wird, kann er etwas aussagen über einen Menschen. Zur Ermittlung der Namenskarte werden die Buchstabenwerte des Vor- und Zunamens (und zwar des Geburtsnamens einschließlich aller Taufnamen) addiert und auf Zahlen bis 22 gebracht und so den Großen Arkana zugeordnet. Dabei ist interessant, welche Buchstaben (und damit Großen Arkana) überhaupt vorkommen und welche sich wiederholen.
Zur Bestimmung der Buchstabenwerte gibt es zwei verschiedene Zuordnungsmöglichkeiten.

Version 1 folgt unserem Alphabet mit 26 Buchstaben, die von A bis Z durchnumeriert werden: A = 1, B = 2, C = 3, D = 4, E = 5, F = 6, G = 7, H = 8, I = 9, J = 10, K = 11, L = 12, M = 13, N = 14, O = 15, P = 16, Q = 17, R = 18, S = 19, T = 20, U = 21, V = 22, W = 23, X = 24, Y = 25, Z = 26.

Version 2 folgt der Kabbalistik, die die 22 Buchstaben des hebräischen Alphabets zugrunde legt und die 26 Buchstaben unseres Alphabets hier »einpaßt«: A = 1, B = 2, C = 11, D = 4, E = 5, F = 17, G = 3, H = 5 (manchmal auch 8), I = 10, J = 10, K = 11, L = 12, M = 13, N = 14, O = 16, P = 17, Q = 19, R = 20, S = 15 (manchmal auch 21), T = 21 (manchmal auch 9), U = 6, V = 6, W = 6, X = 21 (manchmal auch 15), Y = 10, Z = 7, CH = 8, KH = 11, PH = 17, SH und SCH = 21 (manchmal auch 18), TH = 22, Ä, Ö, Ü = A, O, U.

Aufgrund der eindeutigeren Zuordnungsmöglichkeit und des uns geläufigen Alphabets bevorzugen viele die erste Version, wobei Buchstabenwerte über 22 durch Addition ihrer Ziffern auf eine einstellige Zahl gebracht werden (Beispiel: W = 23 = 5).
Die Namenskarte, bei der, wie gesagt, der Geburtsname mit allen Taufnamen zugrundegelegt wird, setzt sich zusammen aus:

1. der Karte der Sehnsüchte und der inneren Motivation (Addition aller Vokale des Vor- und Zunamens, reduziert auf eine Zahl bis 22),
2. der Karte der äußeren Persönlichkeit (Addition aller Konsonanten, reduziert auf eine Zahl bis 22),
3. der Karte der Bestimmung (Addition aller Vokale und Konsonanten, reduziert auf eine Zahl bis 22).

   Beispiel:

	9			15			=	24 Vokale
	↓			↓				
K	I	M	B	O	C	K		
↑		↑	↑		↑	↑		
11		13	2		3	11	=	40 Konsonanten

1. Karte der Sehnsüchte und der inneren Motivation (Addition aller Vokale): 24 = 6 = VI Die Liebenden.
2. Karte der äußeren Persönlichkeit (Addition aller Konsonanten): 40 = 4 = IV Der Herrscher/Der Kaiser.
3. Karte der Bestimmung (Addition aller Vokale und Konsonanten): 24 + 40 = 64 = 10 = X Rad des Schicksals/Glück.

Kartenmeditation

Wählen Sie eine Karte aus, die z. Zt. von großer Bedeutung für Sie ist. Setzen oder legen Sie sich dann bequem hin, und betrachten Sie die Karte, bis sie sich gut eingeprägt hat. Nun schließen Sie die Augen.

Ich atme tief und konzentriere mich für kurze Zeit auf den Atem. Mit dem Ausatmen lasse ich alle negativen Gedanken los, alle Probleme und Blockaden.
Ich spüre, wie sich der ganze Körper durch das Atmen entspannt und mit neuer Kraft füllt.

Jetzt visualisiere ich die Karte, betrachte mit dem inneren Auge das Bild:
Die Farben, die Symbole, die Person(en), die Landschaft.
Ich bin ganz still und lausche nach innen:
Welche Gefühle und vielleicht Erinnerungen oder Bilder kommen mir dazu?

Ich trete nun in die Bildszene hinein, bin Teil des Ganzen.
Ich spüre die Wärme der Sonne, rieche, höre Geräusche, gehe zu der dargestellten Person, komme mit ihr ins Gespräch, stelle Fragen …
Was passiert mit mir?
Ich verweile hier so lange, bis es mir genug ist.

Am Ende verabschiede ich mich, atme tief, spüre meinen Körper, strecke mich, öffne meine Augen und bin wieder im Hier und Jetzt des Alltags.

Die Zahlenkarten

Die Tarot-Zahlenkarten stellen Situationen dar, in denen Menschen stehen. Sie verkörpern das Energiegefüge, an dem jeder Mensch aktiv mitwirkt oder passiv teilhat.

Im Rider-Tarot tragen alle Zahlenkarten Bildszenen, auf denen meist Menschen abgebildet sind. Im Crowley-Tarot und in vielen anderen Spielen zeigen die einzelnen Zahlenkarten keine Bildszenen, sondern Symbole und astrologische oder andere Zeichen. Daher tun sich meiner Erfahrung nach »Tarot-Einsteiger« meistens leichter mit den Rider-Zahlenkarten, eben wegen ihrer bildhaften Darstellungen. Wer allerdings einen guten Zugang zu Symbolen hat oder sich mit der Astrologie auskennt, der wird auch als Anfänger mit den Crowley-Zahlenkarten gut zurechtkommen. Wer sich dagegen nur an den Bildunterschriften orientiert, der könnte manchmal Schwierigkeiten haben. Ich kenne viele Menschen – ich selbst zähle dazu –, die genau diese Bildunterschriften für verwirrend und vor allem für zu einseitig halten. Das zeigt sich schon, wenn beispielsweise bei Legemodellen auf der Position »Das nicht tun« Karten wie die 2 Kelche oder die 9 Kelche liegen mit den Titeln »Liebe« oder »Freude«. Noch problematischer wird's, wenn auf der Position »Das tun« Karten wie die 7 Schwerter oder die 9 Schwerter erscheinen mit den Begriffen »Vergeblichkeit« oder »Grausamkeit«. Diese Beispiele zeigen, daß die Bildunterschriften nicht so eng interpretiert werden dürfen und daß die Bildinhalte viel umfassender sind, als die Bezeichnungen vermuten lassen.

Alle Rider- und Crowley-Zahlenkarten beziehen sich auf den Lebensbaum der Kabbala und auf die vier Elemente Feuer, Wasser, Luft und Erde. Die Asse des Tarot sind der ersten Kraftzentrale des

Lebensbaums zugeordnet, die Zweien der zweiten, die Dreien der dritten usw. Nimmt man dann noch die Elemente hinzu, so sind auch die Sätze näher bestimmt. Es gibt Kraftzentralen und Elemente, die miteinander eher positive, und andere, die eher negative Verbindungen eingehen. Das zeigt sich dann im Bild durch eine entsprechende Szene oder Symbolik.

In meinen Interpretationen gehe ich bei jeder Karte auf die jeweilige Konstellation ein, die sich ergibt aus dem Zusammenwirken von Kraftzentrale und Element. Ich bin mir darüber im klaren, daß ich damit stark vereinfache, aber es hat sich gezeigt, daß genau diese kurzen Beschreibungen für viele sehr hilfreich sind, um ins Thema der Karte hineinzukommen, Hintergründe des Bildes besser verstehen zu können und um zu eigenen Interpretationen zu gelangen – ein ganz wichtiger Schritt. Im Anschluß an die allgemeine Karteninterpretation bringe ich dann noch die astrologische Zuordnung von Crowley.

Alle Zahlenkarten haben wie auch die Großen Arkana jeweils Licht- und Schattenseiten. Insofern ist keine Karte einseitig nur »gut« oder nur »schlecht« – in jeder Karte liegen beide Möglichkeiten, wobei die durch das Bild ausgedrückte Szene bzw. Symbolik oder aber die astrologische Konstellation jeweils die Haupttendenz angibt.

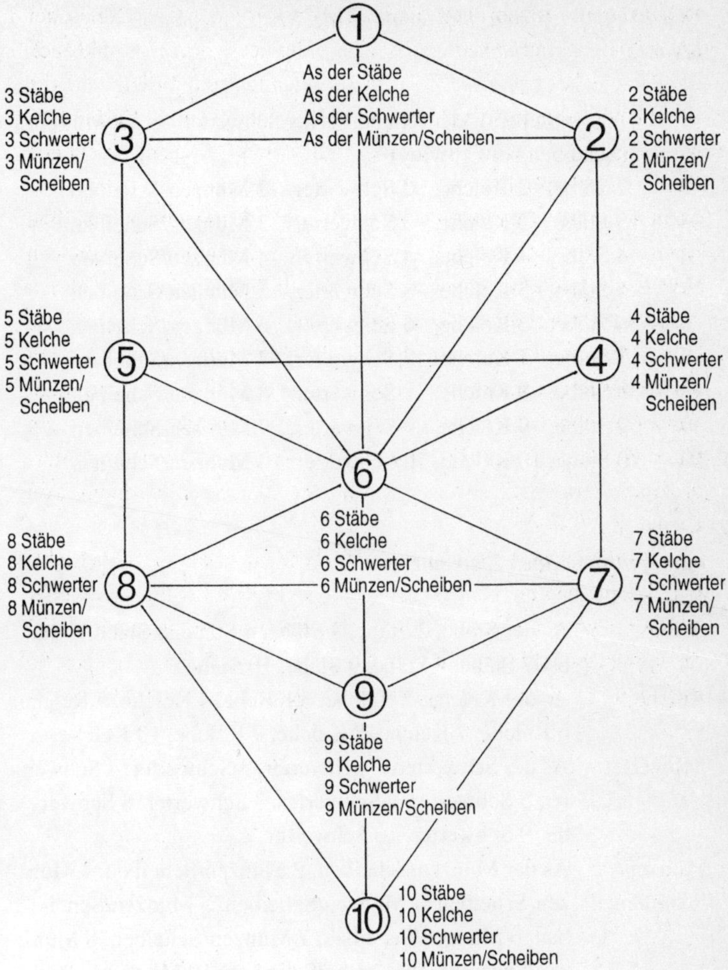

Zahlenkarten und Lebensbaum

Die 40 Zahlenkarten, bezogen auf die Kraftzentralen des Lebensbaums:

1 –	As der Stäbe,	As der Kelche,	As der Schwerter,	As der Münzen (Scheiben bei Crowley)
2 –	2 Stäbe,	2 Kelche,	2 Schwerter,	2 Münzen/Scheiben
3 –	3 Stäbe,	3 Kelche,	3 Schwerter,	3 Münzen/Scheiben
4 –	4 Stäbe,	4 Kelche,	4 Schwerter,	4 Münzen/Scheiben
5 –	5 Stäbe,	5 Kelche,	5 Schwerter,	5 Münzen/Scheiben
6 –	6 Stäbe,	6 Kelche,	6 Schwerter,	6 Münzen/Scheiben
7 –	7 Stäbe,	7 Kelche,	7 Schwerter,	7 Münzen/Scheiben
8 –	8 Stäbe,	8 Kelche,	8 Schwerter,	8 Münzen/Scheiben
9 –	9 Stäbe,	9 Kelche,	9 Schwerter,	9 Münzen/Scheiben
10 –	10 Stäbe,	10 Kelche,	10 Schwerter,	10 Münzen/Scheiben

oder geordnet nach Elementen:

Stäbe:	As der Stäbe, 2 Stäbe, 3 Stäbe, 4 Stäbe, 5 Stäbe, 6 Stäbe, 7 Stäbe, 8 Stäbe, 9 Stäbe, 10 Stäbe
Kelche:	As der Kelche, 2 Kelche, 3 Kelche, 4 Kelche, 5 Kelche, 6 Kelche, 7 Kelche, 8 Kelche, 9 Kelche, 10 Kelche
Schwerter:	As der Schwerter, 2 Schwerter, 3 Schwerter, 4 Schwerter, 5 Schwerter, 6 Schwerter, 7 Schwerter, 8 Schwerter, 9 Schwerter, 10 Schwerter
Münzen/ Scheiben:	As der Münzen/Scheiben, 2 Münzen/Scheiben, 3 Münzen/Scheiben, 4 Münzen/Scheiben, 5 Münzen/Scheiben, 6 Münzen/Scheiben, 7 Münzen/Scheiben, 8 Münzen/Scheiben, 9 Münzen/Scheiben, 10 Münzen/Scheiben

Die Asse

Stichworte zur ersten Kraftzentrale: Urkraft. Einheit. Ganzheit. Das gesamte Potential. Beginn.

Astrologische Zuordnung: Es gibt keine explizite astrologische Zuordnung zur ersten Kraftzentrale. An dieser Stelle wird meist verwiesen auf das Primum mobile – die ersten Wirbel.

Farbzuordnung: Weiß, Brillanz.

As der Stäbe

Element und Kraftzentrale: Feuer in der 1. Das Feuer-Element in der ersten Kraftzentrale, der Kraft der Einheit, der Gesamtheit. Chance, das Gesamtpotential des Elements zu nutzen, das hier zur Verfügung steht.

Mitte, Ziel: Chance zu höchster Selbstentfaltung. Lebensfreude. Optimismus, Risikobereitschaft. Das gesamte zur Verfügung stehende Kraftpotential nutzen. Entschlossenheit. Durchsetzungskraft. Neues wagen. Mut. Eine Gelegenheit ergreifen.

Schatten:
Ein Extrem: Überaktivität. Zu leistungsorientiert. Mißbrauch des Kraftpotentials. Kampf. Macht.
Ein anderes Extrem: Zu wenig an die eigene Kraft glauben. Zu schnell aufgeben. Das Potential nicht nutzen. Pessimismus. Kraftblockade.

As der Kelche

Element und Kraftzentrale: Wasser in der 1. Das Wasser-Element in der ersten Kraftzentrale, der Kraft der Einheit, der Gesamtheit. Chance, das Gesamtpotential des Elements zu nutzen, das zur Verfügung steht.

Mitte, Ziel: Chance, Harmonie, inneren Frieden und höchstes Glück zu finden. Liebe. Ganz hohe Hingabe- und Liebesfähigkeit. Phantasie. Vertrauen. Glauben. Sich allen seinen Gefühlen und den kosmischen Kräften öffnen. Innere Weisheit.

Schatten:
Ein Extrem: Das »Paradies auf Erden« erwarten. Verschwimmen in Gefühlen. Illusionen. Mit allem symbiotisch verschmelzen.
Ein anderes Extrem: Mißtrauen. Lebensangst. Sich aus Angst verschließen. Fehlende Hingabebereitschaft. Unzufriedenheit.

As der Schwerter

Element und Kraftzentrale: Luft in der 1. Das Luft-Element in der ersten Kraftzentrale, der Kraft der Einheit, der Gesamtheit. Chance, das Gesamtpotential des Elements zu nutzen, das zur Verfügung steht.

Mitte, Ziel: Chance, etwas zu erkennen, zu entscheiden, zu klären. Sich Übersicht verschaffen. Nüchterne Klärung. Offenes Gespräch. Geistige Klarheit. Durch hohe Bewußtheit Unterschiede verbinden. Verständnis. Vernunft. Geistige Neuorientierung.

Schatten:

Ein Extrem: »Kopflastigkeit«. Nur das Gute und Richtige darf sein, alles andere wird verurteilt. Lebensfeindliche, weltfremde Maßstäbe. Abgehobenheit. Strenge. Rechthaberei. Kaltherzigkeit. Streit. Machtmißbrauch. Zerstörung.

Ein anderes Extrem: Nur das Dunkle sehen. Negatives Denken. Übermäßige Angst vor Fehlern, vor Trennung und vor Verurteilung. Zweifel. Orientierungslosigkeit. Krise. Unglück.

As der Münzen/Scheiben

Element und Kraftzentrale: Erde in der 1. Das Erd-Element in der ersten Kraftzentrale, der Kraft der Einheit, der Gesamtheit. Chance, das Gesamtpotential des Elements zu nutzen, das zur Verfügung steht.

Mitte, Ziel: Chance zur Verwirklichung eines Projekts. Höchstes körperliches und materielles Wohlbefinden. Innerer und äußerer Reichtum. Geist und Materie sind im Einklang. Wohlstand. Finanzieller Gewinn. Erfolg.

Schatten:
Ein Extrem: Die Materie zum Götzen erheben. Erstarren in Formen und Traditionen. Perfektion. Zu hohe Ansprüche. Genußsucht. Trägheit.
Ein anderes Extrem: Chancen nicht wahrnehmen. Nicht zu Ergebnissen kommen. Nur an Mißerfolg glauben und nur das Negative dieser Welt sehen. Keinen inneren Bezug haben zum Körper, zur Materie. Energieblockade.

Die Zweien

Stichworte zur zweiten Kraftzentrale: Weisheit. Schöpferisch-aktive Kraft. Idee. Impuls. Zweiheit. Begegnung.

Astrologische Zuordnung: Meist der gesamte Tierkreis oder Uranus.

Farbzuordnung: Grau.

2 Stäbe

Element und Kraftzentrale: Feuer in der 2. Männliches Feuer-Element in der zweiten Kraftzentrale, die starke schöpferisch-aktive und Kräfte der Weisheit und der Zweiheit enthält. Die Kräfte gehen hier in Richtung Handeln im Sinne der inneren Weisheit; zu seinen Absichten und Zielen stehen. Durchsetzung. In ungünstiger Konstellation könnte es zu zuviel Einsatz von Feuerkraft kommen oder – aufgrund der Kräfte der Zweiheit – zur Durchsetzungsschwäche und zum Schwanken. Grundaussagen der Rider- und Crowley-Karten sind ähnlich, wobei bei Crowley der dynamische Aspekt mehr betont wird.

Mitte, Ziel: Innere Stärke. Zu sich und seinen Zielen stehen. Abgrenzungs-, Entscheidungs-, Motivations- und Durchsetzungsfähigkeit. Persönliche Ausstrahlung. Aus der inneren Weisheit heraus handeln. Erfolg. Initiative ergreifen. Tatkraft. Autorität sein. Herrschaft über sein Leben übernehmen. Die Situation meistern.

Schatten:
Ein Extrem: Herrschsucht. Arroganz. Rivalität. Machtkampf.
Ein anderes Extrem: Schwanken. Entscheidungs- und Durchsetzungsschwäche. Nichts Neues wagen.

Astrologische Zuordnung bei Crowley: Mars im Widder.

2 Kelche

Element und Kraftzentrale: Wasser in der 2. Weibliches Wasser-Element in der zweiten Kraftzentrale mit dem Potential Weisheit, schöpferisch-aktive Kraft, Zweiheit, Begegnung. Durch das Element Wasser, das die Verbindung mit dem Du sucht und sich mit allem vereint, ist eine natürliche Anziehung gegeben. Daher gute Chance zu Verbindung, Öffnung, Fließen.
Grundaussagen der Rider- und Crowley-Karten sind ähnlich.

Mitte, Ziel: Liebe. Liebesbeziehung. Männliches und Weibliches in sich und außerhalb lieben. Gegensätze vereinen. Partnerschaft. Freundschaft. Sich einem Menschen oder einer Situation öffnen und daraus Kraft beziehen. Emotionaler Austausch. Vertrauen.

Schatten:
Ein Extrem: Mit dem Du in die Symbiose gehen. Illusionen. Sich in Gefühlen und im anderen Menschen verlieren.
Ein anderes Extrem: Mißtrauen. Lebensangst. Verschlossenheit. Angst vor Öffnung und Verletzung. Gefühlsblockade. Dualität.

Astrologische Zuordnung bei Crowley: Venus im Krebs.

2 Schwerter

Element und Kraftzentrale: Luft in der 2. Männliches Luft-Element in der zweiten Kraftzentrale, die in sich starke schöpferische sowie Kräfte der Weisheit und der Zweiheit enthält. Teils besteht die Chance, daß sich das Luft-Element mit der inneren Weisheit verbindet und so erkennt, Entscheidungen trifft und über Verständnis Gegensätze vereint. Auf der anderen Seite Gefahr, daß zuviel männliche geistige Energien aufeinandertreffen und daß das Luft-Element durch die Zweiheit zu sehr seinen Schattenseiten erliegt: alles aufspalten in gut–böse, richtig–falsch, und verurteilt oder in Zweifel, Konformität und Negativität verfällt.
Der Aspekt Frieden, Harmonie wird bei Crowley als zentrale Aussage in den Vordergrund gestellt, während im Rider-Bild auch der Schattenbereich anklingt.

Mitte, Ziel: Innerer Frieden. Durch Bewußtheit Unterschiedliches verbinden und innere Ruhe finden. Intuition und Verstand, inneres und äußeres Wissen vereinen. In Ruhe Entscheidungen treffen und Situationen klären. Die Mitte finden zwischen Offenheit und Abgrenzung. Verständnis. Toleranz. Mit dem inneren Wissen in Verbindung sein.

Schatten:

Ein Extrem: Zu kopforientiert. Scheinfrieden. Kontrolle. Starrheit. Der Verstand blockiert den Zugang zum inneren Wissen. Die Welt durch den Schleier der eigenen Vorurteile betrachten. Dualität: männlich–weiblich, Geist–Körper, Verstand–Intuition. Intoleranz. Verurteilung.

Ein anderes Extrem: Negatives Denken. Nicht entscheiden und handeln aus Angst vor Kritik und Ablehnung. Mißtrauen. Zweifel. Entschlußlosigkeit. Aus Angst das Innere nicht zeigen. Konformität und Konfliktvermeidung aus Angst. Mißgunst.

Astrologische Zuordnung bei Crowley: Mond in der Waage.

2 Münzen/Scheiben

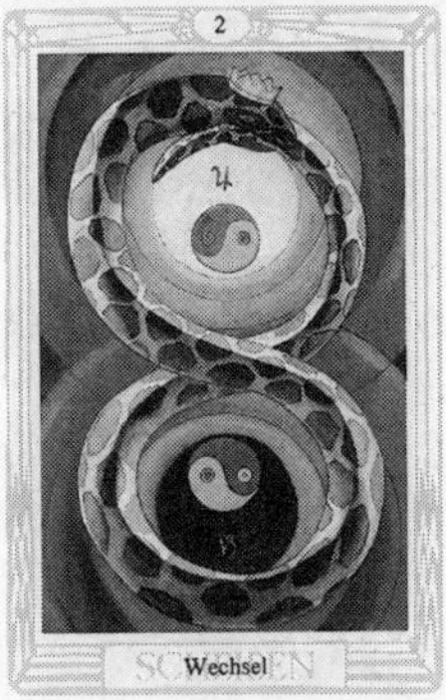

Element und Kraftzentrale: Erde in der 2. Weibliches Erd-Element in einer Kraftzentrale, die in sich starke schöpferische sowie Kräfte der Weisheit und der Zweiheit und Begegnung enthält. Hier besteht die Chance, daß die Erdkräfte den nötigen Realitätsbezug geben, um mit der Welt der Polarität umgehen zu können.
Grundaussagen der Rider- und Crowley-Karten sind ähnlich. Bei Crowley klingt der Aspekt Wechsel zum Guten an (Jupiter).

Mitte, Ziel: Ja zu Veränderungen und zum Auf und Ab des Lebens. Flexibilität. Dinge nicht zu ernst nehmen. Risikobereitschaft. Chancen nutzen. Neues wagen. Lebenskünstler. Die verschiedenen Kräfte akzeptieren und immer wieder in die Balance bringen. Alles hat zwei Seiten. Abwägen und entscheiden. Gewinnen und verlieren können.

Schatten:
Ein Extrem: Unbeständigkeit. Sich durchlavieren. Labilität. Unbedachtsamkeit. Ungeduld. Leichtsinn. Schulden.
Ein anderes Extrem: Zu wenig risikobereit. Nur abwägen und nicht handeln. Am Alten festhalten und nichts Neues wagen. Erstarrung. Alles zu ernst nehmen. Nur das Dunkle sehen. Pessimismus.

Astrologische Zuordnung bei Crowley: Jupiter im Steinbock.

Die Dreien

Stichworte zur dritten Kraftzentrale: Formgebende Kräfte. Erkenntnis. Schutz. Furchtbarkeit. Verwirklichung. Begrenzung. Gesetz. Überwindung von Gegensätzen. Verbindung.

Astrologische Zuordnung: Meist Saturn.

Farbzuordnung: Schwarz.

3 Stäbe

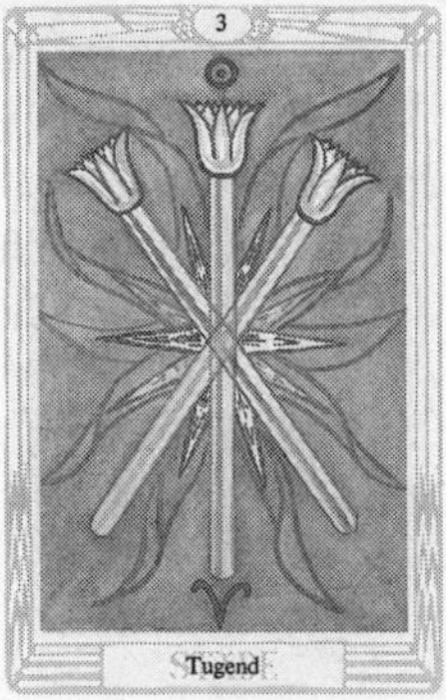

Element und Kraftzentrale: Feuer in der 3. Männliches Feuer-Element in der dritten Kraftzentrale, die formgebende Kräfte und Kräfte der Erkenntnis und Verbindung enthält. Die Feuerkräfte bekommen von den Kräften der 3. Kraftzentrale Realitätsbezug und eine Basis. Das Feuer-Element beinhaltet auch genug Kraft, um dem begrenzenden Aspekt der 3 zu begegnen, allerdings könnte die Feuerkraft hier unter ungünstigen Bedingungen ihrem Schatten erliegen: Auf Begrenzungen mit Sturheit oder mit Rückzug und Pessimismus reagieren.
Im Rider-Bild ist das Thema der Karte statischer dargestellt; bei Crowley kommt mehr das »Feurige« zum Ausdruck. Hier werden die spontanen Impulse und der Neubeginn hervorgehoben.

Mitte, Ziel: Gute Verwurzelung in der materiellen Welt. In sich ruhen, um seine Fähigkeiten wissen und daraus Sicherheit beziehen und Neues wagen. Zentriertheit. Reife. Weitblick. Gute Basis für Wachstum und Entwicklung. Seine Ideen auf den Boden der Realität bringen, auch bei Schwierigkeiten. Erfolg. Den geeigneten Zeitpunkt zum Handeln abwarten. Geduld. Das hier und jetzt Machbare tun. Altem den Rücken zuwenden. Neue Ideen.

Schatten:

Ein Extrem: Handeln, ohne auf den geeigneten Zeitpunkt zu achten. Sturheit. Glauben, woanders mehr Beachtung zu bekommen, und deshalb das Naheliegende nicht tun.

Ein anderes Extrem: Mißtrauen. Zu langes Abwarten und Zögern. Sich nicht einbringen. Isolation. Bei Schwierigkeiten aufgeben. Rückzug. Abwehrhaltung. Pessimismus. Nichts Neues beginnen.

Astrologische Zuordnung bei Crowley: Sonne im Widder.

3 Kelche

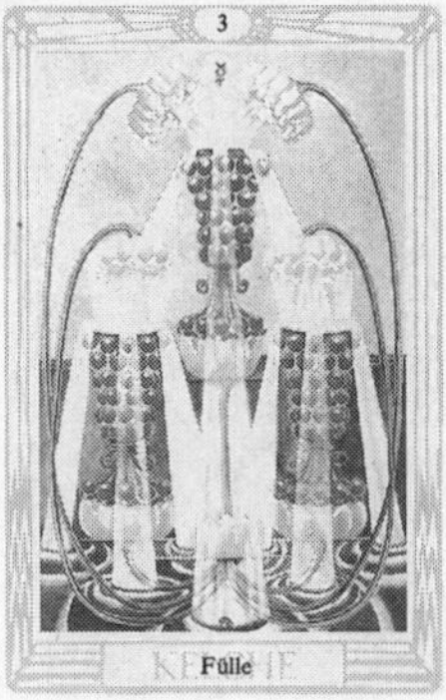

Element und Kraftzentrale: Wasser in der 3. Weibliches Wasser-Element in der dritten Kraftzentrale mit aufnehmenden und formgebenden Kräften und Kräften der Verbindung und Erkenntnis. Die weibliche Wasserkraft verbindet sich mit den Erdkräften, was zu Fruchtbarkeit führt. Das Wasser-Element reagiert außerdem flexibel auf natürliche Grenzen und Widerstände, die in der 3 auftreten können. Gute Chance zu Fruchtbarkeit und Fließen.
Grundaussagen der Rider- und Crowley-Karten sind ähnlich.

Mitte, Ziel: Freude im Miteinander. Glück. Fülle. Schönes genießen. Liebe zum Leben auf der Erde. Tiefer familiärer Kontakt. Mutterliebe. Verwirklichung. Fruchtbarkeit. Hingabe. Sich öffnen.

Schatten:
Ein Extrem: Das permanente Glück erwarten. Übermäßiges Genußstreben. Zuviel erwarten und selbst nicht geben. Mit allem in kindliche Symbiose gehen. Verschwimmen.
Ein anderes Extrem: Sich nicht öffnen und empfangen und genießen. Lebensangst. Verschlossenheit. Mißtrauen. Zu distanziert. Sich nicht zugehörig fühlen.

Astrologische Zuordnung bei Crowley: Merkur im Krebs.

3 Schwerter

Element und Kraftzentrale: Luft in der 3. Männliches Luft-Element in einer Kraftzentrale, die formgebende, begrenzende Erdkräfte und Kräfte der Erkenntnis enthält. Da treffen sehr viele strukturgebende Kräfte aufeinander. Daher einerseits die Gefahr, das Leben zu sehr zu strukturieren und zu kontrollieren und es damit zu ersticken; zum anderen reagiert das Luft-Element bei Begrenzung schnell mit Negativität und Überbetonung von Leid und Schmerz. Insgesamt also eine sehr problematische Konstellation.
Grundaussagen der Rider- und Crowley-Karten sind ähnlich.

Mitte, Ziel: Sein Herz befreien. Hineingehen in jetziges und altes Leid, um dann loslassen zu können. Lösung aus ständiger Selbstkontrolle, aus Schuldgefühlen, Selbstzweifeln und Sorgen. Tiefe, wenn auch schmerzvolle Erkenntnisse. Trieb- und lebensfeindliche Maßstäbe loslassen. Schwierigkeiten akzeptieren als Chance zum Wandel. Fehler verzeihen. Schranken abbauen. Unüberwindliche Grenzen annehmen.

Schatten:

Ein Extrem: Durch zuviel Kontrolle und Gedanken das Herz blokkieren. Der Verstand vergewaltigt die Natur. Tyrannei des Verstan-

des. Perfektion erstickt das Leben. Verurteilung. Sterilität. Kaltherzigkeit. Streit. Ausgrenzung.
Ein anderes Extrem: Alte Stachel stecken noch tief. Sich abgelehnt und verurteilt fühlen. Sich ständig sorgen und dadurch Negatives anziehen. Sich für »falsch« halten. Im Leid steckenbleiben statt sich zu befreien. Selbstzweifel. Kummer.

Astrologische Zuordnung bei Crowley: Saturn in der Waage.

3 Münzen/Scheiben

Element und Kraftzentrale: Erde in der 3. Weibliches Erd-Element in der dritten Kraftzentrale, die schützende und formgebende Kräfte und Kräfte der Verbindung und Erkenntnis enthält. Hier geht es um Verwirklichung, um Ergebnisse. Das Erd-Element paßt sich außerdem den begrenzenden Kräften der 3 an, reagiert realitätsbezogen auf natürliche Grenzen. Allerdings könnte in dieser Konstellation auch ein Zuviel an Formkraft vorliegen.
Grundaussagen der Rider- und Crowley-Karten sind zwar ähnlich, aber Crowley betont noch mehr den ganz intensiven Arbeitseinsatz.

Mitte, Ziel: Verwirklichung. Fruchtbarkeit. Stabilität. Erfolgreiche Arbeit. Gute materielle Basis. Berufliche Chance. Erfolg. Praktisches Geschick. Durch Zusammenwirken von Körper, Seele und Geist Beständiges schaffen. Prüfungen bestehen. Geduld. Ja zur materiellen Welt und zum Körper. Mütterlichkeit. Fürsorge. Auch Schwierigkeiten bewältigen.

Schatten:
Ein Extrem: Nur arbeiten, und menschliche Beziehungen kommen zu kurz. Perfektion erstickt das Leben. Flucht in die Arbeit. Erstarrung. Inflexibilität. Festhalten.

Ein anderes Extrem: Sich nichts zutrauen und sich nicht verwirklichen. Chancen nicht nutzen. Seinen Platz nicht finden. Mißtrauen. In der Opferrolle verharren.

Astrologische Zuordnung bei Crowley: Mars im Steinbock.

Die Vieren

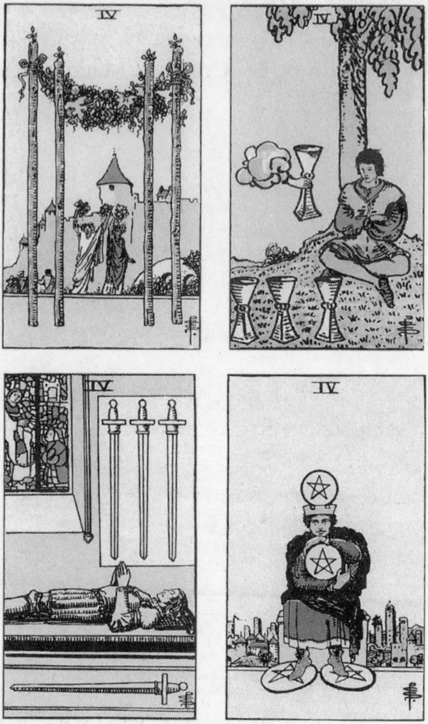

Stichworte zur vierten Kraftzentrale: Materie. Stabilität. Gesellschaft. Wachstum. Wohlstand. Harmonie. Güte. Barmherzigkeit.

Astrologische Zuordnung: Jupiter.

Farbzuordnung: Blau.

4 Stäbe

Element und Kraftzentrale: Feuer in der 4. Männliches Feuer-Element in der vierten Kraftzentrale, deren Kräfte auf materielle Stabilität, Wachstum und Harmonie ausgerichtet sind. Das kann schöpferisches Mitgestalten, Verbindung und Freude im gesellschaftlichen Miteinander sein.
Grundaussagen der Rider- und Crowley-Karten sind ähnlich.

Mitte, Ziel: Freude im Miteinander. Vollendung. Aus der Vereinigung von Gegensätzlichem entstehen Kreativität und Freude. Erfüllung. Erfolg. Sich voller Lebensfreude fürs Wohlergehen des Ganzen einsetzen. Kooperativ. Neuem gegenüber aufgeschlossen.

Schatten:
Ein Extrem: Zuviel wollen. Übermäßiges Harmonie- und Wachstumsbestreben. Selbstüberschätzung. Einseitigkeit.
Ein anderes Extrem: Trägheit. Zu wenig Vertrauen in sich und ins Leben. Anpassung aus übermäßigem Harmoniebestreben und aus Angst. Sich nicht einbringen. Dualität. Negativität.

Astrologische Zuordnung bei Crowley: Venus im Widder.

4 Kelche

Element und Kraftzentrale: Wasser in der 4. Weibliche Wasserkraft in der vierten Kraftzentrale, die auf materielle Stabilität, auf Wachstum und auf Harmonie ausgerichtet ist. Die Wasserkraft könnte sich auf dieser Ebene öffnen, vertrauen, entspannen, genießen. Es besteht aber auch die Gefahr von Zuviel der Fülle, was in Frustration münden kann.
Grundaussagen der Rider- und Crowley-Karten sind ähnlich.

Mitte, Ziel: Spüren, was alles entgegengebracht wird. Chancen erkennen. Sich über das Gegebene freuen und es genießen können. Sich verbinden, sich selbst dabei aber treu bleiben. Emotionaler Reichtum. Zufriedenheit. Vertrauen. Selbstloses Geben. Fürsorge. In sich hineinspüren, ob man ein Geschenk annehmen kann, ohne sich abhängig zu fühlen. Kreative Pause. Selbstbesinnung. Meditation. Loslassen können.

Schatten:
Ein Extrem: Frustration, weil man sich von anderen emotional vereinnahmt fühlt. Überdruß. Zu starke emotionale Nähe und Überfürsorge. Übermäßige Bemutterung.

Ein anderes Extrem: Nicht merken, was alles entgegengebracht wird. Mißtrauen in die eigenen Kräfte, ins Leben, in andere Menschen, ins Schicksal. Verschlossenheit. Sich nicht zugehörig fühlen. Isolation.

Astrologische Zuordnung bei Crowley: Mond im Krebs.

4 Schwerter

Element und Kraftzentrale: Luft in der 4. Das strukturgebende, ordnende Luft-Element trifft in der vierten Kraftzentrale auf Kräfte, die auf die Materie, auf Wachstum, Harmonie und Güte bezogen sind. Diese Kräfte können das Luft-Element in seinem Aspekt Klarheit, Verständnis, Toleranz stärken. Es besteht aber auch die Gefahr, daß sie es in seiner Tendenz, »heile Welt« erzeugen zu wollen, noch verstärken. Dann wird nur noch im Sinne des »Richtigen«, »Guten« und »Harmonischen« gewirkt, was zu Lasten von Trieben, Sinnlichkeit, Gefühlen und des Körpers geht. Oder aber die Luftkraft verfällt ihrer anderen Schattenseite: Zweifel, Dualität, Erstarrung, Rückzug aus dem Alltäglichen. Negativität.
Grundaussagen der Rider- und Crowley-Karten sind ähnlich.

Mitte, Ziel: In sich gehen, um seinen Standort zu überprüfen und zu regenerieren. Ruhepause. Abschalten. Loslassen. Verbindung aufnehmen mit der inneren Weisheit. Unterschiedliches verbinden und so Ruhe finden. Zentriertheit. Klarheit. Ruhe und das Licht in sich finden. Toleranz. Verzeihen. Aus Fehlern lernen. Befreiung aus übermäßiger Kopforientiertheit und Isolation.

Schatten:

Ein Extrem: Zwangspause wegen Überforderung. Weltfremde Vorstellungen »kreuzigen« das Leben. Zuviel Arbeit und Kontrolle. Ständig edel und gut sein wollen. »Tugendwärter«.

Ein anderes Extrem: Sich »in den Sarg« legen, weil man sich für unfähig hält oder keine Fehler machen will. Negatives Denken. Zweifel. Nicht entscheiden. Konformität aus Angst. Rückzug.

Astrologische Zuordnung bei Crowley: Jupiter in der Waage.

4 Münzen/Scheiben

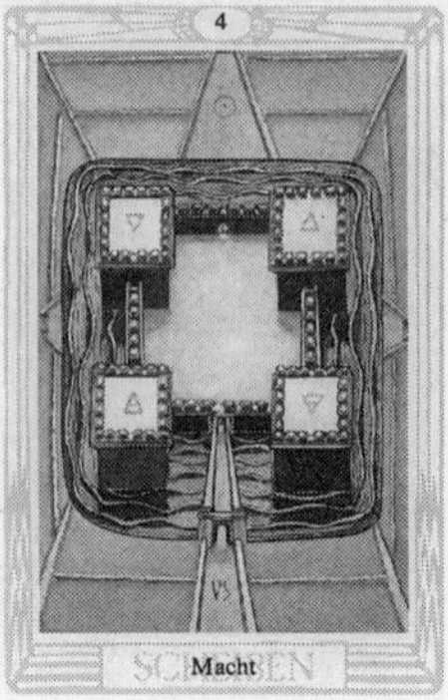

Element und Kraftzentrale: Erde in der 4. Weibliches Erd-Element in der vierten Kraftzentrale, deren Energien auf Materie, auf Stabilität und auf Wachstum ausgerichtet sind. Hier treffen ähnliche Kräfte aufeinander, deshalb Gefahr des Zuviel an Materie.
Im Rider-Bild wird mehr der Schatten in den Vordergrund gestellt. Bei Crowley geht die Aussage vor allem in Richtung Wahrung des Erreichten und Strukturgebung.

Mitte, Ziel: Materielle Stabilität. Verwirklichung. Sein Maß finden im Umgang mit der Materie. Balance zwischen Absicherung und Risiko, zwischen materiellen und geistigen Werten. Arbeiten und genießen können. Den Wert der Materie achten, aber sie nicht »vergötzen« und zu sehr festhalten. Strukturgebung. Klarheit. Ordnung.

Schatten:
Ein Extrem: Geld- und Besitzgier. Zu sehr festhalten: an Menschen, an Materiellem, an Traditionen. Konservatismus. Zu starkes Perfektionsstreben und zuviel Struktur und Ordnung. Machtspiele. Geiz. Angabe. Bequemlichkeit. Erstarren im Wohlstand.
Ein anderes Extrem: Kein Bezug zum Körper, zu Geld und zum Alltag. Seinen Platz nicht finden. Zu wenig auf den Körper und Ma-

terielles achten. Sich nichts zutrauen. Mangel an Unternehmungsgeist. Konformität aus Angst. Mißtrauen. Mißgunst. Stagnation.

Astrologische Zuordnung bei Crowley: Sonne im Steinbock.

Die Fünfen

Stichworte zur fünften Kraftzentrale: Mut. Durchsetzungs- und Konfliktbereitschaft. Disziplin. Strenge. Kampf. Veränderung. Krise. Kritisches Urteilsvermögen. Wahrheit. Überwindung von Gegensätzen durch den Geist.

Astrologische Zuordnung: Mars.

Farbzuordnung: Rot.

5 Stäbe

Element und Kraftzentrale: Feuer in der 5. Männliches Feuer-Element in der fünften Kraftzentrale, wo es um Stärke, Konflikt, Kampf, Veränderung, Krisen, Wahrheit geht. Hier können die Feuerkräfte am rechten Ort sein. Allerdings besteht die Gefahr einerseits des Überziehens des Feuer-Elements oder auch des schnellen Aufgebens und Pessimismus, wenn sich zuviel in den Weg stellt.
Im Rider-Bild wird mehr der sportliche Wettkampf dargestellt, das Sich-Stellen und -Einbringen auch bei Schwierigkeiten. Bei Crowley wird der Widerstand betont, der sich entgegenstellt, der allerdings als Herausforderung zu begreifen ist.

Mitte, Ziel: Herausforderungen annehmen und an ihnen wachsen. Sich mutig und konfliktbereit für seine Ziele einsetzen, dabei aber unüberwindliche Grenzen beachten. Festigkeit. Disziplin. Aus innerer Stärke heraus entscheiden, ob eine Auseinandersetzung und Weitermachen oder ob Selbstbeschränkung angebracht ist.

Schatten:
Ein Extrem: Grenzen nicht beachten. Ziele durchsetzen um jeden Preis. Macht- und Rivalitätskämpfe. Kampf gegen alles, was sich in den Weg stellt. Gewalt. Veränderungen erzwingen wollen.

Ein anderes Extrem: Angst vor Konflikten und Herausforderungen. Bei Hindernissen schnell aufgeben. Sich dauernd bedroht fühlen. Pessimismus. Feindseligkeit.

Astrologische Zuordnung bei Crowley: Saturn im Löwen.

5 Kelche

Element und Kraftzentrale: Wasser in der 5. Weibliche Wasserkräfte in der fünften Kraftzentrale, wo es um Konflikt, Kampf, Veränderung, Krisen, Wahrheit geht. Da die weiblichen Wasserkräfte nicht aktiv gestalten, geht es hier mehr um Hingabe in Grenzsituationen, um Selbstfindung im Leid, um Trauerarbeit. Gefahr von zuviel »Leiden«, Sorgen oder aber Abwehr von Schmerz, Isolation. Grundaussagen der Rider- und Crowley-Karten sind ähnlich.

Mitte, Ziel: Schmerzhafte Gefühle annehmen und sich bewußtmachen. Reinigende Kraft der Trauer. In Krisensituationen alle Gefühle zulassen und so sich selbst nahekommen und neue Wege finden. Alleinsein und Schwierigkeiten annehmen und sich dabei höheren Wahrheiten öffnen. Loslassen. »Ent-täuschung«. Ertragen von Krisen. Neubesinnung.

Schatten:

Ein Extrem: In Trauer und Angst verschwimmen. Ständige Angst vor Alleinsein und Leid. Durch Angst Negatives anziehen. Andauernd wehklagen, aber nichts verarbeiten. Übermäßige Schuldgefühle und Angst vor Fehlern. Über Leid Zuwendung suchen.

Ein anderes Extrem: Verbitterter Rückzug. Sich verschließen. Allem Leid auszuweichen versuchen. Verletzungen verleugnen. Einen Verlust nicht akzeptieren. Mißtrauen. Abwehr von emotionalem Schmerz. Isolation. Negativität.

Astrologische Zuordnung bei Crowley: Mars im Skorpion.

5 Schwerter

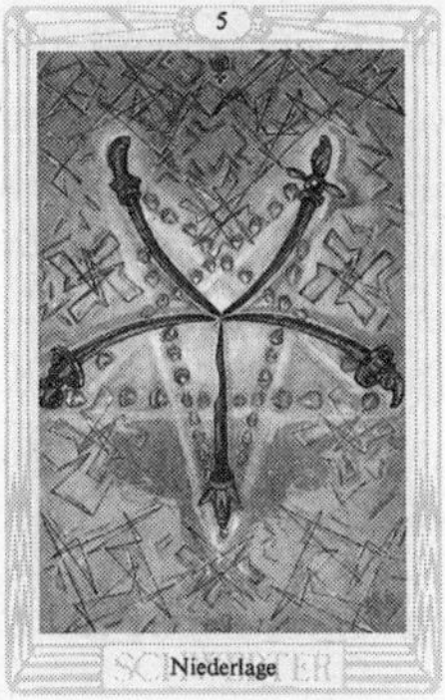

Element und Kraftzentrale: Luft in der 5. Männliches Luft-Element verbindet sich mit der fünften Kraftzentrale, wo es um Stärke, Mut, Konflikt, Krisen, Veränderung und Wahrheit geht. Da die Schwerter das »Richtige«, »Gute« und eine heile Welt herstellen wollen, sind sie an dieser Stelle in der Gefahr, ihre Ziele zu streng und zu hart durchzusetzen zu versuchen – Streit, Schuldzuweisung, Verurteilung, Rechthaberei –, oder aber sic reagieren mit negativem Denken, Zweifel, Angst vor Niederlage, Rückzug.
Im Rider-Bild werden beide Seiten des Themas (im Schattenbereich) gezeigt: Sieger und Besiegte. Bei Crowley wird nur der eine Bereich des Schattens betont, der Aspekt Niederlage als Folge der eigenen negativen Erwartungen und konfliktvermeidenden Einstellung.

Mitte, Ziel: Auch in Problemsituationen kritisches Bewußtsein behalten und so der inneren Wahrheit nahekommen. Sich bei Anfeindungen nicht gleich zum Gegenschlag hinreißen lassen oder aber in Zweifel und Angst verfallen. Einsatz für die innere Wahrheit, auch bei Kritik. Selbstdisziplin. Kritische Selbstprüfung. Zu Fehlern stehen. Erkenntnis der eigenen Grenze. Erkennen, wo ein Kampf unvermeidlich oder aber wann es genug ist.

Schatten:

Ein Extrem: Zu hart sein mit sich und anderen. Immer recht behalten und Sieger sein müssen. Schuldzuweisung. Verurteilung. Anderen ständig unangenehme Wahrheiten sagen. Strenge. Kaltherzigkeit. Kampf. Fanatismus. Feindbilder aufbauen. Rache. Grausamkeit.

Ein anderes Extrem: Ständige Angst vor Kritik, vor Angriffen, vor Fehlern, vor Niederlage und Verlust. Glauben, immer Verlierer zu sein. Negatives Selbst- und Weltbild. Zweifel. Andere Meinungen als bedrohlich erleben. Mißlingen erwarten und anziehen. Aggressionen unterdrücken. Niederlage. Verlust. Demütigung.

Astrologische Zuordnung bei Crowley: Venus im Wassermann.

5 Münzen/Scheiben

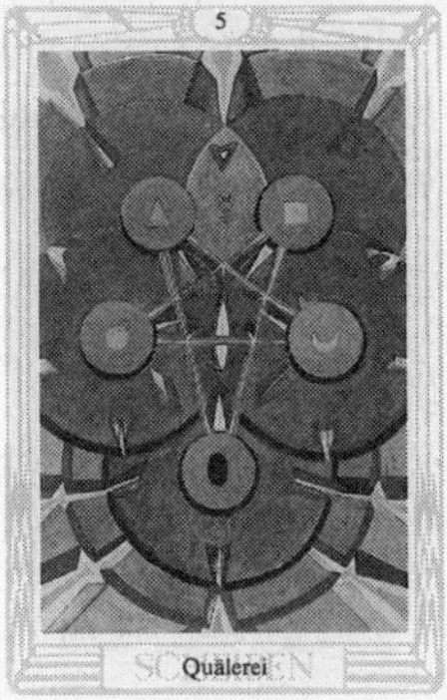

Element und Kraftzentrale: Erde in der 5. Weibliches Erd-Element in der fünften Kraftzentrale, in der es um Stärke, Mut, Konflikt, Veränderung, Krisen, Grenzsituationen, Wahrheit geht. Da hat es die Erdkraft sehr schwer in ihrem Streben nach Stabilität und Sicherheit. Insofern eine ganz schwierige Konstellation.
Grundaussagen der Rider- und Crowley-Karten sind ähnlich.

Mitte, Ziel: Krisen als Prüfung und als Herausforderung zur Neuorientierung annehmen. In Krisenzeiten sich selbst nahekommen. Erkennen, wo man selbst etwas ändern kann oder wo es etwas auszuhalten gilt. Loslösung von altem Leid. Wieder die innere und äußere Kommunikation aufnehmen. Menschen beistehen in schweren Zeiten. Hilfe annehmen. Wege suchen, um sich aus der Krise zu befreien. Loslassen.

Schatten:
Ein Extrem: »Dunkles« ablehnen bei sich und bei anderen und damit einen Teil der Realität ausklammern. Krisen dürfen nicht sein. Armut, Not, Leid, Fehler, Krisen abwehren und damit genau diese anziehen.

Ein anderes Extrem: Nur das Negative des Lebens sehen und erwarten – Krisen, Verlassenwerden, Leid, Armut, Krankheit. Sich ständig sorgen. Alte Angstmuster behindern den Fluß der Energie und ziehen das Negative an. Übermäßige Existenzängste. Seinen Glauben verlieren. Verbitterter Rückzug.

Astrologische Zuordnung bei Crowley: Merkur im Stier.

Die Sechsen

Stichworte zur sechsten Kraftzentrale: Mitte. Zentrum. Balance. Harmonie. Vereinigung von Gegensätzen. Liebe. Individuation. Eigenständigkeit. Entscheidung. Verwirklichung. Erkenntnis. Klarheit. Wahrheit.

Astrologische Zuordnung: Sonne.

Farbzuordnung: Gelb.

6 Stäbe

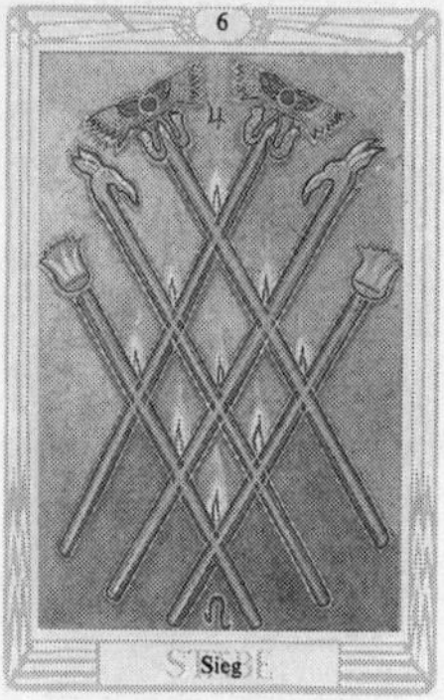

Element und Kraftzentrale: Feuer in der 6. Männliches Feuer-Element in der sechsten Kraftzentrale, die Kräfte der Selbstverwirklichung, der Individuation, der Balance und der Liebe verkörpert. Das Feuer-Element hat hier eine gute Chance, sich zu entfalten. Grundaussagen der Rider- und Crowley-Karten sind ähnlich.

Mitte, Ziel: Aus der Mitte heraus voller Selbstvertrauen handeln. Erfolg. »Siegessicher« sein. Optimismus. Verantwortungsbewußt und mutig den eigenen Weg gehen. Persönlichkeit mit starker Ausstrahlung. Voller Liebe zum Leben handeln. Herausforderungen annehmen.

Schatten:
Ein Extrem: Immer Sieger und stark sein müssen. Sich zum Gott erheben. Egozentrik. Zu leistungsorientiert. Arroganz. Machtmißbrauch. Rivalität.
Ein anderes Extrem: Zu wenig Selbstvertrauen. Angst vor Herausforderungen, vor Verantwortung und Konflikt. Negative Selbst- und Weltsicht. Pessimismus.

Astrologische Zuordnung bei Crowley: Jupiter im Löwen.

6 Kelche

Element und Kraftzentrale: Wasser in der 6. Weibliche Wasser-Kraft in der sechsten Kraftzentrale, wo es um Individuation, Vereinigung von Gegensätzen, um Balance und Liebe geht. Die verbindenden, sich hingebenden, sich öffnenden Wasserkräfte im Zusammenhang mit Kräften der 6 sind eine günstige Konstellation. Grundaussagen der Rider- und Crowley-Karten sind ähnlich, wobei Crowley besonders den Aspekt des Genießens betont, was auch sinnlich-sexueller Art sein kann.

Mitte, Ziel: Sich öffnen und verbinden. In Einklang mit seinen Gefühlen leben. Sich freuen und genießen können. Liebe geben und empfangen. Freude. Harmonie. In Verbindung sein mit den Tiefen der Seele. Treue. Versöhnen und vereinen. Vertrauen. Phantasie. Verbindung mit der Kindheit. Das Kind in sich und anderen lieben. Natürlichkeit.

Schatten:

Ein Extrem: Kind bleiben wollen und das Paradies auf Erden erwarten. Nur Lustbefriedigung und Genuß suchen. Kindliche Symbiose mit anderen Menschen. Seine Kindheit verklärt sehen und sich so nicht von ihr lösen, um neue Wege zu beschreiten.

Ein anderes Extrem: Gefangen in negativen Kindheitserinnerungen. Nicht genießen und mitfließen können. Mißtrauen. Lebensangst. Sich für schwach und nicht liebenswert halten. Mißtrauen in das innere und äußere Kind. Verschlossenheit. Nur das Dunkle sehen. Dualität.

Astrologische Zuordnung bei Crowley: Sonne im Skorpion.

6 Schwerter

Element und Kraftzentrale: Luft in der 6. Männliche Geisteskraft in der sechsten Kraftzentrale, wo es um Individuation, Bewußtheit, höhere Erkenntnis, Entscheidung, Balance und Liebe geht. Hier können die Luft-Kräfte im Sinne von Erkenntnis, Verständnis, Klarheit, Entscheidung wirken. Eine Gefahr wäre allerdings, daß der Verstand zu sehr die Oberhand gewinnt (wegen der geistigen Kräfte der 6 in Verbindung mit dem Luft-Element) und von der Alltagsrealität und von anderen Menschen trennt und zu Weltflucht und Negativität führt.
Die Grundaussagen der Rider- und Crowley-Karten sind ähnlich, wobei Crowley die Fähigkeit zu analysieren betont und das geistige Interesse, das zur Erkundung immer neuer Bereiche führt.

Mitte, Ziel: In innerer Klarheit und Bewußtheit neue Wege beschreiten. Orientierung aus sich selbst beziehen und Altes, zu Konventionelles, Lebenverhinderndes loslassen und neue Wege gehen. Überholte Vorstellungen aufgeben. Forschend zu neuen Ufern aufbrechen. Eigenverantwortung. Ganzheitliche Sicht. Reife. Lösung von alten Mustern. Unterschiedliches auf einen gemeinsamen Punkt bringen. Verständnis. Gegensätze durch Vernunft verbinden.

Schatten:

Ein Extrem: Abgehobene Maßstäbe trennen von der eigenen Natur und von anderen Menschen. Zu kopforientiert. Kaltherzigkeit. Sich von der »banalen« Alltagswelt abwenden.

Ein anderes Extrem: Bei Schwierigkeiten davonlaufen. Zweifel. Aus Angst vor Fehlern nicht entscheiden und handeln. Negativität. Trennen statt verbinden. Dualität.

Astrologische Zuordnung bei Crowley: Merkur im Wassermann.

6 Münzen/Scheiben

Element und Kraftzentrale: Erde in der 6. Weibliches Erd-Element in der sechsten Kraftzentrale, wo es um Individuation, Entscheidung, Liebe und Balance geht. Die Münzen/Scheiben können hier eine gute Grundlage zur Verwirklichung geben und die Kräfte im ausgewogenen Verhältnis von Geben und Nehmen ausbalancieren.
Grundaussagen der Rider- und Crowley-Karten sind ähnlich, wobei im Rider-Bild der Schatten anklingt, während Crowley die Lichtseite hervorhebt: den Erfolg und die Manifestation des Inneren im Äußeren.

Mitte, Ziel: Wohlstand. Geistige und materielle Großzügigkeit. Verwirklichung. Geben, aber auch nehmen können. Guter Bezug zur Materie und zur Natur. An den eigenen Erfolg glauben. Abwägen, entscheiden und handeln. Gegensätze verbinden. Verwirklichung dessen, was von innen kommt. Toleranz. Liebe zum Leben. Menschen das geben, was sie wirklich brauchen und annehmen können.

Schatten:

Ein Extrem: Sich in der Gönnerpose gefallen und von oben herab geben. Zu materie- und erfolgsorientiert. Immer stark und »oben« sein wollen. Wer das Geld hat, der bestimmt. Geld geben statt

Menschlichkeit, Wärme und Zeit. Nicht merken, was der andere wirklich braucht.

Ein anderes Extrem: Sich nichts zutrauen und sich nicht einbringen. Angst vor Erfolg und vor Verantwortung. Nicht an sich glauben. Seinen Platz nicht finden. In die Opferrolle gehen. Rückzug. Mißtrauen. Neid. Geiz. Negativität. Krankheit. Schulden.

Astrologische Zuordnung bei Crowley: Mond im Stier.

Die Siebenen

Stichworte zur siebenten Kraftzentrale: Vitalkräfte. Gefühle. Phantasie. Natur. Sinnliches. Übersinnliches. Verbundenheit von Geist und Materie.

Astrologische Zuordnung: Venus.

Farbzuordnung: Grün.

7 Stäbe

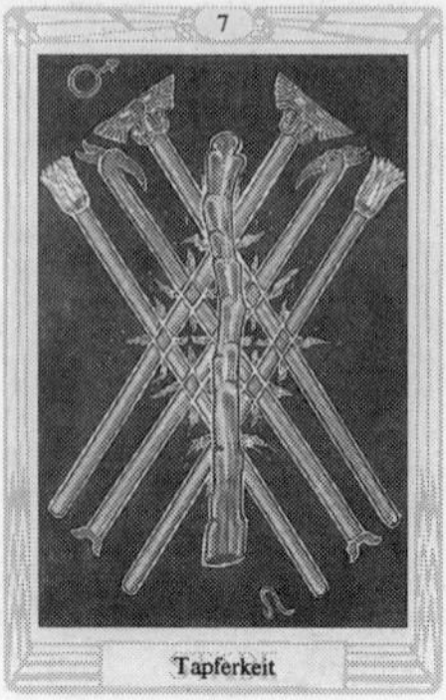

Element und Kraftzentrale: Feuer in der 7. Männliche Feuer-Kräfte in der siebenten Kraftzentrale, die in sich starke Natur-, Sinnes-, Gefühls- und Phantasiekräfte enthält. Einerseits können die Feuer-Kräfte das nötige Vertrauen und die Kraft geben, um auf dieser bewegten Ebene »seinen Mann zu stehen« und sich im Sinne der eigenen Bedürfnisse und Ziele einzusetzen. Andererseits besteht die Gefahr des unausgewogenen Umgangs mit der Feuer-Energie. Grundaussagen der Rider- und Crowley-Karten sind ähnlich, wobei im Rider-Bild die Schattenseite mit anklingt.

Mitte, Ziel: Mutig die eigenen Ziele verfolgen – auch bei Widerstand. Neues wagen. Vitalität. Sich abgrenzen. Risiko- und Konfliktbereitschaft. Sich Hindernissen stellen. Durchsetzungskraft. Tapferkeit.

Schatten:

Ein Extrem: Kraftprotzerei. Machtkämpfe. Egozentrik. Die eigenen Bedürfnisse um jeden Preis durchsetzen wollen. Rivalität.

Ein anderes Extrem: Abwehr. Angst vor Trieben, Emotionen und vor Herausforderungen. Sich ständig angegriffen fühlen. Durchsetzungsschwäche. Mißtrauen. Feindseligkeit.

Astrologische Zuordnung bei Crowley: Mars im Löwen.

7 Kelche

Element und Kraftzentrale: Wasser in der 7. Weibliches Wasser-Element in der siebenten Kraftzentrale mit ihren starken Natur-, Sinnes-, Gefühls- und Phantasiekräften. Da besteht die Gefahr des Zuviels an Gefühlen, Phantasien, Fließen und Verschwimmen.
Grundaussagen in den Rider- und Crowley-Karten sind ähnlich. Bei Crowley drückt das Bild allerdings ausschließlich den negativen Aspekt der Karte aus – Verdruß und Selbsttäuschung in Verbindung mit Angst und Abhängigkeit.

Mitte, Ziel: Sich seinen inneren Bildern öffnen, um dann zu erkennen, was jetzt realisiert werden kann. Bilder hochkommen lassen, um so Trugbilder und alte Angst bewußtzumachen und alles, was unfrei und abhängig macht. Sich lösen von alten Ängsten. Vertrauen. Sich seinen Träumen und Visionen hingeben. Übersinnliche Erfahrungen. Sich tief in Beziehungen einlassen, sich selbst dabei aber treu bleiben.

Schatten:
Ein Extrem: Überflutet werden von Wünschen und keine Prioritäten setzen können. Illusionen. Die Orientierung und den Bezug zur Realität verlieren. Verschwimmen in Phantasien und in anderen

Menschen. Das Paradies suchen in Rauschzuständen – Alkohol, Drogen.

Ein anderes Extrem: In seinen Ängsten und düsteren Phantasien ertrinken. Mißtrauen. Negatives erwarten und anziehen. Wahnvorstellungen. Sich von Dämonen verfolgt sehen. Vergessen suchen in Rauschzuständen. Neid. Eifersucht. Haß. Falschheit.

Astrologische Zuordnung bei Crowley: Venus im Skorpion.

7 Schwerter

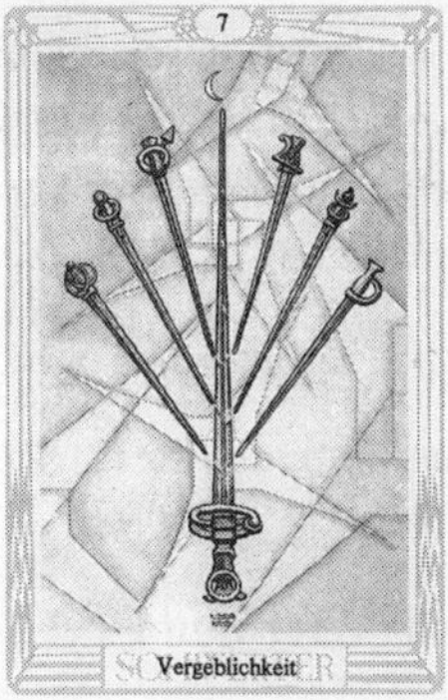

Element und Kraftzentrale: Luft in der 7. Männliches Luft-Element in Verbindung mit der siebenten Kraftzentrale mit ihren starken Natur-, Sinnes-, Gefühls- und Phantasiekräften. Hier könnten die Luftkräfte mit Leichtigkeit auf bewegte, »diffuse« Situationen reagieren. Es besteht aber auch die Gefahr, daß sie im Sinne von Bauernschläue, Tricksen mißbraucht werden oder daß sie zu Negativität, Zweifel und Orientierungslosigkeit führen, weil es schwierig ist, bei den vielen bewegten Kräften der 7 den Überblick zu behalten.
Das Rider-Bild zeigt mehr den fragwürdigen Einsatz der Verstandeskräfte, bei Crowley werden besonders Selbstzweifel und negative Erwartungen betont.

Mitte, Ziel: Manche Situationen lassen sich nur durch Leichtigkeit und Flexibilität lösen. Geschicklichkeit. Unkonventionalität. Tabus abbauen. Dinge nicht zu ernst nehmen. Im Augenblick läßt sich keine Ordnung errichten. Loslösung von dem, was man nicht will, und Bereitschaft, sich auf Neues, Ungewisses einzulassen. Seinen eigenen Weg gehen und dabei sich selbst nahekommen.

Schatten:

Ein Extrem: Zur Durchsetzung der eigenen Ziele schmeicheln, tricksen, lügen, lavieren, den Clown spielen. Sich verstellen. Unberechenbarkeit. List. Intrigen. Ruhelosigkeit. Problemen ausweichen. Sich und anderen etwas vormachen. Sich davonstehlen. Unaufrichtigkeit.

Ein anderes Extrem: Zweifel. Orientierungslosigkeit. Sich nicht zugehörig fühlen. Sich nichts zutrauen. Sich nicht klar zeigen mögen. Pessimismus. Entmutigter Rückzug. Sich und die eigene Natur für schlecht halten.

Astrologische Zuordnung bei Crowley: Mond im Wassermann.

7 Münzen/Scheiben

Element und Kraftzentrale: Erde in der 7. Weibliches Erd-Element in der siebenten Kraftzentrale mit ihren Natur-, Sinnes-, Gefühls- und Phantasiekräften. Das Erd-Element kann es an dieser Stelle schwer haben, Beständiges zu schaffen. Das Erd-Element könnte andererseits aber den vielfältigen Kräften der 7 eine Basis und Realitätsbezug geben.
Grundaussagen der Rider- und Crowley-Karten sind ähnlich, wobei das Rider-Bild sowohl Licht- als auch Schattenaspekte der Karte ausdrückt, während die Crowley-Karte insgesamt nur die Schattenseite darstellt.

Mitte, Ziel: Geduldig seine Ziele verfolgen. Bei Schwierigkeiten nicht gleich aufgeben. Arbeiten, aber bei unabänderlichen Grenzen auch innehalten können. Pause machen. An Herausforderungen wachsen. Mit Erfolg, aber auch mit Mißerfolg leben können. Sich realistische Ziele setzen und sich auch über kleine Erfolge freuen. Im Hier und Jetzt das Machbare tun. Das Loslassen von Ängsten und negativen Erwartungen setzt viel Kraft frei. Fruchtbarkeit. Gute Grundlage. Geschick.

Schatten:

Ein Extrem: Frustration. Unrealistische Ziele verfolgen. Falscher Zeitpunkt zum Handeln. Ungeduld. Das, was man hat und tut, nicht wertschätzen. Grenzen nicht akzeptieren. Sich der Alltagsarbeit entziehen wollen.

Ein anderes Extrem: Sich nicht verwirklichen aus Angst vor Mißerfolg. Sich nichts zutrauen. Bei Schwierigkeiten aufhören. An »Fehlschlag« glauben. Apathie. Ängste und negative Gedanken blockieren die Kraft. Materielle Probleme. Scheitern.

Astrologische Zuordnung bei Crowley: Saturn im Stier.

Die Achten

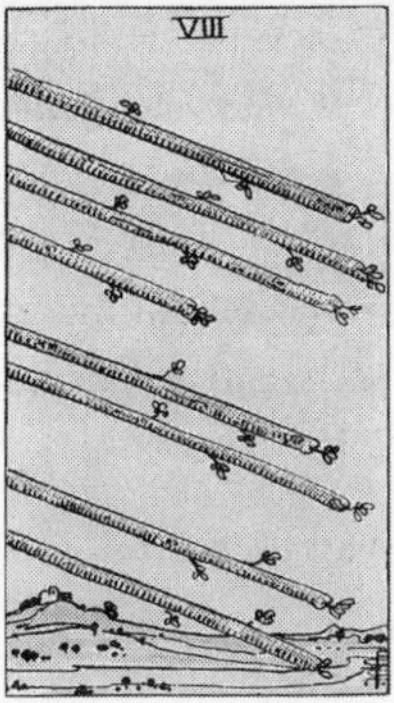

Stichworte zur achten Kraftzentrale: Wertvorstellungen. Denken. Ordnen. Planen. Kommunikation. Ausgleich von Gegensätzen. Balance. Verständnis. Bewußtheit. Vernunft. Weisheit. Neues.

Astrologische Zuordnung: Merkur.

Farbzuordnung: Orange.

8 Stäbe

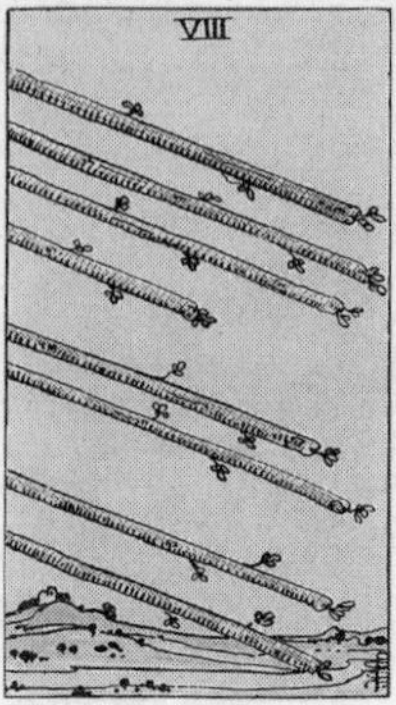

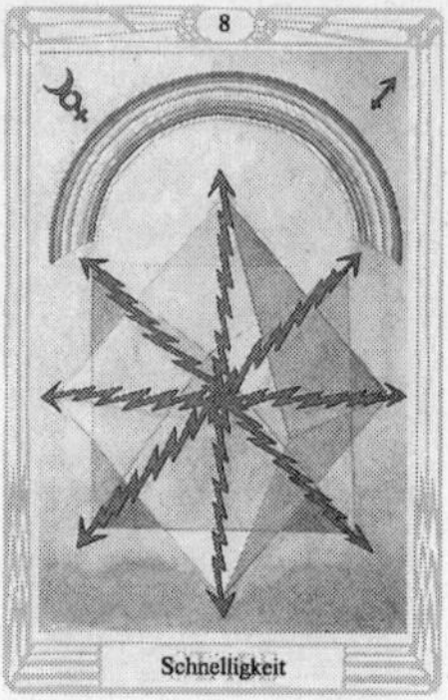

Element und Kraftzentrale: Feuer in der 8. Männliches Feuer-Element verbindet sich mit der achten Kraftzentrale, die starke geistige Kräfte beinhaltet. Die Verbindung von geistiger Zielgerichtetheit (8) und Kraft (Feuer-Element) kann eine günstige Konstellation sein im Sinne von schnellem, zielgerichtetem Tun. Aufgrund der starken Kräfte, die hier wirken, könnte es aber auch zum unausgewogenen Umgang mit der Feuerkraft kommen.
Grundaussagen der Rider- und Crowley-Karten sind ähnlich.

Mitte, Ziel: Den geeigneten Zeitpunkt zum Handeln erkennen und seine Kraft schnell und zielgerichtet einsetzen. Neues wagen. Das als richtig Erkannte anpacken. Klar zeigen, was man will. Direkte, offene Kommunikation. Erfolg. Kooperation. Verbindung mit dem Du suchen. Veränderung. »Etwas liegt in der Luft«. Reisen.

Schatten:

Ein Extrem: Übereiltes, unangemessenes Handeln. Natürliche Grenzen gewaltsam durchdringen. Mit dem Kopf durch die Wand. Unangemessen kommunizieren. Übersteigerter Ehrgeiz. Rivalität. Macht. Sturheit. Intoleranz. Nur Leistung zählt.

Ein anderes Extrem: In der Luft hängen. Altes festhalten und nichts Neues wagen. Nicht fruchtbar werden. Ängstliche Zurückhaltung. Aus Angst vor Fehlern nicht handeln. Sich für unfähig halten. Schwanken. Sich ständig bedroht fühlen. Pessimismus. Depression.

Astrologische Zuordnung bei Crowley: Merkur im Schützen.

8 Kelche

Element und Kraftzentrale: Wasser in der 8. Weibliches Wasser-Element in der achten Kraftzentrale, die starke strukturgebende, geistige Kräfte enthält. Das Wasser-Element könnte an dieser Stelle die Verbindung herstellen zur inneren Weisheit. Die Wasserkräfte könnten sich andererseits auch in den starken Geistes- und Strukturkräften der achten Kraftzentrale verlieren bzw. aufstauen.
Grundaussagen der Rider- und Crowley-Karten sind ähnlich, wobei Crowley noch mehr den negativen Aspekt des Themas betont: Energieblockade, emotionaler Stau, Erschöpfung der Kraftreserven.

Mitte, Ziel: In sich gehen, um den eigenen Standort zu finden. Selbstbesinnung. Sich höheren Wahrheiten öffnen. Wendepunkt. Eine stabile Situation verlassen zur eigenen Weiterentwicklung. Loslassen – alte Wertvorstellungen, Situationen, Menschen.

Schatten:
Ein Extrem: Zu stark nur nach innen gehen. Verschwimmen. Vor Anforderungen des Alltags davonlaufen. Trägheit. Problemen ausweichen.
Ein anderes Extrem: Resignierter Rückzug. Mutlosigkeit. Eingebildete Ohnmacht. Mißtrauen. Verschlossenheit.

Astrologische Zuordnung bei Crowley: Saturn in den Fischen.

8 Schwerter

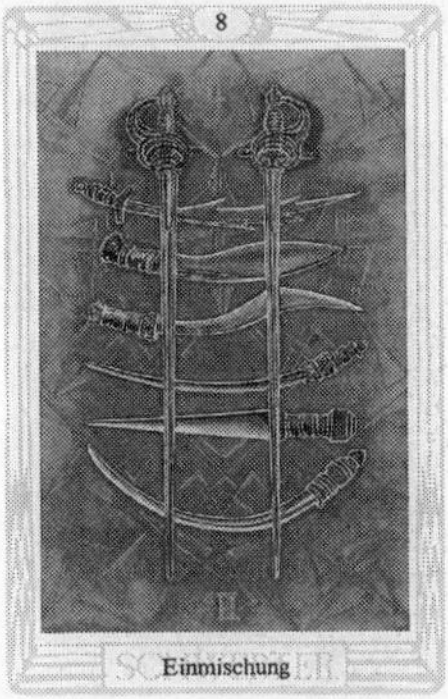

Element und Kraftzentrale: Luft in der 8. Männliches, strukturgebendes Luft-Element in der achten Kraftzentrale, die ebenfalls starke strukturierende geistige Kräfte enthält. Das sind zu viele ordnende Kräfte. Grundaussagen der Rider- und Crowley-Karten sind ähnlich.

Mitte, Ziel: Sich lossagen von triebfeindlichen Wertvorstellungen. Heraus aus zuviel Nachdenken und Zweifel. Die innere Frau befreien. Loslösung aus zuviel Kontrolle, Normen und Pflichten. Veränderung und Lebendigkeit zulassen. Befreiung von alten Verletzungen und Schuldgefühlen. Gegensätze vereinen. Handeln.

Schatten:
Ein Extrem: Lebens- und weltfremde Maßstäbe fesseln den Menschen. Zu kopforientiert. Der Verstand vergewaltigt die Natur. Zuviel nachdenken und sich nicht entscheiden. Gefangen in Normen und Pflichten. Zuviel Kontrolle. Sterilität. Strenge.
Ein anderes Extrem: Gefangen in Verletzungen und Verurteilungen. Negative Selbst- und Weltsicht. Quälerische Grübelei. Aus Angst vor Fehlern nicht handeln. Ständige Zweifel. Kein Licht mehr sehen. Nichts tun, um sich zu befreien. Einschränkung. Krise.

Astrologische Zuordnung bei Crowley: Jupiter in den Zwillingen.

8 Münzen/Scheiben

Element und Kraftzentrale: Erde in der 8. Weibliches Erd-Element in der achten Kraftzentrale mit ordnenden, strukturgebenden Kräften. Das Erd-Element kann die starken geistigen Kräfte der achten Kraftzentrale erden. Dann wird hier zielgerichtet gearbeitet, und Absichten werden in die Realität überführt. Im ungünstigen Fall könnte es aber auch ein Zuviel an Formgebung werden.
Grundaussagen der Rider- und Crowley-Karten sind ähnlich.

Mitte, Ziel: Konzentriertes Tun. Geschick. Jeder ist seines Glückes Schmied. Hingebungsvoll arbeiten. Erfolg. Materieller Gewinn. Durch Übung zur Meisterschaft gelangen. Lernen. Fleiß. Gewissenhaftigkeit. Seine Begabung einbringen. Geduld. Achtsamkeit. Maßvolles Handeln. Fruchtbarkeit. Seinen Weg gehen.

Schatten:
Ein Extrem: Perfektionsstreben. Nur wer arbeitet und fleißig ist, der hat einen Wert. Nur arbeiten und menschliche Beziehungen vernachlässigen. Verstandesmäßiges Tun, dem das Gespür für den richtigen Augenblick des Handelns fehlt. Sich körperlich überfordern.

Ein anderes Extrem: Angst vor Fehlern hindert am Handeln. Sich nichts zutrauen und sich isolieren. Aus Angst fremdbestimmt handeln. Negative Selbst- und Weltsicht. Sich für »falsch« und für wertlos halten. Durch Negativität Entsprechendes anziehen. Mißtrauen.

Astrologische Zuordnung bei Crowley: Sonne in der Jungfrau.

Die Neunen

Stichworte zur neunten Kraftzentrale: Welt der Bilder. Das Unbewußte. Gefühle. Phantasie. Natur. Weiblichkeit. Fundament.

Astrologische Zuordnung: Mond.

Farbzuordnung: Violett.

9 Stäbe

Element und Kraftzentrale: Feuer in der 9. Männliches Feuer-Element in der neunten, der Kraftzentrale der inneren Bilder, der Gefühls-, Phantasie- und Naturkräfte. Das kann eine gute Verbindung von männlichen und weiblichen Kräften sein. Das Feuer-Element könnte in dieser Konstellation genug Kraft geben, um den inneren Bildern und Ängsten zu begegnen und auch, um das Innere nach außen zu bringen und sich im Sinne der eigenen Bedürfnisse einzusetzen. Es besteht aber andererseits die Gefahr, daß das Feuer-Element zu sehr im Sinne von Kraftprotzerei und Egozentrik gebraucht wird oder nur zum Selbstschutz und zur Abwehr.
Das Rider-Bild zeigt mehr den negativen Aspekt des Themas, während Crowley die positive Seite betont – die innere Stärke und Willenskraft, die jetzt zur Verfügung steht.

Mitte, Ziel: Sich seiner Kraft bewußt sein und so auch seinen Ängsten begegnen. Innere und äußere Stärke. Einsatz für das, was von innen kommt. Mut. Blockaden auflösen und ungenutzte Potentiale befreien. Zu sich stehen. Vitalität. Sexualkraft. Kreativität.

Schatten:

Ein Extrem: Egozentrik. Sich selbst und anderen ständig die eigene Stärke beweisen wollen. Sturheit. Leben ist Kampf. Nur das eigene Wollen zählt. Machtkämpfe.

Ein anderes Extrem: Sich mit Mauern umgeben. Mißtrauen. Ständige Abwehr. Negativität. Aus Angst Energie blockieren. Die aufgestaute Urwut des unterdrückten Kindes.

Astrologische Zuordnung bei Crowley: Sonne im Schützen.

9 Kelche

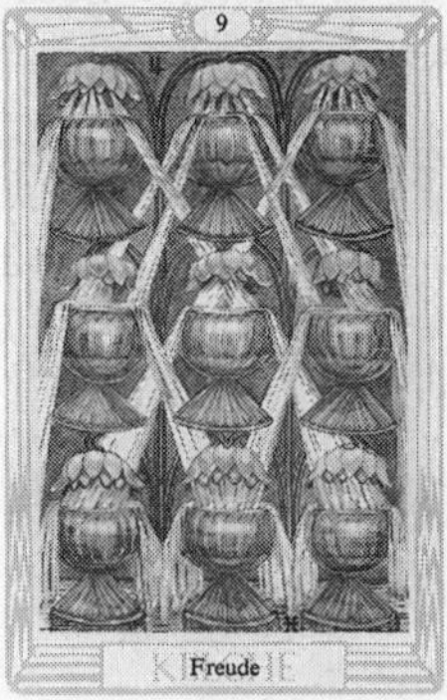

Element und Kraftzentrale: Wasser in der 9. Weibliches Wasser-Element in der neunten, der Kraftzentrale der inneren Bilder, der Gefühls-, Phantasie- und Naturkräfte. Hier ist sehr viel Fließen, Genußfähigkeit und Phantasie gegeben, was allerdings auch zuviel werden kann.

Das Rider-Bild zeigt mehr den sinnlich-körperlichen Aspekt des Themas, während bei Crowley mehr die seelisch-geistige Tiefe anklingt.

Mitte, Ziel: Vertrauensvoll in sich ruhen, genießen, sich freuen und loslassen können. Tiefe Zufriedenheit. Innere Sammlung. In Einklang sein mit sich, mit anderen Menschen und mit allem um sich herum. Liebe zum Leben. Wohlbefinden. Körper, Seele und Geist sind in Harmonie. Hingabe. In Verbindung sein mit der inneren Weisheit. Sich Träumen und Phantasien öffnen.

Schatten:

Ein Extrem: Das Paradies auf Erden suchen. Unersättlichkeit. Selbstgefälligkeit. Übersättigung. Trägheit. Illusion. Verschwimmen.

Ein anderes Extrem: Nicht genießen, sich nicht freuen und hingeben können. Verschlossenheit. Lebensangst. Kein Vertrauen haben in sich, in andere Menschen, ins Leben. Voller negativer Gefühle sein.

Astrologische Zuordnung bei Crowley: Jupiter in den Fischen.

9 Schwerter

Element und Kraftzentrale: Luft in der 9. Männliches Luft-Element in der neunten, der Kraftzentrale der inneren Bilder, der Gefühls-, Phantasie- und Naturkräfte. Die männliche, strukturierende, ordnende Luftkraft wird einerseits versuchen, alles zu ordnen, zu kontrollieren und damit eventuell die Natur vergewaltigen, andererseits wird sie in dieser Kraftzentrale der vielen Bilder schnell in Negativität und in Zweifel versinken, wenn es ihr nicht gelingt, die Übersicht zu behalten. Ganz problematische Konstellation.
Das Rider-Bild zeigt mehr das zweite Extrem des Schattens und die Crowley-Karte das erste – Betonung der Grausamkeit sich selbst oder anderen gegenüber.

Mitte, Ziel: Befreiung aus Zweifeln, negativen Gedanken, alten Selbst- und Weltbildern. Sich Schmerz bewußtmachen, um ihn loslassen zu können. Lösung aus lebensfeindlichen Maßstäben, zu starker Kontrolle, Strenge, Kälte. Licht in die Dunkelheit bringen und nach neuen Wegen suchen. Befreiung aus dem Zwiespalt Verstand–Gefühle. Aus Fehlern und Leid lernen.

Schatten:

Ein Extrem: Der Verstand blockiert den Zugang zur Natur und zur inneren Weisheit. Zuviel Kontrolle. Lebens- und triebfeindliche Normen. Selbstkasteiung. Gefühlskälte. Strenge. Härte. Bosheit. Grausamkeit.

Ein anderes Extrem: Gefesselt sein im alten negativen Selbst- und Weltbild. Ständige Zweifel. Sich nur als Opfer sehen oder als Ursprung alles Bösen. Quälerische Grübelei. Verzweiflung. Verlassenheitsängste. Enttäuschte Liebe. Mißtrauen. Negativität. Elend. Einsamkeit.

Astrologische Zuordnung bei Crowley: Mars in den Zwillingen.

9 Münzen/Scheiben

Element und Kraftzentrale: Erde in der 9. Weibliches Erd-Element in der neunten, der Kraftzentrale der inneren Bilder, der Gefühls-, Phantasie- und Naturkräfte. Durch das Erd-Element besteht hier eine gute Chance, diesen Kräften eine Basis zu geben – also Fruchtbarkeit und Verwirklichung im Sinne der Natur und dessen, was von innen kommt. Grundaussagen der Rider- und Crowley-Karten sind ähnlich.

Mitte, Ziel: Fruchtbarkeit. Verwirklichung. Innerer und äußerer Reichtum. Gewinn. Glück. Das umsetzen, was von innen kommt. Wachstum. Sinnlichkeit. Erfüllte Sexualität. Liebe zum Leben. Geben und nehmen, arbeiten und genießen können. Selbstloses Tun. Menschen umsorgen. Harmonie. Geist und Natur in sich vereinen.

Schatten:
Ein Extrem: Das Paradies auf Erden wollen. Zu hohe Ansprüche. Zu materiebezogen. Zu sehr auf Nutzen und Profit sehen und keinen Bezug zur Natur haben. Alles Lebendige überformen.
Ein anderes Extrem: Aus Lebensangst seine Energie blockieren und sich nicht verwirklichen. Aus Angst Masken anlegen. Sich nicht mögen und sich nichts zutrauen. Sich nicht so zeigen, wie man ist. Mißtrauen.

Astrologische Zuordnung bei Crowley: Venus in der Jungfrau.

Die Zehnen

Stichworte zur zehnten Kraftzentrale: Die materielle Welt. Offenbarung dessen, was in der Eins enthalten ist. Vielfalt. Welt der vier Elemente. Ergebnis. Materie. Körper.

Astrologische Zuordnung: Die Erde.

Farbzuordnung: Zitringelb, Olivgrün, Rostbraun, Schwarz.

10 Stäbe

Element und Kraftzentrale: Feuer in der 10. Männliches Feuer-Element in der zehnten, der Kraftzentrale der materiellen Welt, der Verwirklichung, der Vielfalt. Hier kann es sein, daß sich das Feuer-Element in der Vielfalt der Welt zuviel vornimmt und sich damit überfordert oder aber schnell die Geduld verliert bei Begrenzungen und wenn sich nicht gleich Erfolge zeigen. Das Ziel ist, maßvoll seine Kraft einzubringen in diese Welt, auch bei Schwierigkeiten, und ein gewisses Maß an Geduld aufzubringen, denn Dinge zeigen oft nicht sofort Ergebnisse, sondern sie müssen sich entwickeln. Insgesamt recht schwierig für die Feuerkräfte.
Grundaussagen der Rider- und Crowley-Karten sind ähnlich, wobei Crowley noch mehr den negativen Aspekt betont – die Härte, mit der der Mensch sich oder andere unter Druck setzt, oder wie sehr er Kraft zurückhält.

Mitte, Ziel: Sein Maß finden im Umgang mit seiner Kraft – sich nicht zuviel vornehmen, aber auch nicht zu früh aufgeben. Forderungen annehmen, aber aufhören, wenn es zuviel wird. Weder sich noch anderen zuviel zumuten. Prioritäten setzen. Kräfte zentrieren und gezielt einsetzen. Seine Fähigkeiten einbringen auch bei Schwierigkeiten. Das hier und jetzt Machbare tun. Jeder leistet das, was er kann. Grenzen akzeptieren.

Schatten:
Ein Extrem: Sich zu viele Dinge auf einmal vornehmen. Überforderung. Streß. Zu leistungsorientiert sein. Zu starkes Erfolgs- und Machtstreben. Sich und andere unter Druck setzen. Sich durch Arbeit unersetzlich machen. Glauben, immer stark sein und alles selbst tun zu müssen.
Ein anderes Extrem: Sich den Anforderungen und der Vielfalt des Lebens nicht gewachsen sehen. Fremdbestimmt handeln und schwer an seiner Last tragen. Rückzug. Pessimismus. Blockierte, nicht gelebte Kraft. Lebensangst. Depression. Verbitterung.

Astrologische Zuordnung bei Crowley: Saturn im Schützen.

10 Kelche

Element und Kraftzentrale: Wasser in der 10. Weibliche Wasserkräfte in der zehnten, der Kraftzentrale der materiellen Welt, der Verwirklichung, der Vielfalt. Die Wasserkräfte können ausgleichen bei den vielfältigen Kräften der 10, die Verbindung herstellen und alles fruchtbar machen.
Grundaussagen der Rider- und Crowley-Karten sind ähnlich, aber Crowley läßt den Schattenaspekt anklingen.

Mitte, Ziel: Im Einklang sein mit sich, mit seiner Familie, mit anderen Menschen, mit der Welt. Sich öffnen und verbinden, ohne sich dabei zu verlieren. Freundschaft. Vertrauen. Mitfließen. Geschehen lassen. Gegensätze vereinen. Häusliches Glück. Fruchtbarkeit. Fülle. Empfangen und geben können. Freude. Hingabe. In der Alltagswelt die Verbindung zum Göttlichen spüren.

Schatten:
Ein Extrem: Ein »paradiesisches« Leben« im Miteinander erwarten. Illusionen. Verschwimmen. In kindlicher Abhängigkeit von anderen Menschen und von Bedürfnisbefriedigung leben. Verwöhnung. Überdruß.

Ein anderes Extrem: Kein Vertrauen haben in sich, in andere Menschen und in diese Welt. Lebensangst. Sich verschließen, um nicht verletzt zu werden. Unterschiedliches nicht verbinden. Disharmonie. Verlust von Freundschaften und Sicherheiten. Neid.

Astrologische Zuordnung bei Crowley: Mars in den Fischen.

10 Schwerter

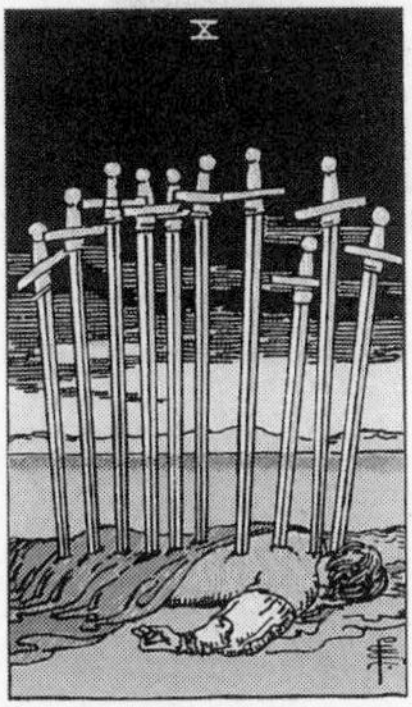

Element und Kraftzentrale: Luft in der 10. Männliches Luft-Element in der zehnten, der Kraftzentrale der materiellen Welt, der Verwirklichung, der Formgebung, der Vielfalt. Da treffen einerseits zu viele struktur- und formgebende Kräfte zusammen, auf der anderen Seite besteht für das Luft-Element die Gefahr, in der Vielfalt die Orientierung zu verlieren und in Zweifel und Handlungsunfähigkeit zu verfallen. Ganz problematische Konstellation.
Grundaussagen der Rider- und Crowley-Karten sind ähnlich.

Mitte, Ziel: Sich seiner lebensfeindlichen und weltfremden Vorstellungen bewußt werden und so »auferstehen«. Loslassen von zuviel Reglementierung, Normen, Pflichten und Egokontrolle. Etwas im Menschen muß sterben, um neues Leben freizusetzen. Fehler riskieren, statt ständig zu grübeln. Der alles kontrollierende Verstand muß sterben.

Schatten:
Ein Extrem: Der Verstand will alles kontrollieren und blockiert damit das Leben. Zuviel denken. Alles Lebendige erstirbt in Reglementierungen. Weltfremde und lebensfeindliche Maßstäbe trennen den Menschen von der Natur. Verurteilung. Menschen zum Sündenbock erklären.

Ein anderes Extrem: Ein Kreuz zu tragen haben durch negatives Denken über sich und die Welt. Zerstörerische Selbstzweifel. Zerrissenheit. Gefesselt in Verurteilungen. Orientierungslosigkeit. Nichts tun, um sich aus einer schwierigen Situation zu befreien. Resignation. Negatives Denken zieht Entsprechendes an. Unglück. Unfall. Niederlage.

Astrologische Zuordnung bei Crowley: Sonne in den Zwillingen.

10 Münzen/Scheiben

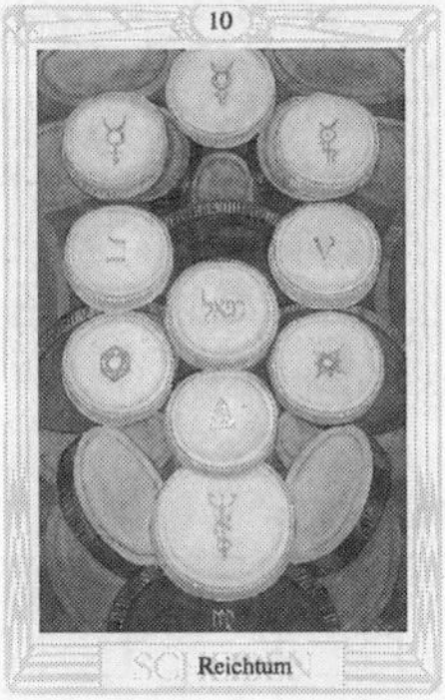

Element und Kraftzentrale: Erde in der 10. Weibliche Erdkraft in der zehnten, der Kraftzentrale der materiellen Welt und der Verwirklichung. Das Erd-Element kann hier den vielfältigen Kräften eine Basis verleihen und zum Bestand beitragen. Es kann außerdem das nötige Gespür und den Realitätsbezug geben, um Dinge zum rechten Zeitpunkt zum Abschluß zu bringen bzw. um noch warten zu können. Evtl. aber auch zuviel Formgebung, Materie und Erstarrung. Grundaussagen der Rider- und Crowley-Karten sind ähnlich.

Mitte, Ziel: Solides Fundament. Geborgenheit in Familie und Gemeinschaft. Innerer und äußerer Reichtum. Verwirklichung. Erfolg. Die Bereiche des Lebens ausgewogen leben. Realitätssinn.

Schatten:
Ein Extrem: Die Materie zum Götzen erheben. Zu hohe Ansprüche. Perfektion. Konservatismus. Im goldenen Käfig sitzen.
Ein anderes Extrem: Sich nicht verwirklichen. Seinen Platz nicht finden. Nicht an den eigenen Erfolg glauben. Keinen Bezug haben zur Materie und zur Welt um sich herum. Negativität. Materielle Unsicherheit. Mißtrauen. Lebensangst. Neid. Verbitterung.

Astrologische Zuordnung bei Crowley: Merkur in der Jungfrau.

Den inneren Bezug herstellen zu den Zahlenkarten

Legen Sie die 40 Zahlenkarten in 4 Reihen mit den jeweils 10 Karten eines Satzes offen aus:

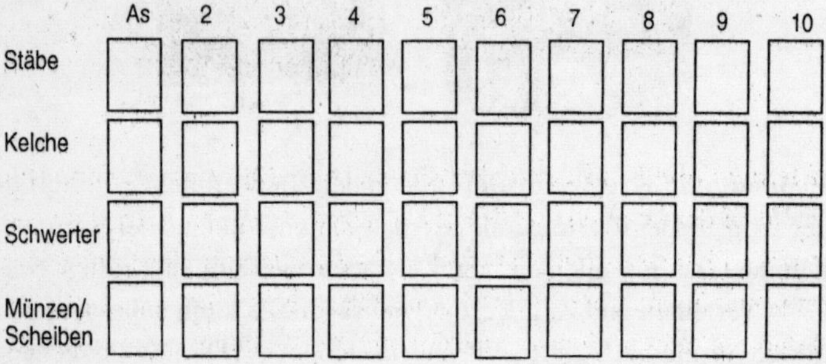

Dabei lassen sich sehr schön die Reihen der Elemente vom As bis zur 10 verfolgen und gleichzeitig jeweils von oben nach unten die Karten mit gleicher Zahl vergleichen. Die Karten auf sich wirken lassen:

In welchen Karten kann ich mich gut wiedererkennen? In welchen Situationen bin ich häufig? Welche Karte zieht mich an? Welche stößt mich ab? Mit welchen habe ich Probleme? Wo bin ich im Schattenbereich? Warum?

Lebensbaum-Auslegung

Wer sich etwas mit dem Lebensbaum auskennt, der kann jetzt die Karten in Form des Lebensbaums auslegen. Dazu aus den 40 Zahlenkarten zu jeder Kraftzentrale jeweils eine Karte ziehen und erspüren, inwieweit Kraftzentrale und Zahlenkarte »zusammenpassen«, wo Kräfte sich gut ergänzen oder wo Schwierigkeiten bestehen (zum Lebensbaum siehe auch S. 209 sowie S. 302ff.).

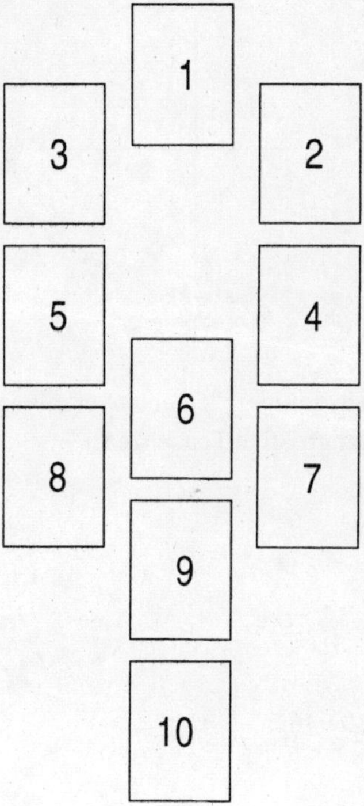

Bestandsaufnahme

Ziehen Sie aus den jeweils 10 Karten eines Satzes je eine Karte. Oft ist es dabei hilfreich, die jeweiligen Hofkarten mit einzubeziehen, denn sie zeigen Prägungen, übernommenes Rollenverhalten bzw. Blockaden der Kindheit – was sich auswirkt auf das Bewältigen von Situationen heute, die ja durch die Zahlenkarten repräsentiert werden.

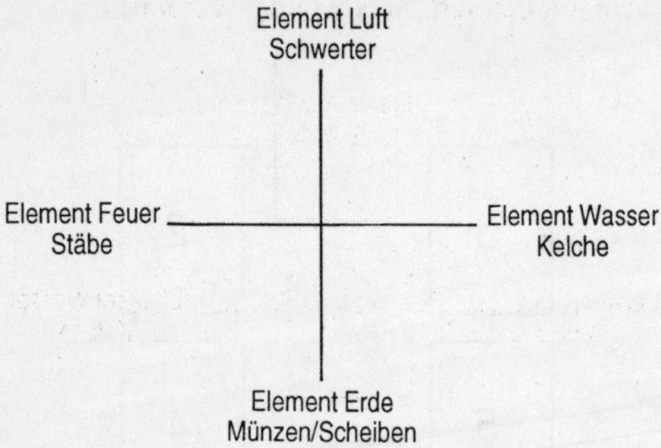

Wie sieht meine derzeitige Elementenverteilung aus? (Vielleicht zeigen sich sogar langfristige Tendenzen.)

Mein Ziel in bezug auf die Elemente

Ziehen Sie wieder aus den jeweils 10 Karten eines Satzes je eine Karte. Wer will, bezieht die Hofkarten mit ein.
Ziehen Sie dann eine Karte aus den Großen Arkana (GA), und legen Sie sie in die Mitte. Sie zeigt das Gesamtthema auf bzw. den Bewußtwerdungsprozeß, um den es geht und der hilft, die Elemente in die Balance zu bringen. (Dieses Modell kann auch bei der Bearbeitung eines Problembereichs angewendet werden).

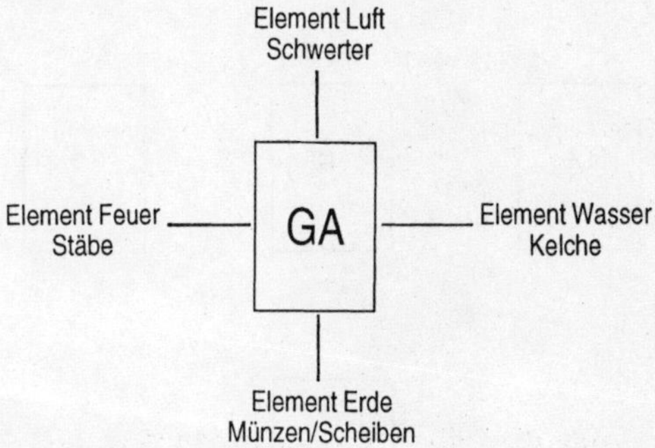

Potential

Ziehen Sie 4 Karten aus den Zahlenkarten eines bestimmten Satzes – wer will, schließt die Hofkarten mit ein. Ziehen Sie dann die 5. Karte aus den Großen Arkana.

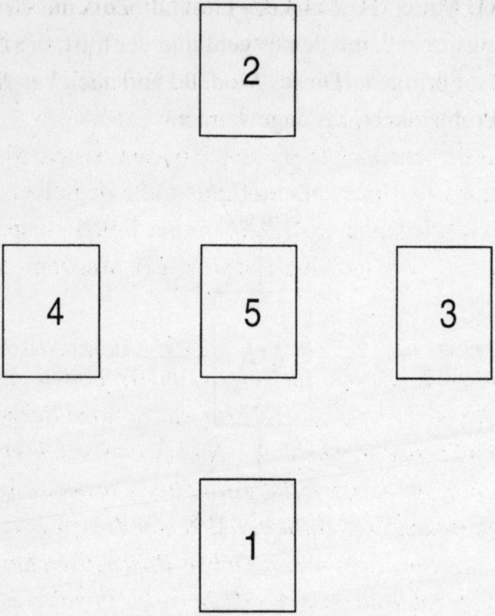

1 = Ist-Zustand – Wie lebe ich das Element z. Zt.? (Manchmal zeigt sich auch eine allgemeine Tendenz.)

2 = Mein Potential bzw. Ziel in bezug auf das jeweilige Element. (Hier kann auch eine Karte liegen, die zeigt, welche Kraft blockiert ist. Dann wäre das Ziel, die Blockade zu erkennen, sich den Schatten bewußtzumachen und langsam zu wandeln.)

3 = Das hilft mir, das Element im Sinne meines Potentials zu leben.

4 = Das hindert mich, das Element im Sinne meines Potentials zu leben.

5 = Das hilft mir insgesamt, bzw. es zeigt mir, um welchen Bewußtwerdungsprozeß es geht, um das Element befriedigend und erfüllend zu leben.

Meditation zu den vier Elementen

Dabei kann die Karte As der Münzen des Rider-Tarot oder auch die Königin der Münzen einbezogen werden.
Nehmen Sie eine entspannte Haltung ein – am besten, Sie legen sich hin. Tief atmen und mit dem Ausatmen alle negativen Gedanken, Probleme und Blockaden loslassen. Immer weiter entspannen.
Wer will, visualisiert jetzt die Karte As der Münzen oder Königin der Münzen.

Ich stelle mir vor, wie ich auf einer wunderschönen grünen Wiese mit bunten Blumen liege. In der Ferne ragen hohe Berge auf, deren Gipfel hell im Sonnenlicht leuchten. Nicht weit von mir entfernt fließt ein Bach. Um mich herum blüht es in allen Farben. Ich liege unter einem hohen Baum, dessen Blätter sich von Zeit zu Zeit im leichten Windhauch wiegen. Neben mir ranken Rosensträucher mit leuchtendroten Blüten. Ich höre das Zwitschern der Vögel, rieche den Duft von Blumen, spüre das warme Gras unter mir.

Hoch oben am Himmel steht die Sonne und wärmt mich mit ihren Strahlen. Mein ganzer Körper ist warm und angenehm gelöst. Ich nehme die Wärme in mich auf und fühle sie überall – im Bauchraum, in den Beinen und Füßen, im Rücken, in der Brust, in den Schultern, Armen, Händen, auf der Stirn. Ich genieße die Wärme, die mich und die ganze Natur um mich herum umfängt. Mein Körper ist wohlig entspannt, das Blut pulsiert, und ich bin ganz erfüllt von den Sonnenstrahlen und von der Lebenskraft in mir und um mich herum – ich bin Teil des Ganzen.

Ich atme tief ein und nehme die milde, würzige Luft in mich auf. Sie erfüllt mich mit prickelnder Frische, die durch die Lunge in den Bauchraum, in die Beine, in die Füße und von dort zurückströmt in den Rücken, die Arme, den Halsbereich, den Kopf. Ich spüre, wie mir ein leichter Windhauch über die Haut streicht und wohlriechende Blumendüfte zu mir herüberträgt. Ich fühle mich mit allem verbunden und lausche dem Wiegen der Zweige über mir, dem leichten Rascheln der Blätter, die von Zeit zu Zeit von einer leichten Brise bewegt werden.

Nicht weit von mir murmelt und gluckst ein Bach, der sich, soweit das Auge blicken kann, durch das Land windet – vorbei an Hügeln, Äckern, kleinen Dörfern, Weinbergen. Unaufhörlich plätschert das lebenspendende Wasser vor sich hin. Es macht alles um sich herum fruchtbar. Ich gebe mich hinein in das melodische Rauschen und Strömen. Da ist kein Anfang und kein Ende, da ist nur Fließen, ein ewiger Strom, der alles mit allem verbindet und belebt.

Ich bin ganz entspannt, fühle mich als Teil der Natur. Ich lausche dem Zwitschern der Vögel, dem Murmeln des Baches. Ich rieche die Düfte der Blumen. Ich nehme die Wärme der Sonne mit meinem ganzen Körper auf. Ich spüre einen leichten Windhauch auf meiner Stirn. Ich fühle mich rundherum wohl, bin eins mit allem.

Ich verweile, bis es genug ist, und komme dann langsam wieder zurück. Ich atme tief, strecke mich und bin wieder im Hier und Jetzt.

Die Hofkarten

Die Hofkarten zeigen Repräsentanten von Königshöfen, von denen jeweils vier ein Element vertreten – König, Königin, Ritter und Bube (Rider-Tarot) bzw. Ritter, Königin, Prinz und Prinzessin (Crowley-Tarot). Ähnliche Bezeichnungen gelten auch in anderen Tarot-Spielen.

Diese vier »Personen« spiegeln den Menschen in seinem Rollenverhalten. Jeder von uns trägt verschiedene Teilpersönlichkeiten in sich, und je nach der Situation, in der wir uns befinden, leben wir die entsprechende Rolle. Da wir auf unserem Entwicklungsweg sowohl von Frauen – unseren Müttern, anderen Frauen in der Familie, Kindergärtnerinnen, Lehrerinnen – als auch von Männern – unseren Vätern, männlichen Familienmitgliedern, Lehrern – geprägt wurden, aber auch von Geschwistern und Freunden, vereinen wir alle diese Rollen in uns. Sowohl Frauen als auch Männer tragen jeweils Teile des anderen Geschlechts in sich. Wir verfügen über »erwachsene« Rollenmuster, die sich zeigen, wenn wir beispielsweise als Eltern mit unseren Kindern umgehen, wir haben aber auch Aspekte des jugendlichen Abenteurers und Kämpfers in uns sowie solche des Kindes, das wir einmal waren. Es gilt, alle diese Teile anzunehmen, um »ganz« zu werden und so mit sich und anderen in Harmonie zu kommen.

Diese verschiedenen Facetten in uns werden durch die Hofkarten repräsentiert, und sie zeigen unser Rollenverhalten im Umgang mit dem jeweiligen Element. Die Hofkarten können aber auch andere Menschen darstellen, Personen, die uns ein ganz bestimmtes Verhalten vorleben, das wir vielleicht bewundern oder auch ablehnen. Insofern spiegeln sie dann etwas, was mit uns selbst zu tun hat, etwas, was es zu erkennen, zu integrieren, zu befreien oder auch zu wandeln gilt.

Es gibt die Hofkarten der Stäbe, die der Kelche, die der Schwerter und die der Münzen/Scheiben mit jeweils vier verschiedenen Rollen-Repräsentanten – also insgesamt 16 Hofkarten. Die Bedeutung der Hofkarten ergibt sich also aus der Verbindung der jeweiligen »Person« mit dem betreffenden Element.

Vielen Menschen reicht das für die Interpretation aus, und sie finden so ihren Zugang zu den Hofkarten. Wer noch tiefer einsteigen will, der kann sich mit dem Lebensbaum auseinandersetzen, auf den sich auch die Hofkarten beziehen. Deshalb folgen hier einige Informationen dazu, die den allgemeinen Definitionen der Tradition des Geheimordens Golden Dawn folgen:

Die jeweils vier Vertreter der vier Sätze werden unabhängig von dem Element, das sie verkörpern, je einer der sogenannten vier Welten des Lebensbaums und dem ihr zugehörigen Element zugeordnet (siehe Abb. S. 156). Diese sich daraus ergebenden Konstellationen werden im Interpretationsteil jeweils vor den Kartendefinitionen beschrieben.

Die Rider-Könige bzw. Crowley-Ritter werden auf die erste Welt bezogen, die Welt der ersten Ursachen, die Welt des Geistes, die Welt der Intuition und der Impulse, die aus der höheren Weisheit kommen. Dieser Welt wird das Element Feuer zugeordnet. Die Könige bzw. Ritter stehen u. a. für weit entwickelte Fähigkeiten, für innere und äußere Stärke und für Reife. Alle Könige bzw. Ritter verbinden in sich also das Element Feuer und das Element des jeweiligen Satzes.

Im Rider- und im Crowley-Tarot werden die Vertreter dieser Ebene unterschiedlich dargestellt. Beim Rider-König tritt sehr der Aspekt Reife, Verantwortung, Autorität in den Vordergrund – manchmal heißt es auch, die Rider-Könige seien eher dem Luft-Element zuzuordnen. Der Crowley-Ritter verkörpert mehr die dynamische Seite: Dinge in Bewegung setzen, sich Herausforderungen stellen sowie ein zielgerichtetes Handeln im Sinne ganz hoher Ideale. In manchen Aspekten ist der Crowley-Ritter mit dem Rider-Ritter vergleichbar.

Meiner Meinung nach liegt der Unterschied in der Reife, aus der heraus sie handeln.
Die Königinnen werden auf die zweite kabbalistische Welt bezogen: die Welt der Aufnahme des Impulses, die Welt der Erkenntnis, die Welt der ersten Kreativität. Dieser Welt wird das Element Wasser zugeordnet. Alle Königinnen verbinden in sich also das Element Wasser und das Element des jeweiligen Satzes. Die Königinnen setzen sich innerlich mit dem auseinander, was ihnen begegnet, sie verarbeiten alles gefühlsmäßig, bzw. sie spüren nach innen. Sie verkörpern die einfühlsame, von innerem Wissen erfüllte Seite im Umgang mit dem jeweiligen Element. Sie sind gereift an den Erfahrungen ihres Lebens und gehen liebevoll um mit sich und anderen. Sie stehen in Verbindung mit der Welt der Phantasie und Spiritualität.
Die Rider-Ritter bzw. Crowley-Prinzen werden auf die dritte kabbalistische Welt bezogen: die Welt der Gestaltung und Handlung. Dieser Welt wird das Element Luft zugeordnet. Die Ritter bzw. Prinzen verbinden in sich also das Element Luft und das Element ihres jeweiligen Satzes. Ritter und Prinz als Vertreter dieser Ebene sind unterschiedlich dargestellt. Gemeinsam ist ihnen das Hinausgehen in die Welt, das Sich-Einbringen und das Annehmen von Herausforderungen. Die Ritter bzw. Prinzen stehen manchmal auch für eine Stimmung, in der etwas geschieht, und für Veränderungen.
Die Rider-Buben bzw. Crowley-Prinzessinnen werden auf die vierte kabbalistische Welt bezogen: die gesamte körperlich-sinnliche Welt, die Welt der Materie, die Welt der vier Elemente, die Welt der Konkretisierung. Dieser Welt wird das Element Erde zugeordnet. Die Buben bzw. Prinzessinnen verbinden in sich also das Element Erde und das Element ihres jeweiligen Satzes. Die Buben bzw. Prinzessinnen verkörpern einerseits die kindlich-offene, dem Erleben des Hier und Jetzt zugewandte Seite im Umgang mit dem Element, andererseits das Einbringen des gesamten Potentials im Alltag. Sie stehen der Erde am nächsten. Die Rider-Buben wirken statischer als die Crowley-Prinzessinnen. Vor allem bei den Prinzessinnen der

Stäbe und der Schwerter tritt der kindlich-jugendlich-leidenschaftliche Teil mehr in der Vordergrund. Alle Buben bzw. Prinzessinnen stehen oft auch für Chancen, die sich bieten, für Botschaften von außen.

Es gibt noch andere Zuordnungen der Hofkarten zum Lebensbaum, wobei ich vor allem die hervorheben möchte, bei der die Rider-Könige bzw. Crowley-Ritter der zweiten Kraftzentrale zugerechnet werden, die Königinnen der dritten, die Rider-Ritter bzw. Crowley-Prinzen den Kraftzentralen von vier bis neun mit dem Mittelpunkt in der sechsten und die Rider-Buben bzw. Crowley-Prinzessinnen der zehnten (siehe Abb. S. 157).

Ich nenne die verschiedenen Definitionen der Vollständigkeit halber für Interessierte. Da wir uns nicht auf dem Gebiet einer exakten Wissenschaft bewegen, kann meiner Meinung nach keine dieser Versionen den Anspruch auf Absolutheit für sich erheben. Ich meine, jeder, der sich damit auseinandersetzt, sollte vergleichen und ausprobieren, um dann für sich herauszufinden, was er gut nachvollziehen und womit er selbst am besten umgehen kann.

Die Hofkarten werden auch mit den Sternzeichen in Verbindung gebracht, was in vielen Karten zum Ausdruck kommt. Es gibt allerdings unterschiedliche Auffassungen in der genauen Zuordnung. Auf jeden Fall beziehen sich alle Hofkarten eines Satzes auf die jeweiligen Sternzeichen des entsprechenden Elements, und zwar:

Hofkarten der Stäbe: Widder, Löwe, Schütze
Hofkarten der Kelche: Krebs, Skorpion, Fische
Hofkarten der Schwerter: Zwillinge, Waage, Wassermann
Hofkarten der Münzen/Scheiben: Stier, Jungfrau, Steinbock

Wie die Großen Arkana und die Zahlenkarten birgt auch jede Hofkarte Licht- und Schattenseiten, je nachdem, ob die durch die Karte repräsentierte Rolle und das Element aus der inneren Mitte heraus und voller Lebenskraft konstruktiv gelebt oder aber ob die Kraft »überzogen« oder zu wenig zum Ausdruck gebracht wird.

Die 16 Hofkarten

Stäbe

Rider-Tarot: König der Stäbe, Königin der Stäbe, Ritter der Stäbe, Bube der Stäbe
Crowley-Tarot: Ritter der Stäbe, Königin der Stäbe, Prinz der Stäbe, Prinzessin der Stäbe

Kelche

Rider-Tarot: König der Kelche, Königin der Kelche, Ritter der Kelche, Bube der Kelche
Crowley-Tarot: Ritter der Kelche, Königin der Kelche, Prinz der Kelche, Prinzessin der Kelche

Schwerter

Rider-Tarot: König der Schwerter, Königin der Schwerter, Ritter der Schwerter, Bube der Schwerter
Crowley-Tarot: Ritter der Schwerter, Königin der Schwerter, Prinz der Schwerter, Prinzessin der Schwerter

Münzen/Scheiben

Rider-Tarot: König der Münzen, Königin der Münzen, Ritter der Münzen, Bube der Münzen
Crowley-Tarot: Ritter der Scheiben, Königin der Scheiben, Prinz der Scheiben, Prinzessin der Scheiben

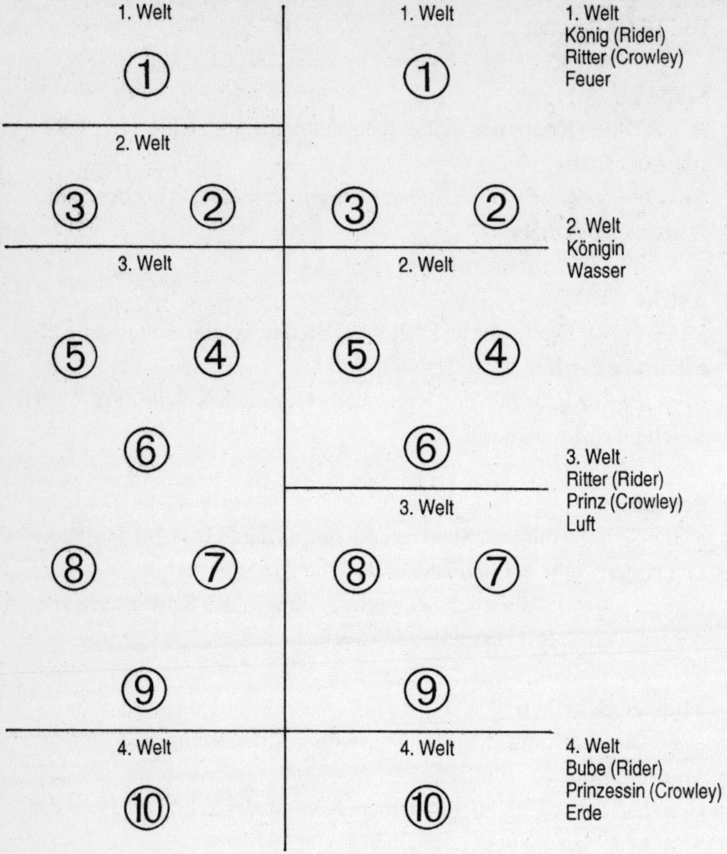

Hofkarten und Lebensbaum
Version 1
(mit zwei verschiedenen Möglichkeiten der Zuordnung der vier Welten zum Lebensbaum)

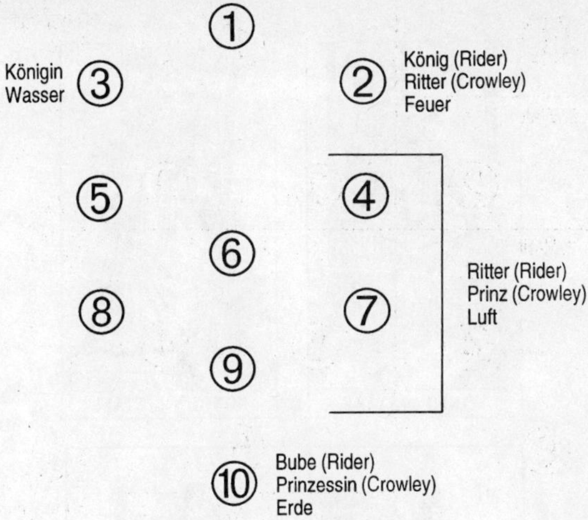

Hofkarten und Lebensbaum
Version 2

Hofkarten der Stäbe

Element Feuer – Stäbe: Wollen. Impuls. Intuition. Kraft. Vitalität. Aktivität. Kreativität. Temperament. Lebenslust. Persönliche Ausstrahlung.

Astrologische Zuordnung: Widder, Löwe, Schütze.

König/Ritter der Stäbe

Feuer des Feuers: Feuer-Element verbunden mit der Ebene des Feuers – einer hohen geistigen Ebene, wo es um Impulse, um Initiative, um Fähigkeiten, um Aktivität im Sinne der höheren Weisheit geht, um Durchsetzungs- und Führungskraft, um Verantwortung. Das kann eine sehr »kraftvolle« Konstellation sein, allerdings besteht auch die Gefahr von zuviel »Feuer«.
Beim Rider-König liegt die Betonung auf Kompetenz, Reife, Verantwortung, Autorität. Beim Crowley-Ritter steht mehr der dynamische Aspekt im Vordergrund – er handelt voller Leidenschaft im Sinne seiner Intuitionen und Ideale, trägt neue Ideen in die Welt und geht dabei durch alle Widerstände, wobei er im Schattenbereich dann zuviel oder zuwenig »Feuer« entwickelt. Insofern hat er Ähnlichkeit mit dem Ritter im Rider-Tarot, allerdings ist der Crowley-Ritter insgesamt reifer.

Mitte, Ziel: Einsatz im Sinne höchster Ideale und Intuitionen und dabei Annehmen aller Herausforderungen. Persönlichkeit voll innerer und äußerer Kraft und Ausstrahlung. Durchsetzungs-, Führungs-, Motivationskraft. Mut. Entschlossenheit. Impulse geben. Souveräner starker Mann – Partner, Vater, Chef (evtl. der innere Mann).

Innerlich unabhängig. Autorität sein auf seinem Gebiet. Verantwortung tragen. Reife.

Schatten:

Ein Extrem: Egozentrik. Zu ehrgeizig. Nur die eigenen Ziele und Absichten zählen. Zu leistungsorientiert. Geltungs- und herrschsüchtig. Autoritär. Intoleranz. Jähzorn. Machtmißbrauch.

Ein anderes Extrem: Zu wenig initiativ sein und zu wenig innere und äußere Stärke zeigen. Durchsetzungsschwäche. Aufgeben, wenn sich nicht bald Erfolge zeigen. Frustration. Schwanken. Pessimismus.

Königin der Stäbe

Wasser des Feuers: Feuer-Element, verbunden mit der Ebene des Wassers – der Ebene der Gefühle, der Hingabe, der Weiblichkeit, der Erkenntnis. Das kann eine gute Mischung von männlichen (Feuer-Element) und weiblichen Teilen (Wasser-Ebene) sein. Im ungünstigen Fall zu emotional und egozentrisch oder aber zu pessimistisch. Die Grundthemen der Rider- und Crowley-Karten sind ähnlich.

Mitte, Ziel: Lebensbejahende, selbstbewußte, vitale Frau – Mutter Partnerin, Chefin (evtl. die innere Frau). Innere Stärke. Lebenslust. Wärme. Menschen lieben und respektieren und ihnen helfen, ihre Kräfte zu entfalten und angemessen zu leben. Kreativität. An den Erfahrungen des Lebens gereift und gewachsen sein und dieses Wissen weitergeben. Auch in schwierigen Zeiten voller Lebenswillen und Hilfsbereitschaft sein. Innere Unabhängigkeit.

Schatten:
Ein Extrem: Geltungssucht. Zu emotional. Menschen bevormunden. Intoleranz. Machtmißbrauch. Rivalität. Eifersucht. Stolz.
Ein anderes Extrem: Pessimismus. Mißtrauen. Überall nur das Negative sehen. Feindseligkeit. Neid. Mißgunst.

Ritter/Prinz der Stäbe

Luft des Feuers: Feuer-Element, verbunden mit der Ebene der Luft – des Gestaltens, der Aktivität, der Auseinandersetzung, der Kommunikation. Aus der Verbindung zweier männlicher Kräfte (Feuer-Element und Luft-Ebene) kann sich eine dynamische, kraftvolle Kombination ergeben, allerdings besteht auch die Gefahr des Zuviels.
Die Grundthemen sind bei Ritter und Prinz ähnlich, vielleicht ist der Ritter insgesamt noch draufgängerischer.

Mitte, Ziel: Herausforderungen suchen und daran wachsen. Risiko- und Konfliktbereitschaft. Seine Ziele verfolgen und es dabei mit jedem Konkurrenten und mit jedem Hindernis aufnehmen. Leidenschaft. Der innere oder äußere kraftvoll-dynamische jugendliche Abenteurer und Kämpfer. Mit seiner Begeisterungsfähigkeit andere mitreißen. Einfallsreichtum. Wärme. Lebenslust. Mut. Unkonventionalität. Optimistisch allem Neuen gegenüber. Abenteuer. Reisen. Veränderung. Ortswechsel.

Schatten:
Ein Extrem: Ungestüm drauflospreschen. Unüberlegtes, voreiliges Handeln. Zu sehr »unter Dampf« stehen. Ungeduld. Geltungssucht. Rivalitätskämpfe. Draufgängerisch. Aggressivität.

Ein anderes Extrem: In ständiger Verteidigungs- und Abwehrhaltung. Überall Kämpfe erwarten. Feindseligkeit. Rückzug, wenn sich nicht gleich Erfolge zeigen. Frustration. Negativität.

Bube/Prinzessin der Stäbe

Erde des Feuers: Feuer-Element, verbunden mit der Ebene der Erde, der materiellen Welt, der Gesamtheit, der Natur, der Realisierung. Das kann eine fruchtbringende Verbindung von männlichen (Feuer-Element) und weiblichen (Erd-Ebene) Kräften sein. Das Feuer wird »geerdet«. Im ungünstigen Fall zu egozentrisch, zu unstet oder auch zu pessimistisch.
Die Grundthemen sind bei Bube und Prinzessin trotz aller Unterschiedlichkeit der Darstellung ähnlich. Bei der Prinzessin wird der Aspekt Leidenschaft im Bild mehr betont. Der Bube wirkt ruhiger, was aber nicht heißt, daß er deshalb keine innere Glut hat.

Mitte, Ziel: Seine Kraft und Intuition voller Vertrauen und Liebe zum Leben entfalten. Optimismus. Lebenslust. Kreativität. Darstellungsfähigkeit. Kindlich-spontan. Seine Kraft erproben und daran wachsen. Leidenschaft. Unkonventionelle Einfälle haben. Das kraftvoll-vitale Kind in sich und außerhalb lieben. Den eigenen Weg gehen. Seine Fähigkeiten im Alltag einbringen. Aufregende Neuigkeiten. Veränderung. Neues. Chance, die sich bietet.

Schatten:

Ein Extrem: Nur sich und seine Bedürfnisse sehen und ständig Spiel, Spaß und Lustgewinn suchen. Egozentrik. Ungeduld. Zu unstet, um eine Sache zu Ende zu führen. Übertriebenes Geltungsbedürfnis.

Ein anderes Extrem: Kein Vertrauen in die eigene Kraft und Intuition. Lebensangst. Sich negativ sehen. Bei Mißerfolg aufgeben. Pessimismus. Mißtrauen. Seine Kraft nicht einbringen. Negativität. Gelegenheiten ausschlagen. Trotz. Abwehr. Angst vor Trieben.

Hofkarten der Kelche

Element Wasser – Kelche: Fühlen. Liebe. Phantasie. Das Unbewußte. Innere Stimme. Freude. Hoffnungen. Wünsche. Glauben. Vertrauen. Verbinden. Hingabe.

Astrologische Zuordnung: Krebs, Skorpion, Fische.

König/Ritter der Kelche

Feuer des Wassers: Wasser-Element, verbunden mit der Ebene des Feuers – einer hohen geistigen Ebene, wo es um höhere Weisheit geht, um Impulse, um Initiative, um Fähigkeiten, um verantwortungsvolles Tun. Eine Verbindung von männlich (Feuer-Ebene) und weiblich (Wasser-Element). Die Wasserkraft kann hier sowohl inspirierend wirken als auch ausgleichend im sozialen Miteinander. Sie könnte an dieser Stelle aber auch Schwierigkeiten haben, denn das Wasser-Element will fließen, sucht Freiräume für Phantasie und tut sich evtl. schwer mit Initiative, Durchsetzung, Verantwortung.
Der Rider-König drückt mehr das In-sich-Ruhen aus, die Reife, die innere Weisheit, während der Crowley-Ritter voller Dynamik ist; »edle« Gefühle beflügeln ihn und tragen ihn in höchste Höhen bzw. auch zu der Frau, die er liebt. In manchem Ähnlichkeit mit dem Ritter der Kelche im Rider-Tarot, allerdings ist der Crowley-Ritter reifer.

Mitte, Ziel: Aus der inneren Weisheit und den inneren Bildern heraus handeln. Durch tiefe Sensibilität zur Harmonie von Beziehungen und Gruppen beitragen. Initiative ergreifen im Sinne des höheren Selbst. Feinfühliger, reifer Mann – Partner, Vater, Chef (evtl. der innere Mann). Weiser Ratgeber. Therapeut. Hochentwickelte Fähigkeiten in spirituellen und musischen Bereichen. Glauben.

Schatten:

Ein Extrem: Flucht ins Reich des Geistes, des Musischen, der Spiritualität. Eine Idealwelt schaffen wollen. Masken anlegen, um die Harmonie und die eigene Position nicht zu gefährden. Unaufrichtigkeit.

Ein anderes Extrem: Verschlossenheit. Aus Mißtrauen heraus Distanz halten. Sich panzern. Schwäche. Negativität. Unberechenbarkeit.

Königin der Kelche

Wasser des Wassers: Wasser-Element, verbunden mit der Ebene des Wassers – der Gefühle, der Hingabe, der Weiblichkeit, der Erkenntnis. Verbindung zweier weiblicher Kräfte (Wasser-Element und Wasser-Ebene), was sehr viel Tiefe und innere Weisheit beinhalten kann. Allerdings auch Gefahr des Zuviels von Wasser.
Die Grundthemen der Rider- und Crowley-Karten sind ähnlich.

Mitte, Ziel: Einfühlsame, phantasievolle, liebevolle Frau – Mutter, Partnerin (evtl. die innere Frau). In engem Kontakt sein mit seinen Gefühlen, Träumen, mit der Phantasie und mit der spirituellen Welt. Aus den inneren Quellen Kraft, Vertrauen und Weisheit beziehen. Sich und andere lieben. Liebe geben und empfangen können. Glauben. Sich Menschen öffnen und ihre Gefühle und Bedürfnisse wahrnehmen. Trösten und verbinden. Zärtlichkeit. Hingabe. Medialität. Künstlerin. Sich von der inneren Stimme leiten lassen.

Schatten:
Ein Extrem: Illusionen. Das Paradies suchen im Miteinander. Verschmelzen mit anderen Menschen und in ihnen versinken – in ihren Hoffnungen und Ängsten. Verschwimmen in der Welt der Phantasie und der Spiritualität und so den Bezug zum Alltag verlieren.

Ein anderes Extrem: Übersensibilität. Lebensangst. Voller Enttäuschung, Mißtrauen und Pessimismus. Sich als Opfer der Verhältnisse fühlen. Hochsensibel kleinste Bemerkungen anderer als Angriff gegen sich empfinden. Sich verschließen aus Angst vor Verletzung. Depression.

Ritter/Prinz der Kelche

Luft des Wassers: Wasser-Element, verbunden mit der Ebene der Luft – des Gestaltens, der Aktivität, der Auseinandersetzung und Kommunikation. Verbindung von männlich (Luft-Ebene) und weiblich (Wasser-Element). Das kann günstig sein, indem hier phantasievoll und mit Sensibilität gehandelt wird. In ungünstiger Konstellation verbinden sich Wasser-Elcment und Luft-Ebene im Sinne von »Tricksen« und Schauspielern um des eigenen Genusses und der Sinnesbefriedigung willen, oder es kommt zu Distanz, Panzerung.
Die Grundthemen sind bei Ritter und Prinz ähnlich.

Mitte, Ziel: Was von innen kommt, in die Tat umsetzen – Intuitionen beflügeln das Handeln. Sensibilität im Umgang mit anderen Menschen. Mitgefühl. Phantasie- und gefühlvoller Liebhaber. Seine Phantasie und Kreativität im sozialen Miteinander, aber auch auf künstlerischem Gebiet einbringen. Der innere oder äußere gefühl- und phantasievolle »Jugendliche«. Freundliche Atmosphäre. Angebote. Einladungen. Günstige Gelegenheiten.

Schatten:

Ein Extrem: Masken anlegen, um seine Ziele zu erreichen – anderen schmeicheln, sie hofieren und umgarnen. Charmanter Taktiker. Zu sehr nur dem eigenen Lustgewinn nachgehen.

Ein anderes Extrem: Sich aus Lebensangst und Mißtrauen heraus panzern. Distanz. Verschlossenheit. Voller aufgestauter Gefühle sein. Unterdrücken von Gefühlen und Sexualität. Nicht dem trauen, was von innen kommt, und es nicht einbringen. Negativität.

Bube/Prinzessin der Kelche

Erde des Wassers: Wasser-Element, verbunden mit der Ebene der »Erde«, der materiellen Welt, der Gesamtheit, der Natur, der Realisierung. Das ist an sich eine »fruchtbare« Konstellation zweier weiblicher Kräfte (Wasser-Element und Erd-Ebene). Im ungünstigen Fall Gefahr von zuviel Passivität, von Verschwimmen in Phantasien und in anderen Menschen oder innerer Rückzug.
Die Grundthemen des Buben und der Prinzessin sind ähnlich.

Mitte, Ziel: In Einklang leben mit allen seinen Gefühlen und Phantasien. Voller Offenheit, Vertrauen und Liebe sein. Große Liebes- und Einfühlungsfähigkeit. Sich öffnen und Gefühle zeigen. Das gefühl- und phantasievolle Kind in sich und außerhalb lieben. Vertrauen. Glaube. Spiritualität. Gefühle und Phantasie ausdrücken als Schauspieler, Lyriker, Musiker, Maler … Hingabefähigkeit. Treue. Nähe und Zärtlichkeit suchen. Romantische Verliebtheit. Freude am Spiel. Angenehmes tritt von außen heran. Gute Nachrichten – Geburt, Hochzeit.

Schatten:
Ein Extrem: Ganz in seiner Wunsch- und Phantasiewelt leben und das Paradies auf Erden erwarten. Verschwimmen in anderen Men-

schen. Schauspielern, um seine Wünsche erfüllt zu bekommen. Illusionen.

Ein anderes Extrem: Lebensangst. Sich ungeliebt, schutzlos und einsam fühlen. Mißtrauen. Eifersucht. Verschlossenheit. Überempfindlichkeit. Nicht bemerken, was entgegengebracht wird. Chancen nicht nutzen. Rückzug. Negativität.

Hofkarten der Schwerter

Element Luft – Schwerter: Denken. Verstand. Analysieren. Werten. Planen. Kontrolle. Konzentration. Wissen. Bewußtheit. Verständnis. Kommunikation.

Astrologische Zuordnung: Zwillinge, Waage, Wassermann.

König/Ritter der Schwerter

Feuer der Luft: Luft-Element, verbunden mit der Ebene des Feuers – einer hohen geistigen Ebene, wo es um Impulse, um Initiative, um höhere Weisheit, um Fähigkeiten, um Durchsetzungs- und Führungskraft, um verantwortungsvolles Tun geht. Verbindung zweier männlicher Kräfte (Luft-Element und Feuer-Ebene). Das Luft-Element könnte hier eine gute Möglichkeit haben und an dieser Stelle im Sinne von schnellem, zielgerichtetem Entscheiden und Handeln, Klarheit, Verständnis, Toleranz eingesetzt werden. Es besteht aber auch die Gefahr von zuviel »Kopfbetonung« und Männlichkeit.
Beim Rider-König wird mehr die Reife, Bewußtheit, Klarheit und Verantwortung betont. Der Crowley-Ritter ist voller Dynamik. Die geistige Entschlossenheit wird hervorgehoben – schnelles, zielgerichtetes Handeln, was im Schattenbereich dann zuviel oder auch zuwenig sein kann. Insofern besteht eine Ähnlichkeit mit dem Ritter der Schwerter des Rider-Tarot, der allerdings nicht über die hohe Reife des Crowley-Ritters verfügt.

Mitte, Ziel: Schnelles, zielgerichtetes, konsequentes, nüchternes Entscheiden und Handeln. Im Sinne der höheren Vernunft kommunizieren und handeln. Kritik- und Konfliktfähigkeit. Kluger, gerech-

Rider-Waite-Tarot

Crowley-Tarot

Golden-Dawn-Tarot

Kabbalistisches Tarot

Marseiller Tarot

Röhrig-Tarot

As der Kelche
1
Ace of Cups

Königin der Stäbe
Queen of Wands
Königin der Stäbe

Ibis-Tarot

XXII.
DAS KROKODIL

XVII.
DER STERN
DER MAGIER

XLI. DIE SCHALE

XXIV. DIE HERRIN
DES ZEPTERS

Arcus-Arcanum-Tarot

Haindl-Tarot

Der Narr

Der Stern

As der Kelche im Norden

Mutter der Stäbe im Osten

Königin der Stäbe

Tarot der Liebe

0 Die Narren

17 Der Stern

As der Blüten

Königin der Stäbe

Voyager-Tarot

Ekstase
As der Kelche

Wahrnehmende
Frau der Stäbe

Tarot der weisen Frauen

Motherpeace-Tarot

Osho-Neo-Tarot

ter, fairer, verständnisvoller Mann – Chef, Partner, Vater (evtl. der innere Mann). Lehrer, Dozent, Berater, Anwalt … Aus der eigenen Erfahrung und Reife heraus Orientierung beziehen und Maßstäbe setzen. Geistige Klärung. Erfassen von Zusammenhängen. Hohe Bewußtheit. Übersicht. Klarheit.

Schatten:
Ein Extrem: Zu kopfbetont. Mit dem Kopf durch die Wand. Rechthaberei. Strenge. Kälte. Autoritär. Prinzipienreiterei. Verurteilung. Machtkämpfe.
Ein anderes Extrem: Zweifel. Negatives Selbst- und Weltbild. Verbitterung. Mißtrauen. Mit Fehlern und mit Kritik nicht umgehen können. Überall Anfeindungen und Angriffe vermuten.

Königin der Schwerter

Wasser der Luft: Luft-Element, verbunden mit der Ebene des Wassers – der Gefühle, der Hingabe, der Weiblichkeit, der Erkenntnis. Das kann eine günstige Konstellation von weiblich (Wasser-Ebene) und männlich (Luft-Element) sein im Sinne der Bewußtmachung von Gefühlen, Verständnis, klare Kommunikation. Allerdings Gefahr, daß das aktive, zielorientierte Luft-Element zu sehr dominiert und zu wenig hingabefähig und gefühlsbezogen ist, was auf dieser Ebene erforderlich wäre.
Die Thematik ist bei der Rider- und Crowley-Königin ähnlich, wobei im Bild der Crowley-Königin noch mehr das radikale Abschneiden von alten Mustern und Rollenverhalten herausgestellt wird.

Mitte, Ziel: Kluge, bewußte, verständnisvolle Frau – Mutter, Partnerin, Chefin (evtl. die innere Frau). Sich mit Hilfe des Verstandes von Illusionen, Ängsten und Abhängigkeiten befreien. Sich lösen von Lebensfeindlichem und Einengendem. Freiheitsdrang. Erkenntnis. Reife. Klar und offen kommunizieren. Toleranz. Klärende Gespräche führen. Therapeutin. Lehrerin. Bei aller Betroffenheit über das Problem eines anderen nicht die eigene Klarheit verlieren. Wahrheitsliebe. Einfühlsam unangenehme Wahrheiten aufdecken, um zu helfen.

Schatten:

Ein Extrem: Strenge. Rechthaberei. Weiblichkeit verdrängen und mit Männern und Kindern Machtkämpfe austragen. Triebfeindlichkeit. Gefühlskälte. Besserwisserei. Autorität. Zuviel Kontrolle. Von oben herab kritisieren und verurteilen. Engstirnigkeit. Intrigen.

Ein anderes Extrem: Nur das Negative dieser Welt sehen – Leid, Verletzung, »Böses«, »Falsches«. Verbitterte »Witwe«. Voller Ablehnung und Mißtrauen sein. Quälerische Grübelei. Zweifel. Gefühle hinter Masken verstecken. Boshaftigkeit. Feindseligkeit. Haß.

Ritter/Prinz der Schwerter

Luft der Luft: Luft-Element, verbunden mit der Ebene der Luft – des Gestaltens, der Auseinandersetzung und Kommunikation. Das kann ein schnelles, zielgerichtetes Handeln sein im Sinne der eigenen Projekte und des als richtig Erkannten. Hier besteht allerdings auch sehr die Gefahr des Zuviels an »Luft«, was zu Kampf und Streit führen kann.
Die Grundthemen von Rider-Ritter und Crowley-Prinz sind ähnlich. Im Bild strebt der Ritter mehr nach vorn, neuen Zielen und Herausforderungen entgegen, während beim Crowley-Prinzen die Betonung besonders auf dem Abtrennen von alten Verstrickungen liegt und all dessen, was das Leben einschränkt – Muster, Gedanken, Normen, Beziehungen.

Mitte, Ziel: Sich voller Dynamik für seine Ziele und Projekte einsetzen. Befreiung von Abhängigkeiten und alten Fesseln. Konfliktbereitschaft. Schnell seine Ziele ansteuern und dabei keine Hindernisse scheuen. Schlagfertigkeit. Offen kommunizieren. Der innere oder äußere jugendlich-schnelle, zielstrebige, geistreiche »Kämpfer« und Neuerer. Flexibilität. Seine Meinung vertreten und bereit sein, für seine Überzeugungen und Ziele zu kämpfen. Entscheidungsfreudigkeit.

Schatten:

Ein Extrem: Zu ungestüm. Rücksichtslos drauflosjagen und seine Pläne verfolgen, ohne seine Gefühle, seinen Körper und andere Menschen zu berücksichtigen. Zu kämpferisch und fanatisch. Voreiliges Handeln. Bei Widerstand sofort streiten. Rivalitätskämpfe.

Ein anderes Extrem: In ständiger Abwehrbereitschaft und innerer Spannung sein. Nur Negatives erwarten. Zu sehr mit Altem beschäftigt sein statt Neues zu wagen. Feindseligkeit. Mißtrauen. Haß. Voller Zweifel sein. Niederlage. Verletzung.

Bube/Prinzessin der Schwerter

Erde der Luft: Luft-Element, verbunden mit der Ebene der »Erde«, der materiellen Welt, der Gesamtheit, der Natur, der Realisierung. Das könnte positiv sein im Sinne von Wahrheit, Echtheit, offene Kommunikation im Alltag. Es könnte aber auch Schwierigkeiten mit sich bringen aufgrund der Tendenz des Luft-Elements, zum »Himmel« zu streben, unrealistische Ziele zu verfolgen oder Gedanken nachzuhängen und nicht ganz im Hier und Jetzt des Alltags zu sein (Bube) – oder auch: zu sehr alles Bestehende in Frage zu stellen und zu bekämpfen im Sinne von lebens- und weltfremden Idealen (Prinzessin).
In den Kartendarstellungen bei Bube und Prinzessin kommen jeweils unterschiedliche Aspekte des »kindlich-jugendlichen« Umgangs mit dem Element Luft zum Ausdruck. Beim Buben wird mehr die ruhige, nachdenkliche Seite gezeigt und das etwas unbeteiligte Über-den-Dingen-Stehen, während bei der Prinzessin die Betonung besonders auf Auseinandersetzung und auch auf Rebellion liegt, um so Raum zu schaffen für die innere Wahrheit.

Mitte, Ziel: Gespür für Ursprünglichkeit und Echtheit. Offen, klar und ehrlich kommunizieren. Loslösung von all dem, was einengt, und Einsatz für das, was der inneren Wahrheit entspricht. Sein Wissen in den Alltag einbringen. Das neugierige, wahrheitsliebende, unkonventionelle Kind in sich und außerhalb lieben. Voller Interesse immer neue Bereiche erforschen. Gerechtigkeitssinn. Konfliktbereitschaft. Schriftstellerische Begabung. Gewandtheit. Lernbereitschaft. Chance, etwas zu klären. Nachricht über Veränderungen.

Schatten:
Ein Extrem: Zu kopforientiert. Luftschlösser bauen. Abgehobenheit. Spiegelfechterei. »Revoluzzer«. Streiten. Mit Hilfe seiner »Schläue« tricksen und täuschen. Sich davonstehlen. Hans GuckindieLuft, der das Alltägliche vernachlässigt und nicht zu Ergebnissen kommt.
Ein anderes Extrem: Negativität. Mißtrauen. Trotziger Protest. Keine Kritik ertragen und nicht lernen wollen. Aus Angst vor Fehlern und Kritik nicht handeln. Zweifel. Sich nichts zutrauen. Sich »falsch«, abgelehnt, verurteilt und dumm fühlen. Orientierungslosigkeit. Schlechte Gesundheit.

Hofkarten der Münzen/Scheiben

KÖNIG der MÜNZEN

KÖNIGIN der MÜNZEN

RITTER der MÜNZEN

BUBE der MÜNZEN

Element Erde – Münzen (Rider) / Scheiben (Crowley): Sinneswahrnehmung. Körperempfinden. Sinnesbezogenheit. Natur. Welt, die über die Sinne erfahren wird. Materie. Realitätsbezug. Bodenständigkeit. Praktisches Geschick. Ergebnisse. Tatsachen. Umsetzung. Verwirklichung. Arbeit. Finanzen. Geld.

Astrologische Zuordnung: Stier, Jungfrau, Steinbock.

König der Münzen/Ritter der Scheiben

Feuer der Erde: Erd-Element, verbunden mit der Ebene des Feuers – einer hohen geistigen Ebene, wo es um höhere Weisheit geht, um Impulse, um Initiative, um Fähigkeiten, um Durchsetzungs- und Führungskraft, um verantwortungsvolles Tun. Fruchtbare Verbindung von männlich (Feuer-Ebene) und weiblich (Erd-Element). Das kann eine günstige Konstellation sein, evtl. zu materiebezogen, zuviel Perfektion, Absicherung, Erstarrung.
Beim Rider-König wird besonders der Natur- und Sinnesbezug betont und der Genuß dessen, was erarbeitet wurde. Beim Crowley-Ritter steht der intensive Arbeitseinsatz im Vordergrund, insofern ist er etwas vergleichbar dem Rider-Ritter, der allerdings nicht über die gleiche Reife verfügt.

Mitte, Ziel: Erdverbundener, zuverlässiger, tüchtiger Mann – Vater, Partner, Chef (evtl. der innere Mann). Realitätssinn. Reife. Erfolg. Kompetenz. Verantwortungsbereitschaft. Wohlstand. Arbeiten und dann die Früchte »ernten« und genießen. Zufriedenheit. Autorität auf den Gebieten Handel, Wirtschaft, Gesundheit, Landwirtschaft … Einsatz für gerechte materielle Versorgung. Gespür für das hier und jetzt Machbare.

Schatten:

Ein Extrem: Zu materiebezogen. Konservativ. Arbeit, Besitz, Status und Äußeres sind das Höchste. Zu abhängig von Materiellem – von Luxus, Ambiente, Sinnesgenuß (besonders Rider-König). Aufrechterhaltung überholter Konventionen und Traditionen. Perfektion.

Ein anderes Extrem: Seine Aufgabe als Last empfinden. Immerwährende Angst vor Verlust und davor, von Unheil heimgesucht zu werden. Zuviel absichern. Inflexibilität. Erstarrung.

Königin der Münzen/Scheiben

Wasser der Erde: Erd-Element, verbunden mit der Ebene des Wassers – der Gefühle, der Hingabe, der Weiblichkeit, der Erkenntnis. Das kann eine sehr »fruchtbare« Konstellation zweier weiblicher Kräfte (Erd-Element und Wasser-Ebene) sein. Evtl. zu materiebezogen, angepaßt, pessimistisch, passiv.
Die Thematik ist bei Rider- und Crowley-Königin ähnlich.

Mitte, Ziel: Fürsorgliche, realitätsbezogene, warmherzige, mütterliche Frau – Mutter, Partnerin (evtl. auch die innere Frau). Im Einklang leben mit seinem Körper, mit der Natur. Fruchtbarkeit. Ehrfurcht vor dem Leben. In der Natur Kraft schöpfen. Regeneration. Bodenständigkeit. Grenzen akzeptieren. Hingabefähigkeit. Reife. Meditation. Geduld. Geschick. Zum geeigneten Zeitpunkt handeln. Sensibilität. Geben, aber auch nehmen und genießen können. Sinnlich und zärtlich sein.

Schatten:
Ein Extrem: Zu materiebezogen. Zu sehr in alten Rollen und Traditionen verhaftet. Alle Geltung beziehen aus Aussehen, Besitz, Status. Sauberkeit, Ordnung. Erfüllung der alltäglichen häuslichen Pflichten sind das Wichtigste.

Ein anderes Extrem: Lebensangst. Nicht fruchtbar werden. Nur Bedrohung und Katastrophen erwarten. Mißtrauen. Aus Angst alles absichern. Nur das Dunkle sehen – Krankheit, Tod, Armut. Festhalten an den Nächsten. Angst vor der Welt außerhalb des Hauses. Mißgunst. Neid.

Ritter der Münzen/Prinz der Scheiben

Luft der Erde: Erd-Element, verbunden mit der Ebene der Luft – des Gestaltens, der Auseinandersetzung. Das kann eine sehr positive Konstellation von männlicher und weiblicher Kraft (Luft-Ebene und Erd-Element) sein. Evtl. Gefahr von zuviel Arbeitseinsatz, Pflichterfüllung, Konventionalität.
Grundthemen von Ritter und Prinz sind ähnlich, wobei der Rider-Ritter statischer dargestellt ist, während der Crowley-Prinz dynamischer und sinnesbezogener wirkt.

Mitte, Ziel: Der gewissenhafte, geduldige Arbeiter. Fleiß. Zielstrebig und pflichtbewußt handeln. Erd- und Sinnesbezogenheit. Solide, gewissenhafte Arbeit leisten. Mit Beharrlichkeit seine Ziele verfolgen. Einsatz für die Natur, für Besitz und Traditionen. Geschick und Gespür u. a. im Umgang mit Grund und Boden, mit Finanzen und Vermögen. Geduldig abwarten – manche Dinge brauchen Zeit und entwickeln sich von selbst weiter.

Schatten:

Ein Extrem: Arbeitstier. Perfektion. Konventionalität. An überlebten Traditionen und Werten festhalten. Funktionalist. Überforderung. Zu materie- und sinnesbezogen. Sturheit.

Ein anderes Extrem: Frustration. Mißtrauen. Negativität. Stagnation. Starrheit. Voller Haß sein Rivalen gegenüber. Rückzug. Trägheit. Abwehr. »Düstere« Stimmung.

Bube der Münzen/Prinzessin der Scheiben

Erde der Erde: Erd-Element, verbunden mit der Ebene der »Erde«, der materiellen Welt, der Gesamtheit, der Natur, der Realisierung. Eine an sich günstige Konstellation zweier weiblicher Kräfte (Erd-Element und Erd-Ebene). Im ungünstigen Fall zuviel »Materie«. Grundthemen von Bube und Prinzessin sind ähnlich. Bei der Prinzessin klingt der Aspekt Schwangerschaft an.

Mitte, Ziel: Im Einklang mit der Natur leben. Um die Spiritualität der Erde wissen. Das sinnes-, natur- und materiebezogene Kind in sich und außerhalb lieben. Voller Freude am Körper, an Genuß und am Einbringen seiner Fähigkeiten im Hier und Jetzt des Alltags leben. Bodenständigkeit. Realitätssinn. Etwas Neues beginnen. Praktische Intelligenz. Sein Potential verwirklichen. Kreativität. Freude am Sinnlichen. Fruchtbarkeit. Geben und nehmen können. Eine Ausbildung, ein Studium machen. Eine gute Chance bietet sich.

Schatten:
Ein Extrem: Die Materie vergötzen. Unermeßliche Ansprüche. Nur um sich kreisen. Nur genießen wollen. Bequemlichkeit. Chancen nicht nutzen. Trägheit.

Ein anderes Extrem: Kein Bezug zum Körper, zur Sinnlichkeit, zur Materie. Nicht genießen und entspannen. Lebensangst. Sich nichts zutrauen. Nicht fruchtbar werden. Rückzug. Autismus. Angebote ausschlagen. Finanzielle Schwierigkeiten.

Den inneren Bezug herstellen zu den Hofkarten

Breiten Sie die 16 Hofkarten vor sich aus, und betrachten Sie sie.

	König (Rider) Ritter (Crowley)	Königin	Ritter (Rider) Prinz (Crowley)	Bube (Rider) Prinzessin (Crowley)
Stäbe				
Kelche				
Schwerter				
Münzen/ Scheiben				

Welche Karten ziehen mich besonders an? Welche machen mir angst? Welche lehne ich ab? Warum? Zu welchen habe ich gar keine Beziehung? Welche Rolle nehme ich selbst häufig ein? Welche würde ich gern ausfüllen? In welcher Hofkartenfamilie könnte ich mich wohl fühlen? Welche mag ich gar nicht?

Meine Kindheitsfamilie

Welche Rollen verkörperten meine Mutter, mein Vater, meine Geschwister, andere für mich wichtige Bezugspersonen, ich selbst in der Kindheit, Jugend?
Dazu die Karten aus dem offenen Kartendeck auswählen, das frühere Rollengefüge nachkonstruieren und sich damit auseinandersetzen.

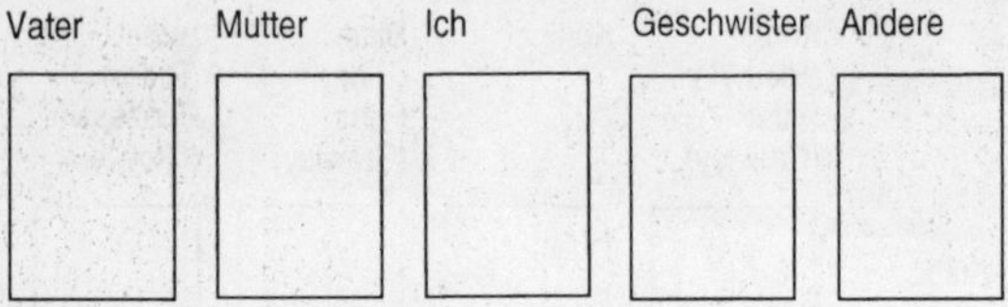

Wie gingen die einzelnen Familienmitglieder miteinander um – Vater und Mutter, Mutter und Kinder, Vater und Kinder, die Kinder untereinander? Welche Atmosphäre herrschte in der Familie? Wie fühlten sich die einzelnen Familienmitglieder? Wer dominierte? Wie waren Wertvorstellungen und Verhalten in der Familie, bezogen auf Arbeit, Beruf, Schule, Sexualität, Spiel, Freizeit, Spaß?

Wie stehe ich heute den Rollen gegenüber, wie fülle ich sie aus?

Legen Sie die vier Rider-Könige bzw. Crowley-Ritter nebeneinander, und betrachten Sie sie.

Wie sehe ich heute meinen Vater oder andere Männer, die mich geprägt haben? Wie ist mein Verhältnis zu Männern? Wie fülle ich die Männerrolle aus? (Bei Frauen: Wie ist mein innerer Mann?) Mit welchem König bzw. Ritter kann ich mich am besten identifizieren und mit welchem am wenigsten? Welchen mag ich, welchen nicht? Warum?

Legen Sie die vier Königinnen nebeneinander, und betrachten Sie sie.

Wie sehe ich heute meine Mutter oder andere für mich wichtige Frauen, die mich geprägt haben? Wie ist mein Verhältnis zu Frauen? Wie fülle ich die Frauenrolle aus? (Als Mann: Wie ist meine innere

Frau?) Mit welcher Königin kann ich mich am besten identifizieren und mit welcher am wenigsten? Welche mag ich, welche nicht? Warum?

Legen Sie die Rider-Ritter bzw. Crowley-Prinzen nebeneinander, und betrachten Sie sie.

Wie stehe ich den Rittern/Prinzen gegenüber? Welche Menschen erinnern mich in ihrem Rollenverhalten an Geschwister, Klassenkameraden, Freunde? Gehe ich schnell in die Rivalität ihnen gegenüber? Bin ich konfliktfähig? Stelle ich mich Herausforderungen? Wage ich Neues? Mit welchem der Ritter bzw. Prinzen kann ich mich am besten identifizieren? Mit welchem am wenigsten?

Legen Sie die Rider-Buben bzw. Crowley-Prinzessinnen nebeneinander, und betrachten Sie sie.

Wie stehe ich den Buben/Prinzessinnen gegenüber? Mit welchem(r) kann ich mich heute am besten identifizieren? Mit welchem(r) am wenigsten? Wie ist meine Beziehung zu Kindern (außerhalb, aber auch zu meinem inneren Kind)? Bringe ich mein Gesamtpotential ein? Bin ich gut verwurzelt in der Erde? Wie ist mein Verhältnis zu Spiel und Spaß?

Meine Wahlfamilie

Stellen Sie aus den 16 Hofkarten Ihre »Wahlfamilie« zusammen, indem Sie je einen König/Ritter, eine Königin, einen Ritter/Prinzen, eine(n) Buben/Prinzessin auswählen, also insgesamt vier »Personen«.

	König (Rider) Ritter (Crowley)	Königin	Ritter (Rider) Prinz (Crowley)	Bube (Rider) Prinzessin (Crowley)
Stäbe				
Kelche				
Schwerter				
Münzen/ Scheiben				

Welcher Rider-König/Crowley-Ritter gefällt mir am besten? Welche Königin? Welcher Rider-Ritter/Crowley-Prinz? Welche(r) Rider-Bube/Crowley-Prinzessin?

Diese vier Repräsentanten haben Leitbildcharakter für mich – ich selbst bin ihnen ähnlich oder möchte so sein wie sie und wünsche mir Menschen außen so. Zu diesen Karten kann ich aus dem verdeckten Kartenstapel jeweils eine Karte ziehen (evtl. nur aus den Großen Arkana) mit der Frage:

Was hilft mir dabei, diese Rolle auszufüllen?

Diese 4 Hofkarten der Wahlfamilie können auch als »Helferkarten« eingesetzt werden (siehe S. 204f.).

Meditation

Nehmen Sie eine entspannte Haltung ein – am besten, Sie legen sich hin. Tief atmen und mit dem Ausatmen alle negativen Gedanken, Probleme und Blockaden loslassen. Immer weiter entspannen.

Ich atme tief ein und spüre, wie der Atem meinen ganzen Brustraum erfüllt, meinen Bauchraum, wie die durch ihn aufgenommene Kraft in mein Becken hineinströmt, in meine Beine, Füße, von da aus zurück in den Rücken, den Schulterbereich, die Arme, Hände, in den Nacken, in den Kopf. Mein ganzer Körper ist erfüllt von neuer Kraft und Ruhe.

Nun stelle ich mir einen Bühnenraum vor – das kann ein Theater sein oder auch der Festsaal eines Schlosses, in dem Aufführungen stattfinden. Ich nehme mir Zeit und erkunde den Raum ganz genau: Wo ist die Bühne? Wo ist der Eingang? Sieht der Saal sehr prunkvoll aus oder eher einfach? Wie wirkt er auf mich?

Nachdem ich so einige Zeit verweile, lasse ich mich auf einem der Stühle nieder, und jetzt kommen Schauspieler auf die Bühne. Ich betrachte alles ganz genau: Wer kommt? Wie sehen die Darsteller aus? Tragen sie Kostüme? Welche? Oder sind sie in Straßenkleidung? Wie gehen die Darsteller miteinander um? Unterhalten sie sich? Spielen sie ein Stück? Streiten sie miteinander? Gibt einer den Ton an?

Ich sitze ganz entspannt da und lasse alles auf mich wirken.

Nun kommt auch ein Regisseur hinzu, der sich einschaltet. Wie sieht er aus? Wie wirkt er auf mich? Was tut er? Was geschieht jetzt auf der Bühne? Wie läuft das Stück weiter? Um welche Thematik geht es?

Ich bin weiter Zuschauer und sehe zu und verweile so lange, bis es mir genug ist.

Ich spüre immer mehr, daß das ganze Stück etwas mit mir zu tun hat. Die Darsteller sind Teilpersönlichkeiten von mir. Ich stelle mir vor, daß es in mir auch einen Regisseur gibt, der meine verschiedenen Teilpersönlichkeiten dirigiert, verbindet und miteinander in Einklang bringt.

Nun kehre ich langsam zurück. Ich spüre meinen Körper, atme tief, strecke mich und bin wieder da im Hier und Jetzt.

Teil II

Erfahrungen sammeln mit den Tarotkarten

Übungen, Selbsterfahrung, Spiele, Meditation

Tageskarte

Ziehen Sie eine Karte, und setzen Sie sich mit ihr auseinander.
Was löst die Karte in mir aus? Welche Gefühle kommen – Freude, Ängste, Hoffnungen? Was sagt mir die dargestellte Person? Welche Farben herrschen vor – wie wirken sie auf mich? Was zeigen mir die Symbole? Wie stehe ich zu dem Element? Kann ich die Beziehung zum Lebensbaum herstellen? Bringt das noch eine weitere Vertiefung? Was geschieht heute? Mit welchen Menschen treffe ich zusammen? In welchen Situationen bin ich? Wie fühle ich mich?

Nachtkarte

Ziehen Sie entweder eine Karte, oder nehmen Sie die Karte, die z. Zt. große Bedeutung für Sie hat.
Die Karte vor dem Schlafengehen betrachten. Dann die Augen schließen und sich in das Bild hineinfühlen. Nach innen bitten, daß die Botschaft der Karte aufgenommen und integriert wird.

Das eigene Tarotbuch

Es ist sehr empfehlenswert, sich ein Tarotbuch anzulegen, in dem man all seine Erfahrungen mit den Tarotkarten festhält: Was kam mir zu den Tages- und Nachtkarten, zu anderen Karten, zu den Elementen, zum Lebensbaum, zu Farben, Symbolen? Genauso hilfreich kann es sein, dort unabhängig von den Tarotkarten all das aufzuschreiben, was einen zu einem wichtigen Thema bewegt: Wo liegt mein Problem? Wie war die Situation? Was löste bei mir Angst oder Wut aus? Was will jetzt leben? Was würde mir Freude machen?
Dadurch ist man nachher besser in der Lage, gezielt Fragen zu formulieren, die man dann mit Hilfe der Karten bearbeitet. Je präziser

die Frage, desto genauer die Antwort. Eine große Bereicherung ist es auch, in dem Tarotbuch all die Legemodelle zu notieren, auf die man stößt. Dann hat man eine Sammlung griffbereit und kann ausprobieren.

Helferkarte(n)

Aus den Großen Arkana oder aus den Hofkarten wählt man die Karte aus (offen), die einen besonders anzieht und von der man meint, daß sie ein Helfer sein kann in schwierigen Situationen – ein Helfer, an den man sich um Rat wenden kann:
Wie würde er/sie entscheiden? Wie sieht er/sie die Ursache meines Problems? Was würde mir helfen? Was fördert bzw. was behindert mich?
Diese Karte repräsentiert einen Teil von mir, der mir hilfreich ist, wenn andere Teile in mir blockiert sind. Dadurch besteht die Chance, daß mein Unbewußtes durch diese Karte zu mir sprechen kann. Diese Karte macht »unabhängig« von den übrigen Tarotkarten, und ich visualisiere sie bzw. nehme Kontakt zu ihr auf in Situationen des Alltags, wo ich ihren Rat oder ihre Kraft benötige.
Es ist sinnvoll, zu dieser Karte ein besonders enges Verhältnis aufzubauen. Das geht gut mit einer Kartenmeditation.
Mancher zieht es vor, mehrere Helferkarten zu haben, je nach der Situation, in der er sich befindet. Er wählt eine Karte, die die innere Frau verkörpert – von ihr möchte er getröstet werden, Zuwendung bekommen und durch sie seine innere Stimme hören. Eine andere Karte stellt den inneren Mann dar – bei ihm sucht er Führung, Schutz und Orientierung. Die dritte Karte repräsentiert den inneren »Krieger«, dessen Mut und Kampfgeist benötigt wird, und die vierte repräsentiert das innere Kind, das ihm sagen soll, was er jetzt braucht, was ihm Spaß und neue Vitalität bringen könnte oder auch was er praktisch im Hier und Jetzt tun soll.
Wer Schwierigkeiten hat, eine Karte auszuwählen, der kann sich auch an der Astrologie orientieren. Die Großen Arkana sind den

Sternzeichen zugeordnet, und dadurch läßt sich über das eigene Sternzeichen die entsprechende Karte ermitteln:

Widder: IV Der Herrscher/Der Kaiser
Stier: V Der Hierophant/Der Hohepriester
Zwillinge: VI Die Liebenden
Krebs: VII Der Wagen
Löwe: VIII Kraft/Lust
Jungfrau: IX Der Eremit
Waage: XI Gerechtigkeit/Ausgleichung
Skorpion: XIII Tod
Schütze: XIV Mäßigkeit/Kunst
Steinbock: XV Teufel
Wassermann: XVII Stern
Fische: XVIII Mond

Bei den Hofkarten gilt folgende Zuordnung:

Astrologische Feuer-Zeichen – Widder, Löwe, Schütze: Hofkarten der Stäbe
Astrologische Wasser-Zeichen – Krebs, Skorpion, Fische: Hofkarten der Kelche
Astrologische Luft-Zeichen – Zwillinge, Waage, Wassermann: Hofkarten der Schwerter
Astrologische Erd-Zeichen – Stier, Jungfrau, Steinbock: Hofkarten der Münzen/Scheiben

Bestimmung dem Alter oder Geschlecht entsprechend:

Erwachsener Mann: König/Ritter
Erwachsene Frau: Königin
Junger Mann: Ritter/Prinz
Junges Mädchen bzw. Kind: Bube/Prinzessin

Beispiel: 40jährige Frau, Sternzeichen Zwillinge – Königin der Schwerter.

Mein Weg

Hier geht es darum, Stationen des Lebens nachzuvollziehen, Erinnerungen nachzugehen und sich dabei Grundgefühle wie Freude, Leid, Enttäuschung bewußtzumachen, Zusammenhänge zu begreifen und vielleicht den roten Faden zu erkennen, der sich durchs Leben zieht und einen zu der Person machte, die man heute ist.

Dazu gliedern wir die Jahre unseres Alters in vier Siebenjahresabschnitte auf, bis wir bei unserem 28. Geburtstag angekommen sind, und ziehen dazu jeweils eine Tarotkarte aus dem gesamten Tarotdeck oder aber nur aus den Großen Arkana. Die Zeit nach dem 28. Geburtstag benennen wir insgesamt als unser erwachsenes Ich und ziehen dazu auch eine Karte (wer will, der kann natürlich im Siebener-Rhythmus fortfahren, bis er bei der Gegenwart angekommen ist). Dann wird noch eine Karte gezogen, die sich auf die Gegenwart bezieht. Wir haben also insgesamt 6 Karten, wenn wir beispielsweise 40 Jahre alt sind.

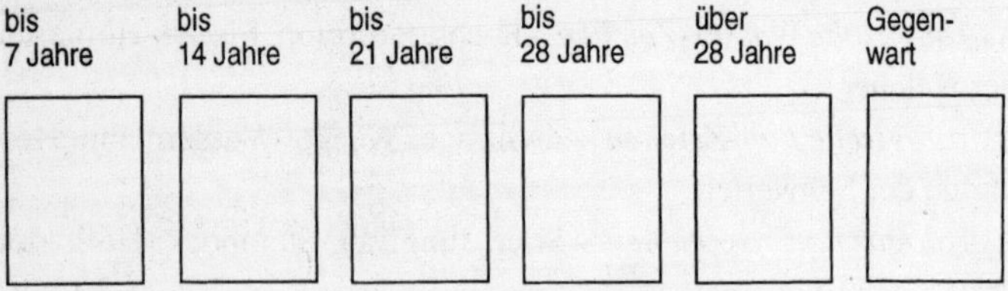

Ich stimme mich ein, indem ich mich rückbesinne:

Was war in welcher Phase? Was gab es an einschneidenden Erlebnissen? Was sagt die jeweilige Karte? Worauf weist sie mich hin? Wie waren meine Gefühle damals?

Ich nehme evtl. noch jeweils eine weitere Karte dazu, um die erste noch umfassender definieren zu können, um weitere Informationen zu bekommen. Nachdem ich mich mit allen gezogenen Karten auseinandergesetzt habe, betrachte ich die Karten insgesamt.

Welche Geschichte erzählen sie? Ist ein größerer Zusammenhang erkennbar?
Vielleicht ziehe ich noch eine Karte – aus den Großen Arkana –, die mir das Gesamtthema aufzeigen soll, den Entwicklungs- und Wachstumsprozeß, um den es geht.

Entwicklungs- und Wachstumsprozeß

Ganz zum Schluß ziehe ich eine weitere Karte mit der Frage: Was ist z. Zt. wichtig in bezug auf mein Lebensthema? Was ist wichtig zur Erfüllung des Gesetzes, nach dem ich angetreten bin?

Z. Zt. wichtig, bezogen auf mein Lebensthema

Bestandsaufnahme

Hier ist zu sehen, was den Menschen z. Zt. bewegt, was er anstrebt, was für ihn wichtig ist, was ihm Probleme bereitet. Insofern dient diese Auslegung der Selbsterfahrung, Situationsanalyse, Wegfindung. Genauso lassen sich auf diese Weise die eigenen Teilpersönlichkeiten näher kennenlernen – der innere Mann, die innere Frau, das innere Kind, zu denen dann jeweils die 7 Karten gezogen werden.

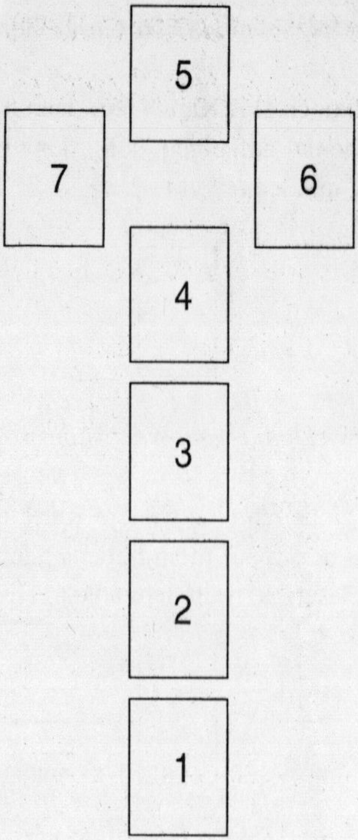

1 = Situation, derzeitiger Stand. Verhalten.
2 = Kräfte von innen – Hoffnungen, Wünsche, Ängste.
3 = Das, was bewußt angestrebt wird.
4 = Wachstumsprozeß – das gilt es zu lernen, zu leben, zu lassen.
5 = Ziel.
6 = Das fördert.
7 = Das hindert.

Der Lebensbaum

Am besten beginnt man unten bei der 10 und geht dann weiter bis zur 1. Dieses Legemodell ist »Landkarte«, Orientierungs- und Entscheidungshilfe und gibt eine umfassende und tiefe Gesamtschau. Zu jeder Kraftzentrale eine Karte ziehen – falls erforderlich, mehr.

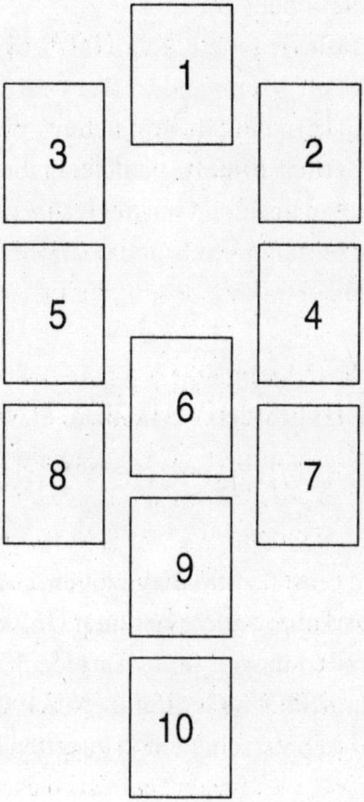

10 = Situation – wirkende Kräfte im Hier und Jetzt.
9 = Was kommt aus dem Bereich des Unbewußten – innere Bilder, Hoffnungen, Wünsche, Ängste?
8 = Welche Gedanken sind in mir? Welche geistigen Ziele verfolge ich? Wie kommuniziere ich?

7 = Wie sieht es aus in meinem Gefühls- und Triebbereich?

6 = Inwieweit stehe ich zu mir, verwirkliche mich aus meiner Mitte heraus, übernehme Verantwortung für mich und bringe die verschiedenen Kräfte in die Balance?

5 = Wie bewältige ich Konflikte? Kann ich angemessen kämpfen für meine Ziele und für das, was ich für wahr halte? Wie verhalte ich mich bei Kritik und bei Angriffen? Wie gehe ich um mit Krisensituationen?

4 = Inwieweit entfalte ich mein Potential? Inwieweit trage ich bei zur Harmonie im Miteinander? Was hilft mir zu wachsen? Kann ich mich öffnen und empfangen?

3 = Das ist erforderlich in bezug auf Hingabefähigkeit, Einbringen und Einfügen in einen vom Schicksal gegebenen Rahmen.

2 = Das gilt es zu entfalten im Sinne der höheren Weisheit.

1 = Ziel, Potential.

Tarotkarten für die 12 astrologischen Häuser

Zu jedem Haus wird eine Tarotkarte gezogen. (Mancher wählt dazu nur die 22 Großen Arkana, andere nehmen Große Arkana und Hofkarten, viele verwenden das gesamte Tarotdeck.) Auf diese Weise kann man einen sehr schönen Gesamtüberblick über sich selbst bekommen, über die vielen verschiedenen Facetten der Persönlichkeit.

1. *Haus – Widder:* Persönlichkeit. Wie trete ich ins Leben? Durchsetzungskraft. Was mache ich mit meinem Potential?
2. *Haus – Stier:* Verwurzelung. Bodenständigkeit. Geld. Finanzen. Materielle Grundlage. Existenzgründung. Körperbezug.
3. *Haus – Zwillinge:* Soziale Kontakte. Kommunikation. Lernen. Lehren. Denken. Sprache. Reisen.

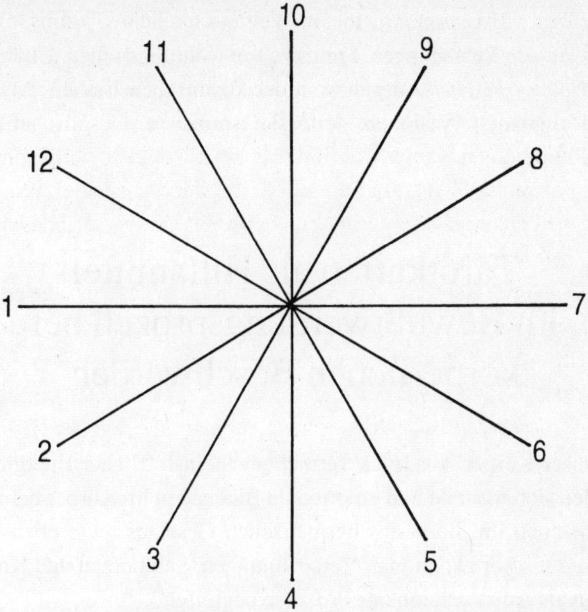

4. *Haus – Krebs:* Das Innere der Seele. Gefühle. Familie. Privatleben. Herkunft. Schwangerschaft.
5. *Haus – Löwe:* Selbstausdruck. Kreativität. Selbstbewußtsein. Liebesbeziehungen. Sexualität. Spiel.
6. *Haus – Jungfrau:* Arbeit. Organisation. Energiehaushalt. Alltag. Körperliche Verfassung. Auswertung.
7. *Haus – Waage:* Beziehung zum Du. Partnerschaft. Geistiger Austausch. Öffnung für Fremdes. Ausgleich.
8. *Haus – Skorpion:* Tiefe seelische Verbindung. Hingabe. Ehe. Sexualität. Seelische Schattenbereiche. Einstellung zum Tod.
9. *Haus – Schütze:* Suche nach Lebenssinn. Horizonterweiterung. Ideale. Religion. Große Reisen – innere und äußere.
10. *Haus – Steinbock:* Stellung in der Gesellschaft. Beruf. Berufung. Ziel. Begrenzung. Struktur.

11. Haus – Wassermann: Ideen. Weltanschauliches. Philosophien. Geistige Beziehungen. Freunde. Veränderungswillen. Umbruch.
12. Haus – Fische: Aufgehen in der kosmischen Einheit. Mystik. Religiosität. Visionen. Auflösungsprozesse. Gesellschaftliche Randthemen.

Tarotkarten als Hilfsmittel im Bewußtwerdungsprozeß bei körperlichen Beschwerden

Da unser Körper Ausdruck verdichteter feinstofflicher Energie ist, werden sich mentale und emotionale Blockaden im Körper bemerkbar machen im Sinne des hermetischen Gesetzes »wie oben – so unten«. Insofern kann man Verspannungen, Schmerzen und Krankheiten als Ausdruck innerer Prozesse begreifen.
Dazu ein ganz stark vereinfachtes Beispiel: Wenn eine Frau sich ständig über ihre Kinder oder auch über ihren Mann aufregt und nun Gallenbeschwerden hat, so kann sie diese Beschwerden mit Hilfe von Medikamenten behandeln. Sie befindet sich damit allerdings in einem für sie gefährlichen Kreis, solange sie nicht an sich selbst herangeht und sich oder die Umstände zu ändern versucht. Andernfalls wird sie auf die Dauer die Dosis ihrer Medikamente erhöhen müssen, damit diese überhaupt wirken. Hilfreicher wäre es für die Frau, die Ursachen ihrer Beschwerden anzugehen und damit einen Bewußtwerdungsprozeß einzuleiten: Warum rege ich mich so auf? Was macht mir angst? Wo sitzt meine Wut? Warum muß ich die anderen so verurteilen? Warum mag ich nicht gleich etwas sagen? Damit hat sie die Chance, daß sie auf der geistigen Ebene ihre Schattenbereiche bearbeitet, so daß diese gar nicht erst so tief in den Körper hineingreifen.

Bei diesem Bewußtwerdungsprozeß können die Tarotkarten helfen. (Ich möchte hier niemanden vom Arztbesuch abhalten, sondern nur darauf hinweisen, daß wir selbst oft durch Bewußtmachung von Problemen vorbeugend wirken oder auch zusätzlich zu äußeren Maßnahmen innere Prozesse in Gang setzen können.)

Ziehen Sie eine Tarotkarte zu dem Körperteil, in dem Spannungen und Schmerz vorhanden sind.
Welche Kräfte in mir sind blockiert? Worauf weist mich mein Körper hin?

Ziehen Sie eine weitere Tarotkarte.
Was hilft mir? Was sollte ich tun oder lassen? Was brauche ich, um wieder in die Balance zu kommen?

Tarotkarten und Chakren*

Mit Hilfe der Tarotkarten lassen sich Blockaden in den Chakren erkennen und bewußtmachen. Dadurch besteht die Chance, gestaute Energie freizusetzen.
Die 7 Chakren sind feinstoffliche Energiezentren, die entlang der Wirbelsäule bis hinauf zum Kopf angeordnet sind. Wie Antennen nehmen sie Energieschwingungen auf und verarbeiten und verteilen die einströmende Energie und verwandeln dabei die Frequenzen in für den Menschen verwertbare Energie. Die Chakren wirken als Transformatoren, die die feinstoffliche Energie hoch- oder heruntertransformieren, wobei diese Umwandlung in vier Richtungen erfolgen kann: aufwärts, abwärts, nach innen und nach außen. Jedes Chakra dient als Kanal für bestimmte Frequenzbereiche.

* Stichworte zu den Chakren in Anlehnung an Keith Sherwood, »Kraftzentren des Lebens«, Verlag Hermann Bauer.

1. Chakra – Wurzelchakra – Muladhara-Chakra: Liegt am unteren Ende der Wirbelsäule in der Gegend des Steißbeins. Beziehung zur Erde. Sitz der Vitalität, des Lebenswillens, der Überlebensmechanismen. Hat die Kontrolle über die Ausscheidung, die Verdauung, hat aber auch Einfluß auf die Sexualität. Dem 1. Chakra wird die Farbe Rot zugeordnet.

2. Chakra – Sexual- oder Sakralchakra – Svadhistana-Chakra: Liegt ganz dicht oberhalb der Geschlechtsorgane, etwas vor dem Wurzelchakra. Steuert die sexuelle Energie, bei der es sich um mehr handelt als ausschließlich um Sex. Bewußtwerdung unserer physischen Manifestation als Mann oder als Frau. Die Frau erfaßt die ihr innewohnende Weiblichkeit und der Mann seine Männlichkeit. Ganzwerden durch Akzeptanz zunächst des eigenen Geschlechts und dann desjenigen des anderen. Sitz der Kreativität. Ort der Lebensfreude. Steuerung der Beckenorgane – des Harntrakts, der Geschlechtsorgane. Einfluß auf die Verdauung. 1. und 2. Chakra arbeiten eng zusammen. Dem 2. Chakra wird die Farbe Orange zugeordnet.

3. Chakra – Solarplexus – Manipura-Chakra: Liegt unter dem Rippenbogen und ist Sitz der Persönlichkeit, des Durchsetzungsvermögens und der Selbstbehauptung. Wenn es geöffnet ist, gibt es dem Menschen Sicherheit, Gelassenheit und Vertrauen. Wenn der Mensch zu sich steht und in sich verankert ist, kann er Beziehungen zur Welt, zu anderen Menschen aufbauen und langfristig erhalten. Das 3. Chakra ist im Körper zuständig für die Assimilation der Nahrung. Dem 3. Chakra wird die Farbe Gelb zugeordnet.

4. Chakra – Herzchakra – Anahata-Chakra: Liegt im Herzbereich. Es ist Quelle von Licht und Liebe – und zwar nicht nur der menschlichen, sondern auch der göttlichen Liebe. Eng verbunden mit Mitleid und Heilung. Die Thymusdrüse, die das Immunsystem des Körpers reguliert, liegt unmittelbar über dem Herzchakra. Bei Blockade des Herzchakras ist auch die Funktion der Thymusdrüse behindert, wodurch das Immunsystem ausgeschaltet wird. Das Herzchakra ist Eingangspforte für den Astralkörper, und insofern kann es das emotionale Leben steuern – Freude, Schmerz, Angst und Wut. Damit diese Emotionen fließen können, muß das Herzchakra geöffnet sein. Dem 4. Chakra wird die Farbe Grün zugeordnet.

5. *Chakra – Halschakra – Vishuddha-Chakra:* Liegt im Halsbereich. Wenn es aktiviert ist, wird sich der Mensch seines Mentalkörpers bewußt. Dadurch wachsen Verständniskraft und Klarheit. Das Halschakra steuert die Fähigkeit des Menschen, sich vollständig und kreativ zum Ausdruck zu bringen. Zuständig für sprachlichen Ausdruck und Kommunikation. Kontrolle über den gesamten Bereich von Hals, Rachen und Gesicht. Langsamere, tiefere Energieschwingungen aus den niederen Chakren werden hier verwandelt. Durch Erweckung des Halschakras kann der Mensch die Angst überwinden und sich in allen Situationen kreativ einbringen. Dem 5. Chakra wird die Farbe Blau zugeordnet.

6. *Chakra – 3. Auge – Ajna-Chakra:* Liegt ungefähr in der Mitte der Stirn zwischen den Augenbrauen, wird manchmal auch Shivas Auge oder Auge der Weisheit genannt. Von diesem Zentrum aus (wird teilweise mit der Hypophyse gleichgesetzt) kann man alle Kräfte in sich miteinander in Einklang bringen und das Gleichgewicht herstellen zwischen yin und yang – hier verschmelzen Bewußtsein und Unbewußtes miteinander. Wahrnehmung all der Energiefelder, die sich vereinigt haben, um das persönliche Energiefeld des Menschen zu erzeugen, wie z. B. die beiden wichtigsten Felder »Mutter« und »Vater«. Das 6. Chakra steuert Sehvermögen und Einsicht in höhere Ebenen – intuitive Einsicht, Hellsichtigkeit. Regelt alle höheren mentalen Aktivitäten – intuitives und rationales Denken und das Erinnerungsvermögen. Von hier aus kann man sich, kraft des eigenen Geistes, neue Realitäten

auf der physischen Ebene schaffen. Dem 6. Chakra wird die Farbe Indigo oder auch Violett zugeordnet.

7. *Chakra – Scheitel- oder Kronenchakra – Sahasrara-Chakra:* Liegt am Scheitel des Kopfes oder auch darüber. In Yogatexten meist als »tausendblättriger Lotus« bezeichnet. Verbindung zum kosmischen Bewußtsein. Das 7. Chakra ist die Pforte, durch die die höchsten Energiefrequenzen in den Menschen einströmen. Dem 7. Chakra wird die Zirbeldrüse zugeordnet. Es ist das Chakra, das zuletzt erwacht, und entspricht der höchsten Ebene spiritueller Vollendung. Nach Erweckung des Scheitelchakras hat der Mensch die Ganzheit erreicht, Angst überwunden und die unbedingte Freude erfahren. In den Upanischaden steht: »Wer weiß, daß alle drei – Geist, Stoff und Maya – eins sind mit Brahman, dem wird offenbar: Das Selbst ist ewig und tatenlos. Das Selbst ist alles, Stoff ist vergänglich.« Im Tantra entspricht die Erweckung des Scheitelchakras der Vereinigung von Shakti (weibliches Prinzip) und Shiva (männliches Prinzip), Wiedervereinigung mit dem All-Seienden. Dem 7. Chakra wird die Farbe Violett oder Weiß zugeordnet.

Energieblockaden in den Chakren können durch Angst und Streß ausgelöst werden. Je nachdem, wo man Schmerz fühlt, läßt sich auf die Blockierung des entsprechenden Chakras schließen: bei Halsschmerzen oder Beklemmung im Halsbereich evtl. auf das 5. Chakra, bei Magenbeschwerden evtl. auf das 3. Chakra …
Bei körperlichen Beschwerden könnte für das betreffende Chakra eine Karte gezogen werden. Was ist in dem betreffenden Chakra jetzt? Wodurch bin ich blockiert?
Evtl. eine weitere Karte ziehen: Was hilft mir in dieser Situation?
Es ist aber auch möglich, für alle 7 Chakren Karten zu ziehen, denn oft bedingt ein Energiestau den anderen. Ziehen Sie also bei Verspannungen und körperlichen Beschwerden zu jedem einzelnen Chakra eine Tarotkarte – oder mehr, falls erforderlich.

Was zeigen mir die Karten? Worauf machen sie mich aufmerksam? Was ist blockiert?
Ziehen Sie nun nochmals zu jedem einzelnen Chakra eine Tarotkarte oder mehr, falls erforderlich. Diese Karten geben Auskunft über den Wachstumsprozeß.
Was hilft mir? Welche inneren Prozesse sind nötig, damit ich wieder »heil« werde? Was brauche ich? Was soll ich loslassen?

Chakra-Meditation mit den Tarotkarten

Legen Sie die Tarotkarten, die Sie für den Wachstumsprozeß gezogen haben, vor sich aus. Sie können auch nur eine Karte für ein einzelnes Chakra auslegen und dann die Meditation nur zu diesem Chakra durchführen.
Nehmen Sie eine bequeme Position ein, schließen Sie die Augen, halten Sie den Rücken gerade, und atmen Sie tief ein und aus.
Lassen Sie beim Ausatmen all das los, was Sie blockiert – negative Gedanken, Ängste, Streß ...
Atmen Sie eine Weile bewußt tief ein und aus, bis Sie immer weiter in die Entspannung kommen.

Ich konzentriere mich auf das 1. Chakra (Wurzelchakra, am Ende der Wirbelsäule, etwa am Steißbein).
Ich atme gezielt hier hinein – und von hier wieder aus. Ich spüre, wie die Energie an dieser Stelle zunimmt, was sich als Wärme bemerkbar macht. Jetzt visualisiere ich eine feuerrote Blume oder ein ganzes Blumenfeld (Rosen, Mohn, Geranien). Beim Einatmen nehme ich die Energie der Blume(n) ins 1. Chakra auf, und beim Ausatmen gebe ich die Energie von hier aus in den Körper hinein. Nun visualisiere ich die Tarotkarte, die ich für dieses Chakra gezogen habe, und stelle mir vor, wie sie beim Einatmen mit dem Wurzelchakra in Verbindung tritt. Ich atme ruhig weiter und vertraue darauf, daß die Botschaft der Karte aufgenommen und dieses Chakra mit neuer Kraft erfüllt wird. Dann verlasse ich das Wurzelchakra.*

Ich konzentriere mich auf das 2. Chakra, das Sexual- und Sakralchakra (etwas oberhalb des Genitalbereichs).

* Wer will, verzichtet auf die Blumen-Farbvisualisierungen und nimmt statt dessen gleich die Tarotkarten.

Ich atme hier hinein und von hier wieder aus. Ich spüre, wie die Energie zunimmt, wie der Bereich wärmer wird. Dann visualisiere ich eine orange Blume oder ein ganzes Blumenfeld (Calendula, Gerbera) und nehme beim Einatmen die Kraft der Blume(n) im 2. Chakra auf und gebe sie beim Ausatmen von hier aus weiter in meinen Körper hinein. Dann visualisiere ich die Tarotkarte, die ich für dieses Chakra gezogen habe, und stelle mir vor, wie sie mit dem Sexual- und Sakralchakra in Verbindung tritt. Ich atme ruhig weiter und vertraue darauf, daß die Botschaft der Karte aufgenommen und dieses Chakra mit neuer Kraft erfüllt wird. Ich verlasse dann das 2. Chakra.*

Ich konzentriere mich auf das 3. Chakra, den Solarplexus (Sitz unterhalb des Rippenbogens).
Ich atme hier hinein und von hier wieder aus. Ich spüre, wie die Energie in diesem Bereich zunimmt, wie es hier wärmer wird. Dann visualisiere ich eine gelbe Blume oder ein ganzes Blumenfeld (Sonnenblumen, gelbe Rosen) und nehme beim Einatmen die Kraft der Blume(n) im 3. Chakra auf und gebe sie beim Ausatmen von hier aus an meinen Körper weiter. Nun visualisiere ich die Tarotkarte, die ich für dieses Chakra gezogen habe, und stelle mir vor, wie sie mit dem 3. Chakra in Verbindung tritt. Ich atme ruhig weiter und vertraue darauf, daß die Botschaft der Karte aufgenommen und dieses Chakra mit neuer Kraft erfüllt wird. Ich verlasse dann das 3. Chakra.*

Ich konzentriere mich nun auf das 4. Chakra, das Herzchakra (Sitz im Herzbereich).
Ich atme tief in dieses Chakra hinein und von hier wieder aus. Ich spüre, wie die Energie in diesem Bereich zunimmt und sich als Wärme bemerkbar macht. Ich visualisiere nun eine grüne Pflanze (vielleicht einen Baum mit glänzenden grünen Blättern oder eine saftige grüne Wiese). Beim Einatmen nehme ich die Kraft der Pflanze(n)*

in diesem Chakra auf, und beim Ausatmen gebe ich sie von hier aus an meinen Körper weiter. Dann visualisiere ich die Tarotkarte, die ich für diesen Bereich gezogen habe, und stelle mir vor, wie sie mit dem 4. Chakra in Verbindung tritt. Ich atme ruhig weiter und vertraue darauf, daß die Botschaft der Karte aufgenommen und dieses Chakra mit neuer Kraft erfüllt wird. Ich verlasse dann das 4. Chakra.

Ich konzentriere mich auf das 5. Chakra, das Halschakra (Sitz im Halsbereich).
Ich atme tief in dieses Chakra hinein und von hier wieder aus und spüre, wie die Energie zunimmt und sich als Wärme bemerkbar macht. Ich visualisiere nun eine blaue Blume oder ein ganzes Blumenfeld (Rittersporn, Kornblumen). Beim Einatmen nehme ich nun die Kraft der Blume(n) im 5. Chakra auf und gebe sie beim Ausatmen von hier aus an meinen Körper weiter. Dann visualisiere ich die Tarotkarte, die ich für dieses Chakra gezogen habe, und stelle mir vor, wie sie mit dem 5. Chakra in Verbindung tritt. Ich atme ruhig weiter und vertraue darauf, daß die Botschaft aufgenommen und dieses Chakra mit neuer Kraft erfüllt wird. Ich verlasse dann das 5. Chakra.*

Ich konzentriere mich nun auf das 6. Chakra, das 3. Auge (Sitz in der Mitte der Stirn zwischen den Augenbrauen).
Ich atme tief in dieses Chakra hinein und von hier wieder aus. Langsam nimmt die Energie in diesem Bereich zu, was ich als Wärme spüre. Dann visualisiere ich eine indigoblaue oder violette Blume oder ein ganzes Blumenfeld (Veilchen, Heide) und nehme beim Ausatmen die Kraft der Blume(n) im 6. Chakra auf und gebe sie beim Ausatmen von hier aus in meinen Körper hinein. Dann visualisiere ich die Tarotkarte, die ich für diesen Bereich gezogen habe, und stelle mir vor, wie sie mit dem 6. Chakra in Verbindung tritt. Ich vertraue darauf, daß die Botschaft der Karte aufgenommen und*

dieses Chakra mit neuer Kraft erfüllt wird. Ich verlasse dann das 6. Chakra.

Ich konzentriere mich nun auf das 7. Chakra, das Kronen- oder Scheitelchakra (Sitz am Scheitel oder etwas oberhalb des Kopfes). Ich atme tief in dieses Chakra hinein und von hier wieder aus. Die Energie nimmt hier langsam zu, was sich als Wärme bemerkbar macht. Ich visualisiere im 7. Chakra eine violette oder weiße Blume oder ein ganzes Blumenfeld (Rosen, Lotus, Lilien) und nehme beim Einatmen die Kraft dieser Blume(n) ins 7. Chakra hinein und gebe sie beim Ausatmen von hier aus an meinen Körper weiter. Dann visualisiere ich die Tarotkarte, die ich für diesen Bereich gezogen habe, und stelle mir vor, wie sie mit dem 7. Chakra in Verbindung tritt. Ich vertraue darauf, daß die Botschaft aufgenommen und dieses Chakra mit neuer Kraft erfüllt wird. Dann verlasse ich das oberste Chakra.*

Ich atme tief und spüre meinen ganzen Körper, strecke mich und kehre zurück ins Hier und Jetzt des Alltags.

Spiele für Tarot in der Gruppe

Eine Tarot-Gruppe muß sich nicht notwendigerweise im Rahmen eines Kurses oder Seminars zusammenfinden. Genauso kann beispielsweise über eine Anzeige ein Treffen von »Tarot-Anhängern« organisiert werden, woraus sich häufig langlebige Gruppen ergeben. Dabei ist ein außerordentlich fruchtbarer Austausch möglich, der alle bereichert. Jeder bringt sich, seine Erfahrungen und sein Wissen ein. Durch Spiele wie die im folgenden beschriebenen kann man sich noch weiter in die Karten hineinfinden und einen immer tieferen Zugang zu ihnen bekommen. Außerdem bietet eine Gruppe eine gute Möglichkeit zur Selbsterfahrung.

1. *Jeder Teilnehmer zieht für sich selbst eine Karte, die zeigt, was ihn zu dem Zeitpunkt bewegt, und er spricht darüber, stellt sich evtl. so vor.* Die anderen hören zu und sagen anschließend, was ihnen vielleicht noch zu der Karte einfällt.

2. *Jeder Teilnehmer zieht eine Karte für seinen Nachbarn und interpretiert sie.* Der Nachbar hört zu. Anschließend sagt er, wie er sich dabei gefühlt hat, und nun spricht man gemeinsam über die Karte.

3. *Geschichten erzählen mit Hilfe von Tarotkarten.* Ein Teilnehmer zieht eine Karte und beginnt, dazu eine Geschichte zu erzählen, das, was ihm gerade zu der Karte kommt. Danach folgt der nächste, zieht eine Karte und setzt die Geschichte fort usw. Auf diese Weise bringt sich jeder individuell ein, entfaltet seine Kreativität, und es ergeben sich äußerst phantasievolle Geschichten, was Spaß macht. Dieses lockere und humorvolle Erzählen bringt außerdem noch zusätzliche, ganz persönliche Aspekte zu den einzelnen Karten, denn die Geschichten werden ja spontan erfunden, und niemand hat die Gelegenheit, sich vorher durch Lesen von Karteninterpretationen schlau zu machen.

4. *Hofkarten-Spiele*
   a) Jeweils vier Teilnehmer tun sich zusammen und repräsentieren die vier Hofkarten des von ihnen gewählten Elements. Sie einigen sich, wer welche Rolle vertreten soll, und sie erarbeiten gemeinsam, wie wohl das Beziehungsgefüge aussieht – Beziehung König (Ritter) und Königin, Ritter (Prinz) und Bube (Prinzessin), König (Ritter) und Ritter (Prinz), König (Ritter) und Bube (Prinzessin), Königin und Ritter (Prinz), Königin und Bube (Prinzessin) …
   Welche Atmosphäre herrscht in der Familie, und wie wird umgegangen mit Themen wie Arbeit, Schule, Freizeit, Spiel,

Sexualität, Außenkontakte? Wie sieht der Alltag aus? Wie reagieren die Familienmitglieder in Konfliktsituationen?
All das wird von den Teilnehmern herausgearbeitet und anschließend den anderen Gruppen berichtet. Ganz kreative Gruppen machen daraus ein Spiel und tragen Situationen vor, was sehr lustig und außerordentlich aufschlußreich sein kann. Auf diese Weise macht jeder Teilnehmer tiefe Erfahrungen mit den jeweiligen Rollen und damit mit sich.

b) Alle Teilnehmer befassen sich gemeinsam damit, was geschieht, wenn sich die Familien untereinander besuchen.
Was geschieht, wenn die vitale, temperamentvolle Stäbe-Familie bei der sensiblen Kelche-Familie »einfällt« oder bei der ordentlichen und formvollendeten Münzen/Scheiben-Familie? Wie vertragen sich wohl die Schwerter- und die Stäbe-Familien, die Kelche- und die Münzen/Scheiben-Familien?
All das kann auch wieder gespielt werden.

c) Jetzt treffen sich nur die Könige (Ritter):
Wie verhalten sie sich untereinander? Wer kann gut mit wem? Welche haben Schwierigkeiten miteinander? Wie fühlt sich der jeweilige König in Gemeinschaft der anderen?
Jetzt treffen die vier Königinnen zusammen, dann die vier Ritter (Prinzen), dann die vier Buben (Prinzessinnen) – Fragen jeweils wie oben. Auch hier kann wieder alles gespielt werden.

d) Jetzt geht es um eine Familie, die sich aus Vertretern aller vier Sätze zusammensetzt, zum Beispiel: Vater – König (Ritter) der Schwerter, Mutter – Königin der Münzen/Scheiben, Jugendlicher – Ritter (Prinz) der Stäbe, Kind – Bube (Prinzessin) der Kelche.
Wie geht es in dieser Familie zu? Welche Atmosphäre herrscht? Wer fühlt sich wie? Wer fühlt sich zu wem hingezogen? Wer hat große Probleme mit wem?
Auch hier kann wieder alles gespielt werden.

5. *Tarot-Tanz.* Die Teilnehmer tanzen zu einer Karte, begleitet von einer vorher abgestimmten Musik. Eine andere Möglichkeit für kleine Gruppen: Jeder Teilnehmer wählt sich seine Karte und seine Musik und tanzt seinen »Tarot-Tanz«. Die anderen kommen dann jeweils dazu und schließen sich ihm an und variieren das Thema auf ihre Weise.

Die Vielfalt der Tarotspiele

Auch wenn es Leute gibt, die irgendwann die Karten wechseln, weil sie merken, daß ein anderes Spiel sie noch mehr anspricht, so bleiben meiner Erfahrung nach doch die meisten Menschen bei den einmal gewählten Tarotkarten. Dafür gibt es viele Gründe. Ein Hauptmotiv dürfte sein, daß es sicher kein Zufall war, der uns genau diese Karten »zufallen« ließ.

Trotzdem werden die »eigenen« Karten durch Kenntnis anderer Spiele oft noch von einem anderen Blickwinkel aus beleuchtet, was Intensität und Tiefe der Aussagen verstärken und noch weiter in die Thematik der Karten hineinführen kann. Beim Vergleichen verschiedener Tarotspiele fällt auf, wie ähnlich die Grundaussagen der Karten sind, trotz aller Unterschiedlichkeit der Darstellung.

Wer in bezug auf die Tarotkarten selbst aktiv werden will, der hat folgende Möglichkeiten:

Es gibt ein Tarotspiel mit 78 Karten (B.O.T.A-Tarot), bei dem die einzelnen Bildmotive wie in Kindermalbüchern nur als Umrisse dargestellt und vom Benutzer selbst auszumalen sind. Bei diesem Spiel tragen die Zahlenkarten Symbole und keine Bildszenen wie im Rider-Tarot.

Ganz Kreative können sich ein eigenes Tarotspiel herstellen, evtl. nur mit Karten der Großen Arkana. Man läßt dabei seiner Phantasie freien Lauf – stellt Collagen her, wendet die Aquarelltechnik an, nimmt evtl. nur Farben, Symbole, astrologische Zeichen hinein – je nachdem, wo der eigene Schwerpunkt liegt.

Im Farbteil dieses Buches werden Karten verschiedener Tarotspiele vorgestellt, um einen ganz kleinen Einblick in die Vielfalt der Karten zu geben und als Anregung, sich auch einmal mit anderen Spielen zu beschäftigen und sich mit deren Symbolik auseinanderzusetzen. Gerade die Beschäftigung mit der Symbolwelt fördert ja die Intuition, die im Umgang mit den Tarotkarten so sehr gefragt ist.
Hier zusätzlich zum Rider-Waite- und Crowley-Tarot jeweils vier Karten des Golden-Dawn-Tarot, des kabbalistischen Tarot, des Marseiller Tarot, des Ibis-Tarot, des Röhrig-Tarot, des Arcus-Arcanum-Tarot, des Haindl-Tarot, des Tarot der Liebe, des Tarot der weisen Frauen, des Voyager-Tarot und des Motherpeace-Tarot. Außerdem ein Spiel, das aus einer ganz anderen Tradition kommt: der Osho-Neo-Tarot mit seinen 60 Karten, deren Bildmotive jeweils mit einer Geschichte im Zusammenhang stehen, die im dazugehörigen Heft nachgelesen werden kann. Die Texte sind religiös-mystischer Art und entstammen den großen Religionen.
Da es wirklich aufschlußreich sein kann, einmal ganz andere Karten zusätzlich zu den gewohnten einzusetzen – sie werfen oft noch ein weiteres Licht auf die Thematik, die uns im Augenblick bewegt –, seien hier noch zwei Spiele erwähnt, die ebenfalls ganz anderen Traditionen entstammen: einmal die aus der indianischen Kultur hervorgegangenen 54 Karten der Kraft, deren Tierbilder aus einem tiefen Wissen um die Natur und die dort geltenden Gesetzmäßigkeiten gestaltet wurden, und zum zweiten die Farbkarten, die nur jeweils eine Farbe tragen, deren Symbolik im mitgelieferten Heftchen beschrieben wird. Da Farben die Sprache unserer Seele sprechen, ist die Auseinandersetzung mit den Farbkarten eine weitere gute Möglichkeit, sich selbst zu erfahren und mit dem Inneren in Kontakt zu treten.

Teil III

Befragungen mit den Tarotkarten

Hinweise zu Befragungen mit den Tarotkarten

- Nehmen Sie die Karten aus dem gesamten (verdeckten) Kartendeck. Sie können sie aber auch aufgliedern und auf eine Frage je eine Karte aus den Großen Arkana, den Zahlen- und den Hofkarten ziehen. So sind gute Hinweise zu erhalten, um welches Grundmuster es geht (Große Arkana), um welche Situationen (Zahlenkarten) und um welches Rollenverhalten (Hofkarten).
- Die Karten können so gemischt werden, daß einige in aufrechter Position liegen und andere umgekehrt. Mancher empfindet das als hilfreich, weil er dann die umgekehrten Karten dem Schattenbereich zuordnet – wenn man nach weiteren Entwicklungen fragt, kann das auch sinnvoll sein. Bei anderen Fragen führt das aber auch manchmal zu Verwirrung. Jeder sollte selbst ausprobieren, womit er am besten umgehen kann.
- Die Tarotkarten antworten normalerweise nicht mit »ja« oder »nein«, sondern sie weisen auf ein Thema hin. Sie nehmen nicht die Entscheidung ab, aber sie können dabei helfen, eine Entscheidung zu treffen, indem sie Kräfte aufzeigen. Manche Deuter leiten bei bestimmten Legemodellen aus der Position der zentralen Karte – ob aufrecht oder umgekehrt – »ja« oder »nein« ab. Ich halte das für problematisch, weil dabei die Gefahr besteht, zu sehr die Verantwortung an die Karten zu delegieren und sich von ihnen abhängig zu machen.
- Aussagen von Karten, insbesondere im Zusammenhang mit Entscheidungsfragen, sind nicht wortwörtlich zu nehmen. Sie zeigen oft das Thema auf, um das es geht. Das gilt natürlich auch für eine Frage, die sich auf zwei Personen bezieht und wo die Tarotkarte auf das übergeordnete Thema hinweist, das beide betrifft. Daraus ergibt sich die Antwort dann meist von selbst.

- Es ist sinnvoll, wenn man vor der Befragung Abstand gewinnt zu Tagesereignissen und zu dem, was einen bewegt – vielleicht macht man Atemübungen, autogenes Training oder auch einen Spaziergang. Mit den Tarotkarten sollte man sich dann an einen Ort zurückziehen, wo eine angenehme, friedliche Atmosphäre herrscht, um so die innere Klarheit und Ruhe zu fördern.
- Prüfen Sie, ob Sie zum Zeitpunkt der Befragung wirklich an sich herangehen wollen und ob Sie in der Lage sind, auch unangenehme Wahrheiten zu verkraften.
- Überlegen Sie sorgfältig, was gefragt werden soll. Je präziser die Frage, desto genauer ist auch die Antwort.
- Stellen Sie anfangs einfache Fragen mit nur wenigen Karten, und verwenden Sie erst nach einiger Erfahrung komplexere Legesysteme.
- Bei der Interpretation der Karten sollten Sie achten auf: Farben, Große Arkana, Zahlen, astrologische Zeichen … Welche Gefühle oder auch Bilder kommen Ihnen ganz spontan?
- Um einzelne Karten näher zu definieren, ist es oft hilfreich, dazu noch eine zweite Karte zu ziehen.
- Nicht tierisch ernst an die Karten herangehen, sondern eher spielerisch. Wenn ich in Perfektionsstreben verfalle und auf Anhieb alles »richtig« interpretieren will, so wird der Zugang zum Unbewußten blockiert. Geduld ist erforderlich, wenn eine Karte nicht gleich deutlich wird. Vielleicht will und kann ich ihren Inhalt jetzt nicht aufnehmen. Evtl. noch eine weitere Karte ziehen. Ansonsten abwarten – Botschaften werden oft erst Stunden, manchmal Tage später klar.
- Wenn bei einem Legemodell der Punkt »Ziel, Thema« auftaucht, so ist durch die Karte mit ihrer Grundaussage der Weg aufgezeigt. Dabei ist es meist hilfreich, sich auch mit dem Schatten zu befassen, denn der hindert ja so oft, die Lichtseite zu leben.
- Die Karten sollten nicht überstrapaziert und bei jeder kleinen Frage eingeschaltet werden.

– Mit Hilfe der Tarotkarten ist keine Leidfreiheit zu erzeugen. Wir können unserem Schicksal nicht davonlaufen, sondern nur versuchen, es besser zu verstehen und im Rahmen unserer Möglichkeiten da zu wählen, wo wir Freiheiten haben. Es wäre eine Illusion, die Karten in dem Sinne zu gebrauchen: Wie bewahre ich mich vor Leid? Wie umgehe ich angstbesetzte Situationen? Damit würde ich mich selbst betrügen und mich von wichtigen Erfahrungen abschneiden. Sinnvoller wäre es statt dessen, die Angst zu hinterfragen, sie sich mit Hilfe der Tarotkarten bewußtzumachen, um die durch die Angst blockierte Kraft zu befreien.
Die Tarotkarten sind auch keine Autorität von außen, sie nehmen dem Menschen nicht die Verantwortung für sein Leben ab, sondern sie sind Schlüssel zum Unbewußten. Insofern können sie dem Menschen helfen, sich selbst und wirkende Kräfte zu erkennen, blockierte Kraft zu befreien und bisher ungenutzte Potentiale zu leben.

Legemodelle

Offenes Legemodell

(Befragungsbeispiele S. 248, 250, 271, 274)

Einfache, klare Fragen, zu denen eine bis drei Karten gezogen werden, sind eine ausgezeichnete Einstiegsmöglichkeit für Anfänger, die bei Legemodellen manchmal durch die Vielzahl der Karten verwirrt sind. Offene Legemodelle können eingesetzt werden bei der Selbsterfahrung oder auch als Entscheidungs- und Orientierungshilfe. Wem eine Karte nicht genug sagt, der kann eine zweite hinzunehmen, die dann der Interpretation der ersten dient oder weitere Hinweise gibt. Die Karten können aus dem gesamten Spiel gezogen werden oder auch nur aus den Großen Arkana, was Anfängern meist am liebsten ist.

Fragebeispiele:

- Was ist in mir, bezogen auf die Situation, in der ich mich befinde: welche Hoffnungen, Wünsche, Ängste, Wut?
- Wie sieht z. Zt. mein Ziel aus?
- Wodurch bin ich so blockiert?
- Was möchte jetzt leben?
- Welches Verhalten wäre jetzt sinnvoll und angemessen?
- Was zeigt mir der Mensch, mit dem ich gerade zu tun habe?
- Was habe ich zu lernen, bezogen auf eine Situation, einen Menschen?
- Was ist mein derzeitiges Potential?
- Was sagt mir mein Körper?
- Was hilft mir?

Legemodell 1: Drei Karten

(Befragungsbeispiel S. 275)

Dies ist ein ganz einfaches Legemodell, das auf viele Themenbereiche angewendet werden kann – Selbsterfahrung, Verhalten, Entscheidung, Beziehung, Beruf, Umgang mit dem Körper – und recht klare Hinweise gibt. Die Karten können aus dem gesamten Kartendeck gezogen werden oder auch nur aus den Großen Arkana.

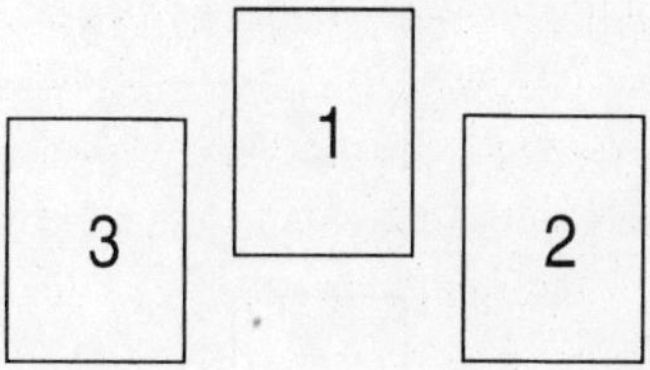

1 = Ziel, Thema.

2 = Das fördert (das ist günstig, bezogen auf das Ziel, Thema).

3 = Das hindert (das ist ungünstig, bezogen auf das Ziel, Thema).

Legemodell 2: Problembearbeitung

Version A

(Befragungsbeispiel S. 254)

1 = Situation, derzeitiger Stand.
2 = Wie ziehe ich das Problem an, was trage ich zum Problem bei?
3 = Heilmittel.

Version B

(Befragungsbeispiel S. 257)

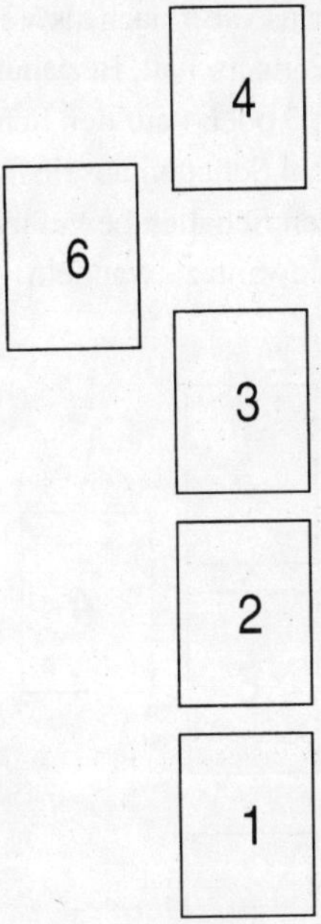

1 = Situation, derzeitiger Stand.
2 = Wie ziehe ich das Problem an? Was trage ich zum Problem bei?
3 = Um welchen Bewußtwerdungsprozeß geht es?
4 = Ziel, Heilmittel.
5 = Das hilft dabei.
6 = Das hindert.

Legemodell 3: Der kleine Lebensbaum

(Befragungsbeispiele S. 277, 283, 286)

Dieses Legemodell ist außerordentlich vielseitig einsetzbar und gibt mit relativ wenig Karten recht umfassende Antworten. Es kann zur Selbsterfahrung genutzt werden, genauso aber auch als Verhaltens- und Entscheidungshilfe, bezogen auf Partnerschaft, Beziehung, Beruf.
Wenn die Karten auf Position 3 oder 4 auf den Schattenbereich hinweisen, so gilt es, sich mit dem Schatten auseinanderzusetzen. Das Ziel könnte dann sein, sich den Schatten bewußtzumachen und anzunehmen, um ihn dann irgendwann zu wandeln.

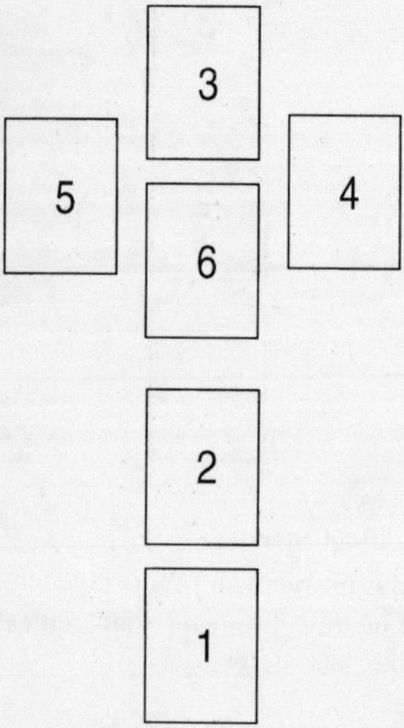

1 = Situation.

2 = Kräfte von innen: Hoffnungen, Wünsche, Ängste.

3 = Ziel, Thema.

4 = Das tun.
5 = Das nicht tun.
6 = Ergebnis. Wie alles verbunden werden kann.

Legemodell 4: Entscheidung/Verhalten*

(Befragungsbeispiele S. 261, 264, 267)

Dieses Legemodell gibt Hinweise bei Entscheidungsfragen und bei Fragen in bezug auf das eigene Verhalten.

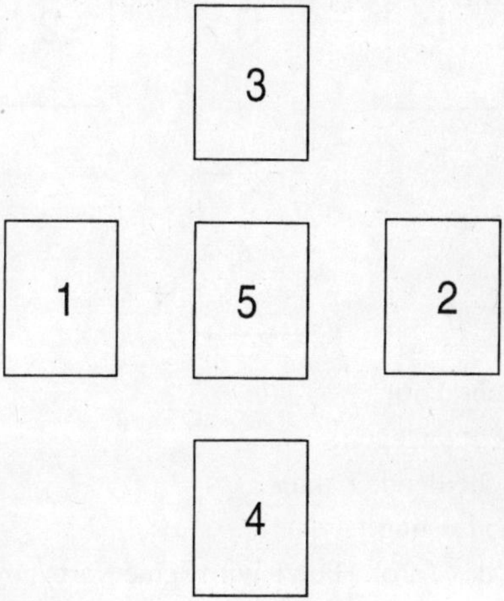

1 = Thema, Situation.
2 = Das (jetzt) nicht tun.
3 = Das (jetzt) tun.
4 = Ergebnis oder der nächste Schritt.
Evtl. noch:
5 = Um welchen Bewußtwerdungsprozeß geht es?

* In Anlehnung an Hajo Banzhaf, »Schlüsselworte zum Tarot«, Goldmann Verlag.

Legemodell 5: Fünf Karten*

(Befragungsbeispiel S. 251 unten)

Bei Entscheidungsfragen

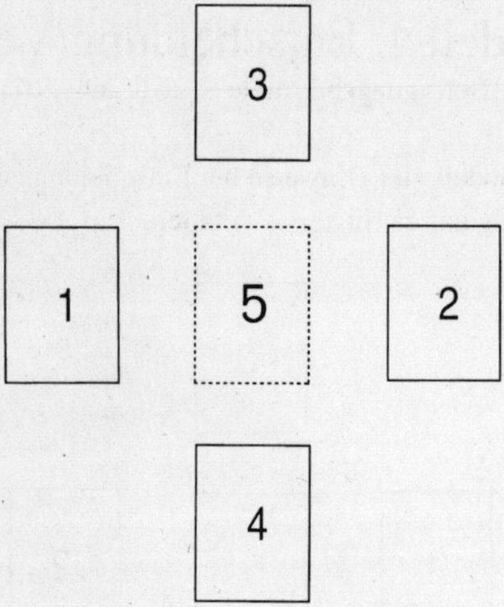

1 = Das spricht dafür.

2 = Das spricht dagegen.

3 = Der entscheidende Faktor.

4 = Ergebnis, Lösung.

5 = Antwort des Tarot. Hierzu wird keine Karte gezogen – es werden vielmehr die Zahlenwerte der Karten der Positionen 1 bis 4 addiert und auf eine Zahl bis 22 gebracht (22 = O Der Narr). Hofkarten werden nicht mitgezählt. Auf diese Weise erhält man eine Karte der Großen Arkana, die zeigt, um welches Muster bzw. um welchen Bewußtwerdungsprozeß es insgesamt geht.

* In Anlehnung an Mario Montano, »Tarot – Spiegel des Lebens«, Urania Verlags AG.

Legemodell 6: Beruf*

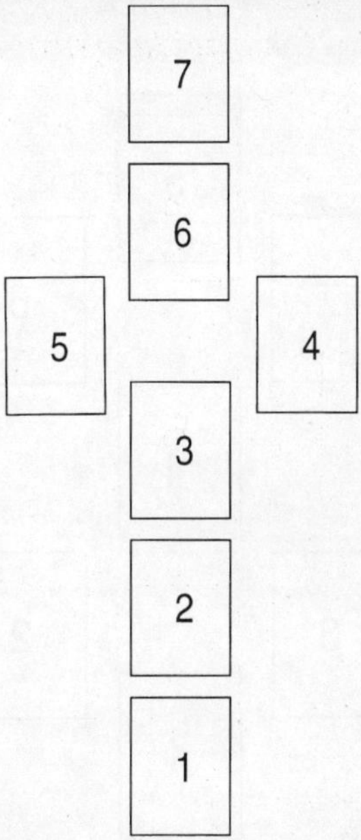

1 = Situation.
2 = Welche Hoffnungen, Wünsche, Ängste habe ich, bezogen auf den Beruf?
3 = Wie ist mein Selbstwertgefühl? Wie stehe ich zu mir und zu meiner Arbeit?
4 = Meine Chancen und Möglichkeiten, mich zu entfalten.
5 = Welches Durchsetzungsvermögen habe ich? Inwieweit bin ich kritik- und konfliktfähig? Inwieweit werde ich mit Schwierigkeiten fertig?
6 = Was könnte ich tun oder lassen, um mich mehr zu verwirklichen?
7 = Ziel.

* In Anlehnung an den Lebensbaum.

Legemodell 7: Partnerschaft/Beziehung

Version A

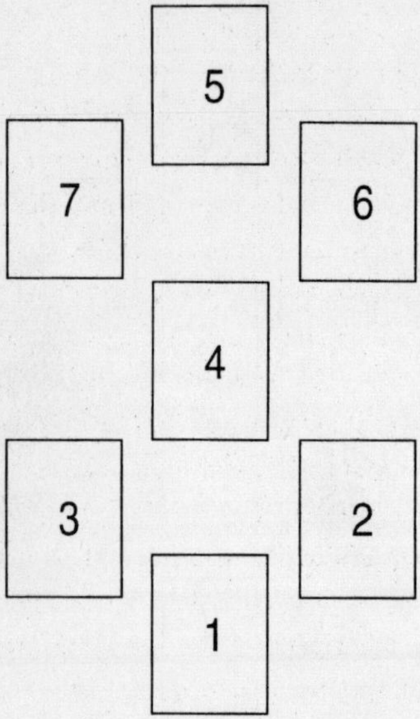

1 = Situation.
2 = Die verbindende Kraft.
3 = Die Abstoßungskraft.
4 = Was gilt es zu entfalten, zu leben, zu lassen?
5 = Ziel.
6 = Das hilft dabei, das Ziel zu erreichen.
7 = Das hindert.

*Version B**

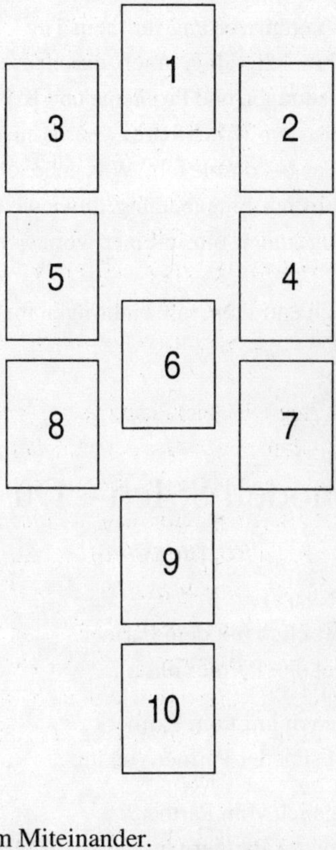

10 = Situation im Miteinander.

9 = Wie sieht es aus in meinem Inneren? Welche Hoffnungen, Wünsche, Ängste sind in mir?

8 = Wie sieht es aus in der Beziehung im Verstandes- und Kommunikationsbereich – Wertvorstellungen, geistige Verbindung?

* In Anlehnung an den Lebensbaum.

7 = Wie sieht es aus in der Beziehung hinsichtlich emotionaler Nähe und im sinnlich-sexuellen Bereich?

6 = Wie stehe ich zu mir und zu meinen Bedürfnissen? Inwieweit entfalte und zeige ich mich, verbinde Gegensätzliches und übernehme Verantwortung für mein Tun?

5 = Inwieweit bin ich fähig, mich durchzusetzen, angemessen Kämpfe auszutragen und Probleme und Krisen zu bewältigen?

4 = Inwieweit ist ein fruchtbares, harmonisches Miteinander möglich? Was bekomme ich? Was gebe ich?

3 = Inwieweit bin ich hingabefähig, inwieweit verwirkliche ich mich und füge mich ein in einen vom Schicksal gegebenen Rahmen?

2 = Was sollte ich entfalten, tun, einbringen im Sinne des höheren Selbst?

1 = Ziel.

Legemodell 8: Ich – Du – Wir

Partnerschaft

1a = Was verbindet mich mit dem Partner?
1b = Was verbindet den Partner mit mir?

2a = Was wünsche ich mir vom Partner?
2b = Was wünscht sich der Partner von mir?

3a = Was empfange ich vom Partner?
3b = Was empfängt der Partner von mir?

4a = Mein Hauptproblem mit ihm?
4b = Sein Hauptproblem mit mir?

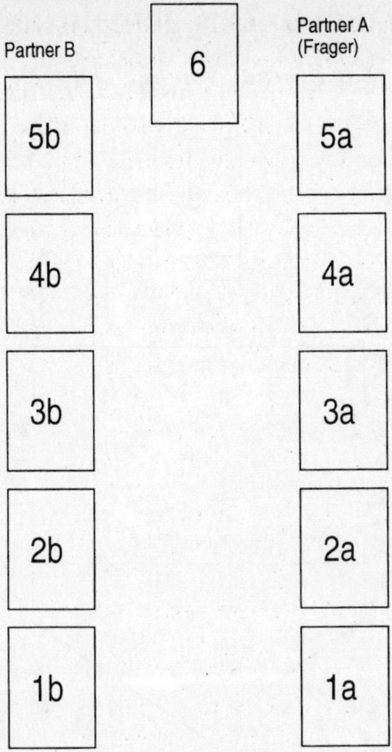

5a = Was sollte ich mehr leben bzw. lassen?
5b = Was sollte der Partner mehr leben bzw. lassen?

6 = Ratschlag für beide, Ziel.

Für dieses Legemodell können auch beide Partner gemeinsam die Karten ziehen. Sie einigen sich dann darauf, wer die sechste Karte zieht.

Legemodell 9: Das gemeinsame Haus

Zur Klärung von Beziehungen

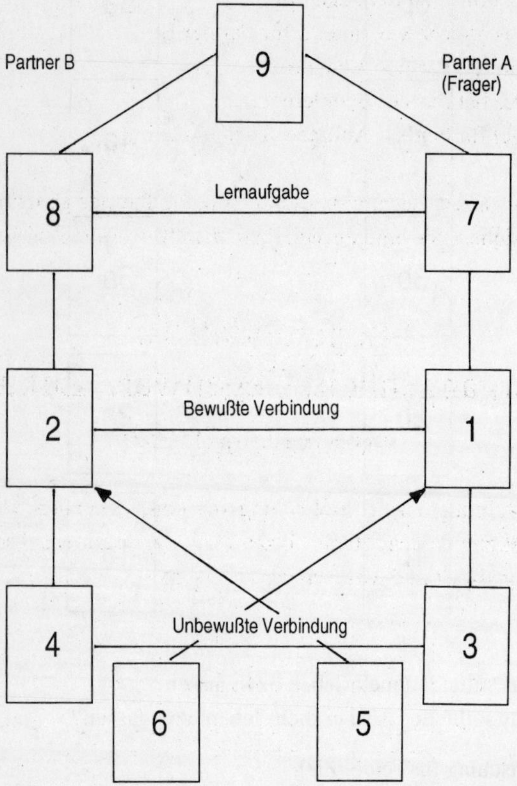

1 = Der Bereich, der Partner A bewußt mit Partner B verbindet.
2 = Der Bereich, der Partner B bewußt mit Partner A verbindet.
3 = Der Bereich, der Partner A unbewußt mit Partner B verbindet.
4 = Der Bereich, der Partner B unbewußt mit Partner A verbindet.
5 = Repräsentiert einen Aspekt, der von Partner A auf Partner B

projiziert wird. Das kann ein Teil sein, den A nicht lebt und den B nun stellvertretend für ihn lebt. Das kann auch ein Schattenaspekt sein, den A bei sich selbst nicht sieht, aber bei B verurteilt oder bekämpft.

6 = Das gleiche wie unter 5 für Partner B.
7 = Das hat Partner A zu lernen.
8 = Das hat Partner B zu lernen.
9 = Ziel für beide – Aufgabe, Thema.

Auch für dieses Legemodell können beide Partner gemeinsam die Karten ziehen. Sie einigen sich dann darauf, wer die 9. Karte zieht.

Legemodell 10: Vergangenheit, Gegenwart, Zukunft

(Befragungsbeispiel S. 280)

Selbsterfahrung und Entscheidungsfindung, Erkennen von Ursachen, Möglichkeiten, Herausforderungen, Aussichten. Vergangenheit, Gegenwart und was sich daraus ergibt.

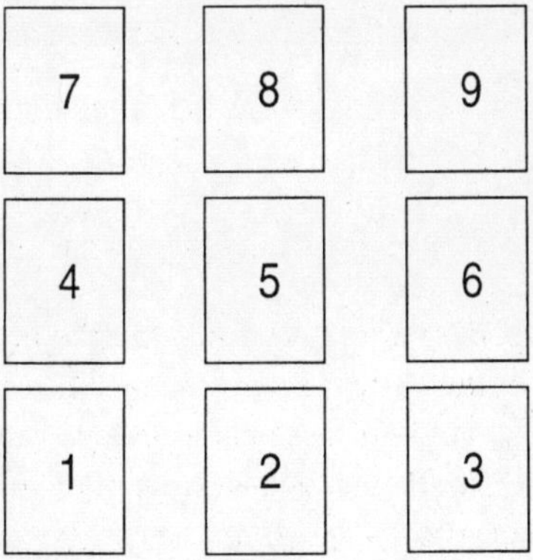

1, 2, 3 = Kräfte der Vergangenheit – womit ich konfrontiert wurde und was ich bewältigt habe.

4, 5, 6 = Kräfte der Gegenwart – Situation, derzeitige Einflüsse, Angebote, Herausforderungen.

7, 8, 9 = Zukünftige Entwicklung, was zu beachten ist.

Es ist aufschlußreich, auch die Positionen 1, 4, 7 im Zusammenhang zu sehen, genauso 2, 5, 8 und 3, 6, 9, weil darin Entwicklungsschritte zu erkennen sind, denn eine Ebene baut sich auf der anderen auf. Wenn die Positionen 1, 2, 3 (Vergangenheit) unerlöst sind, so stehen diese Kräfte in der Gegenwart nicht positiv zur Verfügung und ziehen entsprechend Negatives an, genauso für die zukünftige Entwicklung. Es gilt, ganz in der Gegenwart zu sein, dabei die Vergangenheit zu begreifen und einzubeziehen. Nur im Hier und Jetzt besteht die Chance, Dinge zu erkennen und zu wandeln. Insofern wirke und gestalte ich in der Gegenwart an der Zukunft mit.

Sie finden weitere Legemodelle im Teil II »Erfahrungen sammeln mit den Tarotkarten« sowie im Anschluß an die Karteninterpretationen.

Einige Befragungsbeispiele

Annette

Die 40jährige Annette, die seit einiger Zeit unter Depressionen litt und sich zu Hause total unausgefüllt fühlte, wollte für sich klären, wie sie mit ihrem Leben besser zurechtkommen und welche Wege sie dabei beschreiten könnte. Sie war vor vielen Jahren einmal Werbetexterin gewesen, hatte geheiratet, und als ihr Kind zur Welt kam, war sie dann zu Hause geblieben. Das Kind wurde bald schwer krank und starb, was sie völlig niederwarf. Zur gleichen Zeit entwickelte sich die Berufskarriere ihres Mannes immer weiter nach oben. Daraus ergab sich, daß viele Gäste eingeladen werden mußten und Annette auf einmal ganz und gar in Repräsentationspflichten eingebunden war. Das hielt sie zwar beschäftigt, aber sie war sehr unzufrieden und unglücklich dabei.

(Oft ist es sinnvoll, vor dem Einstieg in komplexere Legemodelle zunächst einmal eine Bestandsaufnahme zu machen und mit einer weiter gefaßten Frage zu beginnen. Damit ergibt sich meist ein guter Einblick in das, was den Menschen zum Zeitpunkt der Befragung bewegt, und es erübrigt sich teilweise das Einsetzen weiterer komplizierter Legemodelle, weil man sich und seinen Motiven auf diese Weise recht gut auf die Schliche kommen kann. Vielfach tendiert der Fragende in schwierigen Situationen dazu, möglichst gleich Lösungen haben zu wollen. Statt in die innere Auseinandersetzung flüchtet er dann in die Aktion und verhindert Lernprozesse. Es geht jedoch zunächst einmal darum zu erkennen, wo das Problem überhaupt liegt. Dann kann den anderen Fragen später immer noch nachgegangen werden. Wenn wir sie nämlich zuerst stellen, erhalten wir oft sehr vage Antworten, und außerdem würden wir unser Problem weiter mitschleppen.)

Wir begannen also mit dem offenen Legemodell und der Frage: Was ist in mir, bezogen auf die Situation, in der ich mich befinde – welche Hoffnungen, Wünsche, Ängste, Wut?
Annette zog die Karten: 10 Schwerter, XVII Der Stern, XX Gericht.

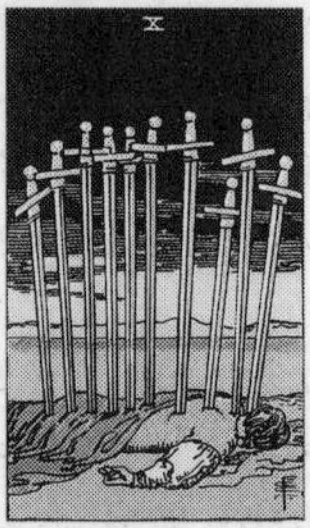

10 Schwerter: Genauso fühlte Annette sich – niedergeworfen, völlig down und unfähig, Licht und Lösungsmöglichkeiten zu sehen. Ihr kamen zwar Ideen, wie sie vielleicht aus ihrer z. Zt. so verfahrenen Situation herauskommen könnte, aber sofort sagte etwas in ihr: Das schaffst du doch nicht. Sie war ganz und gar gefangen im negativen Denken über sich, aber auch über andere und alles um sie herum. Jede Kritik ihres Mannes nahm sie sich zu Herzen und fühlte sich in der Meinung bestärkt, daß sie eigentlich nur versagte. Ihren Hauptkritiker sah sie in ihrem Mann. Sie räumte allerdings ein, daß sie selbst ja auch ohne ihn alles so negativ sah. Trotzdem suchte sie viel Schuld bei ihm.

XVII Der Stern: Diese Karte an der Stelle verblüffte sie. Die mochte sie nämlich so gern. Dann fiel ihr ein, daß ja jede Karte auch einen Schattenbereich hat, und plötzlich erkannte sie sich wieder: Sie war

in dem einen Schattenextrem – sie hatte überhaupt kein Selbstvertrauen, glaubte nicht daran, daß auch nur irgend etwas Positives aus ihr herauskommen könnte, wenn sie aus sich schöpfte. Sie fühlte sich nur kraftlos und deprimiert und konnte sich nicht vorstellen, daß ihr »Stern« einmal wieder aufgehen würde. Allerdings, je länger sie die Karte ansah und auf sich wirken ließ, desto heller wurde es in ihr. Ihr fielen Situationen in ihrer früheren Firma ein, wo sie als Werbetexterin sehr beliebt gewesen war und viel Erfolg gehabt hatte. Nebenbei meinte sie: »Schön wär's, so etwas einmal wieder zu machen!«
Die Karte zeigte ihr zweierlei: Einmal – ganz offensichtlich –, wie sie sich im Schatten befand, aber auf der anderen Seite rief ihr Inneres sie auch dazu auf, wieder mehr aus sich zu schöpfen. Das spürte sie ganz deutlich.
Dazu kam ihr dann, daß auch die vorherige Karte, 10 Schwerter, dazu aufforderte, sich vom negativen Denken zu befreien und zu handeln, statt in zuviel Nachdenken und Zweifel zu verharren.

XX Gericht: Annette sah sich nicht »auferstehen«, sondern gerichtet. Jede Kritik traf sie ganz tief. Ihr fiel auf, daß ihr Mann sie zwar häufig kritisierte, daß sie selbst aber eigentlich ihr stärkster Kritiker war. Ein altes Muster aus der Kindheit. Ihre Mutter hatte ständig etwas an ihr auszusetzen gehabt. Während der Zeit in der Werbeagentur fühlte sie sich zum erstenmal frei und »tüchtig«, aber seitdem sie nicht mehr berufstätig war und ganz im Häuslichen aufging, lebte sie wieder in alten Strukturen. Sie wußte, daß die Karte sie aufrief, sich aus ihrer Situation zu befreien und Neues zu beginnen.
Ihr war auch deutlich geworden, daß sie nicht alle Schuld an ihrer jetzigen Situation auf ihren Mann schieben konnte, sondern daß sie selbst ja so negativ eingestellt war. Da wollte sie heraus, und sie spürte zum erstenmal seit langer Zeit den Drang, etwas zu verändern. Aber wie?

Wir fuhren fort mit dem offenen Legesystem und der Frage: Wie sieht z. Zt. mein Ziel aus? Dazu kamen die Karten Königin der Münzen und Bube der Kelche.

Königin der Münzen: Dazu kam Annette folgendes: Zunächst sah sie sich im Schatten der Karte wieder – kein Vertrauen in sich selbst, ins Leben, ganz in der Rolle der angepaßten Hausfrau. Das machte sie richtig wütend, denn genauso wollte sie nie sein. Sie war nach der Geburt des Kindes zu Hause geblieben, um bei ihrem Kind zu sein. Das wollte sie unbedingt, solange ihre Tochter noch klein war. Nach dem Tod des Kindes wurde sie dann durch ihren Mann in berufliche Verpflichtungen eingebunden, die sie ständig beschäftigt hielten und gegen die sie sich nicht wehrte, weil sie so kraftlos war und für sich sowieso zunächst keine Perspektive sah. Annette hatte überhaupt keine Freude an ihrem jetzigen Leben und sah auch ihre Fähigkeiten ganz woanders.

Ihr fiel auf, wie sehr sie sich selbst verurteilte, dafür daß sie so lebte, wie sie es nie gewollt hatte. Sie setzte sich damit auseinander, daß sie einerseits gegen ihre Mutter protestierte, die ihr diese Rolle vorgelebt hatte, und daß sie andererseits im alten Muster fortfuhr. Annette meinte, daß die Karte aber eigentlich gar nicht so »schlimm« aussehe, wie sie selbst sich erlebte. Auch als Königin der Münzen müßte es doch angenehme Situationen geben. Spontan meinte sie, daß sie vielleicht mehr für sich selbst tun könnte, Dinge, die ihr Spaß

machten – sich Zeit nehmen für Unternehmungen mit ihren Freundinnen, für Kosmetik, Massage ... Geld hatte sie genug. Sie war bis jetzt ganz in für sie unerfreulichen Pflichten aufgegangen.
Was ihr auch noch auffiel im Zusammenhang mit beiden Karten: wie schwierig es für sie gewesen war, daß sie sich nach dem Tod ihres Kindes nicht richtig in sich zurückziehen konnte, um ihrer Trauer nachzugehen und innerlich Abschied zu nehmen. Die vielen gesellschaftlichen Verpflichtungen ihres Mannes hatten sie immer wieder nach außen gezogen, obwohl sie sich so danach sehnte, mit sich allein zu sein.
Die Königin der Münzen sagte ihr, daß sie sich mehr um ihr eigenes körperliches und seelisches Wohlergehen kümmern sollte, um wieder mehr zu sich zu kommen, und das schloß die Trauer um ihr Kind mit ein. Diese Aussage wurde noch bestärkt durch die zweite Karte.

Bube der Kelche: Annette sah diese Karte als Aufforderung, sich mit all ihren Gefühlen auseinanderzusetzen – mit ihren Hoffnungen, Wünschen, Ängsten und auch mit ihrer Trauer um das Kind. Sie wußte, daß sie ihr Kind dann erst richtig loslassen könnte und daß dadurch der Weg frei sein würde zu ihrem inneren Kind – zu all ihrer Phantasie und Kreativität.

Insgesamt empfand Annette diese Karten als gute Anhaltspunkte und als Spiegel all der Kräfte, die in ihr waren. Sie wußte, daß eine Auseinandersetzung mit ihren Gefühlen wichtig war, damit sie sich von ihrer negativen Einstellung befreien und neue Wege beschreiten konnte. Ihr war deutlich, daß ihr »altes« kreatives Potential noch in ihr schlummerte und wieder leben wollte.
Deshalb brachte sie nun auch gleich das Thema, das schon vorher angeklungen war, das sie nur immer beiseite geschoben hatte, weil sie selbst nicht daran glaubte, daß es jemals wahr werden könnte: Wiedereinstieg in den alten Beruf als Werbetexterin.
Wir wählten also Legemodell 5.

Legemodell 5: Fünf Karten.
Thema: Wiedereinstieg in den alten Beruf
als Werbetexterin (Rider-Tarot)

1 Das spricht dafür – XIX Die Sonne: Davon fühlte Annette sich sofort angesprochen. Wie gern würde sie wieder hinausgehen und voller Lebenslust und Freude tätig sein! Alte Szenen tauchten in ihr auf – Bilder voller Vitalität. Ja, so war sie einmal – vor langer Zeit, als sie noch in der Agentur arbeitete. Damals fühlte sie sich kraftvoll, war fröhlich und zufrieden in dem Team, in dem sie arbeitete.

2 Das spricht dagegen – 6 Stäbe: Damit wußte sie zunächst nichts anzufangen. Dann bemerkte sie, daß es sich bei dieser Karte, die ja eigentlich so »stark« und positiv aussieht, um den Schatten handeln könnte. Ja, da sah sie sich nun auch: Sie traute sich nicht zu, wieder hinauszutreten, und sie glaubte nicht an ihren Erfolg. Sie empfand sich doch über lange Zeit nur als schwach und negativ. Und nun nach außen gehen? Sie konnte sich nicht vorstellen, einen Siegerkranz zu tragen. Das also sprach in ihr dagegen. Ihr kam kurz, ob es auch ihr Mann sein könnte, der mit ihrem Erfolg innerlich vielleicht nicht einverstanden wäre, denn bisher war er der »Tolle«, Erfolgreiche.

3 Der entscheidende Faktor – 7 Stäbe: Sie sah sich darin zunächst als jemand, der sich hinter Stäben verschanzt, in Abwehr und Negativität. Die Aufforderung der Karte konnte sie dann aber schnell erkennen: sich mutig Hindernissen stellen, sich einsetzen für eigene Belange. Ja, sie wußte, daß sie aus ihrer jetzigen Situation herausmußte und daß das auch viel innere Überwindung erfordern würde und viel, viel Mut. Aber ihr war klar: Nur so konnte sie sich wieder befreien – was ihr noch deutlicher wurde, als sie Karte 4 sah.

4 Ergebnis – XX Gericht: Wenn sie also hinausginge und versuchen würde, irgendwann wieder in ihrem alten Beruf zu arbeiten, so könnte sie aus ihrem jetzigen »Sarg« auferstehen. Sie würde sich aus ihren Fesseln befreien und wieder mehr ihrer Berufung, ihren Fähigkeiten nachgehen. Das war ihr sofort ganz deutlich.

5 Antwort des Tarot – VII Der Wagen (diese Karte ergibt sich aus der Addition der Zahlenwerte der vier gezogenen Karten: 19 + 6 + 7 + 20 = 52 = 7): Das bestätigte sie sehr in dem, was sie für sich spürte – ja, sie wollte wieder hinaus in die Welt! Bei dem Gedanken daran fühlte sie sich richtig belebt und ganz zuversichtlich.
Dabei wußte sie, daß sie nicht sofort hinausstürmen würde. Es mußte noch eine Zeit der Besinnung und Regeneration vorausgehen. Aber sie sah wieder eine Perspektive für sich, und das tat ihr gut.

Annette blieb noch eine Weile zu Hause. Dann schaffte sie es, in ihren alten Beruf zurückzukehren, und ist inzwischen sehr zufrieden.

Gisela

Die 45jährige Gisela hatte große Schwierigkeiten in der Partnerschaft und in ihrer Familie überhaupt, und sie wollte sich nun mit ihren Problemen auseinandersetzen, um besser mit ihrem Leben zurechtzukommen. Wir wählten Legemodell 2A.

1 Situation, derzeitiger Stand – 5 Scheiben: Ja, darin erkannte sie sich wieder. Sie neigte dazu, sich ständig um alles Gedanken und Sorgen zu machen. Sie nahm alles zu ernst und tendierte auch in der Familie dazu, den kleinsten Streit zu einem Riesenproblem zu machen. Ständig fühlte sie sich durch ihre Kinder in die Ecke gedrängt. Sie sorgte sich vor allem um ihren ältesten Sohn, denn er hatte große Schwierigkeiten in seinem Studium und mit Freundinnen, und sie befürchtete nun immer, daß er einmal in Drogenkreise geraten könnte. Das belastete sie sehr und überschattete auch die Freude, die sie eigentlich in ihrem Job als Fremdenführerin empfand, den sie vor kurzem aufgenommen hatte. Gisela sagte spontan: »Mein Mann und ich sind Partner im Leid. In unserer gemeinsamen Zeit reden wir ständig über all das, was uns belastet.« Sie korrigierte sich dann und

Legemodell 2A: Problembearbeitung (Crowley-Tarot)

fügte hinzu, daß eigentlich nur sie es sei, die über all diese Dinge spreche und darin so gefangen sei. Ihr Mann half ihr zwar oft dabei, aus der Ecke herauszukommen, aber er kritisierte sie auch wegen ihrer Negativität. Sie fühlte sich dann unverstanden. Manchmal sah sie aber auch, daß sie wieder einmal alles zu einem Riesenproblem aufgebauscht hatte. Sie wurde so schwer mit Schwierigkeiten und mit »Dunklem« fertig.

2 Wie ziehe ich das Problem an? Was trage ich zum Problem bei? – XI Lust: Damit konnte Gisela zunächst überhaupt nichts anfangen. Sie sah sich selbst kein bißchen in der Karte. Erst durch den Hinweis, daß ja jede Karte auch eine Schattenseite hat, fand sie sich wieder. Sie war die Frau, die überhaupt kein Vertrauen in die Triebkräfte hatte, die voller Lebensangst steckte und eigentlich immer versuchte, die Triebe zu beherrschen. Sie mußte in ihrem Leben immer stark sein und gab alle Kraft darein, ihre Aufgaben zu erfüllen, und legte bei ihren Kindern auch besonderen Wert darauf, daß sie sich gut benahmen und nicht zu sehr dem Lustprinzip nachgingen. Um so mehr war sie dann enttäuscht und auch ärgerlich, wenn die Kinder ihre Schulaufgaben nicht sorgfältig machten und viel vor dem Fernseher saßen oder in die Disco gingen. Dann war sie – wie sie sagte – in ziemlicher Panik. Sie selbst gönnte sich so gut wie nie Vergnügen. Dafür war keine Zeit.
Sie hatte auch ganz große Probleme im Umgang mit Aggressionen, überhaupt mit dem »Tier im Menschen«, und damit meinte sie auch das Thema Sexualität, das in ihrer Beziehung ein ganz großes Problem darstellte. Insgesamt erkannte Gisela sich sehr gut im Schattenbereich der Karte wieder und konnte für sich akzeptieren, daß da der Ursprung ihres Problems lag, das sie eigentlich ganz woanders vermutet hatte. Sie hatte geglaubt, daß sie ihren Mann dazu bringen müsse, die Erziehung der Kinder zu übernehmen, weil die, wie sie meinte, eine strengere Hand brauchten. Aber – nun war es ganz anders. Gisela konnte dennoch die Botschaft der Karte akzeptieren.

3 Heilmittel – 9 Kelche: Zu dieser Karte fand sie zunächst gar keinen Zugang, denn »Freude« – wie ja die Bildunterschrift der Karte lautet – spürte sie überhaupt nicht. Trotzdem fühlte sie sich zu der Karte hingezogen, sie wünschte sich ja so sehr, mehr Freude und Fließen in sich zu haben. Sie erkannte sich im Schattenbereich, und ihr wurde deutlich, daß es bei ihr darum ging, mehr Genuß und Spaß im Leben zuzulassen – sowohl bei sich selbst als auch bei anderen. Dann hätte sie es auch mit ihren Kindern leichter. Auch in bezug auf ihre Partnerschaft ging es darum, nicht nur die Sorgen zu teilen, sondern auch die schönen Seiten des Lebens. Auf einer anderen Ebene fühlte sich Gisela durch die Karte aufgefordert, mehr Vertrauen ins Schicksal zu bekommen und nicht selbst im Sinne alter Ego-Mechanismen alles steuern zu wollen. Sie hatte einen ganz starken Bezug zur Spiritualität und merkte, wie sie zwar »irgendwie« an etwas glaubte, daß sie aber, sowie es problematisch wurde, alles absicherte im Sinne ihres Ego.

Durch diese drei Karten war Gisela einiges deutlich geworden, und wir beließen es dabei.

Jan

Der 35jährige Jan hatte große Probleme in der Partnerschaft. Im Beruf war er zwar sehr weit gekommen, aber in der Ehe kriselte es, und nun wollte Jan etwas tun, um seiner Partnerin wieder näherzukommen, denn ihm lag sehr an der Beziehung. Wir entschieden uns für Legemodell 2B.

1 Situation – Ritter der Stäbe: Ja, diese Karte »paßte« zu ihm. Stürmisch und voller Dynamik ging er seine Pläne an, und auf diese Weise hatte er bisher viel erreicht. Er brauchte immer neue Ziele, auf die er seine viele Energie richten konnte, und da kam ihm sein Beruf sehr entgegen, der seinen ganzen Einsatz forderte. Vor vielen Jahren hatte Jan voller Leidenschaft seine Frau erobert, aber das war lange her. Seitdem sie ein Kind hatten, war vieles anders geworden. Seine Frau betreute den Jungen und arbeitete manchmal stundenweise für einen Steuerberater, ihren früheren Chef. Da blieb nicht viel Zeit für Gemeinsames. Um so mehr widmete er sich seinem Beruf, und das sehr erfolgreich.

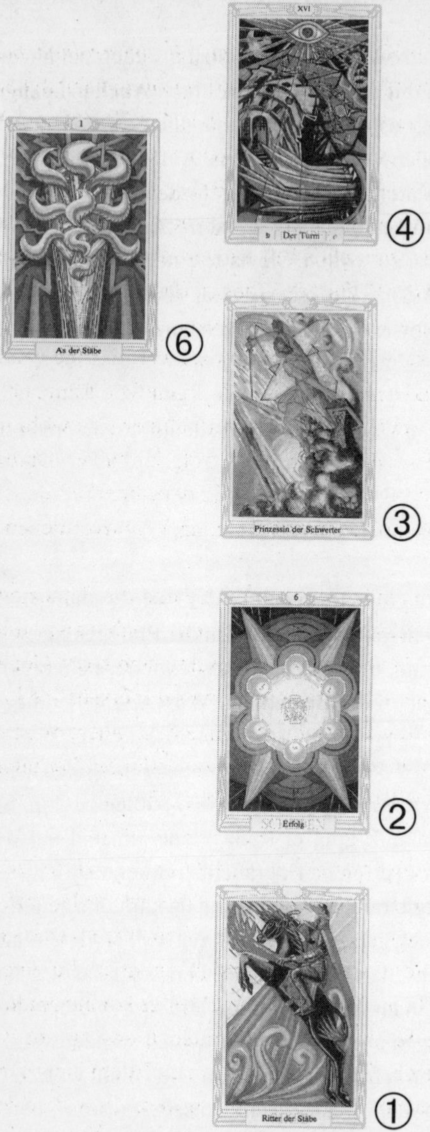

Legemodell 2B: Problembearbeitung.
Thema: Partnerschaft (Crowley-Tarot)

2 Wie ziehe ich das Problem an? Was trage ich zum Problem bei? – 6 Scheiben: Wieso sollte er durch seinen Erfolg zum Problem beitragen? Das konnte er zunächst nicht nachvollziehen. Er hatte vor kurzem ein Haus gekauft, und da war es doch wichtig, daß er auch weiterhin gut verdiente wegen der hohen Belastungen. Außerdem – seine Frau schätzte an ihm doch immer gerade seine Tüchtigkeit. Allerdings beklagte sie sich schon seit einiger Zeit, weil er so wenig zu Hause war. Ja, seit der Geburt des Jungen fand Jan das häusliche Leben etwas schwierig. Seine Frau kümmerte sich seiner Meinung nach zu sehr um das Kind, und ihm fiel es schwer, daß sie gemeinsam nicht mehr viel unternehmen konnten. Irgendwie fühlte er sich durch den Jungen zurückgesetzt, und daher hatte er sich wohl noch mehr in seinen Beruf gestürzt, um dort Erfolg zu haben. Da er im Umgang mit dem Kind nicht sehr geduldig war, überließ er seiner Frau die Betreuung des Sohnes und meinte, über Geldverdienen seinen Part zu leisten.
Ihm fiel auf, daß er seinen beruflichen Erfolg und die Finanzierung des Hauses über alles gestellt hatte. Seine Frau mochte zwar immer aktive, dynamische Männer, aber sie wünschte sich mehr Gemeinsamkeit und vor allem auch mehr Einbindung seinerseits ins Familienleben. Ja, seine Frau war sogar bereit, in eine kleinere Wohnung umzuziehen, um so von den finanziellen Belastungen herunterzukommen und wieder mehr gemeinsame Zeit zu finden.

3 Um welchen Bewußtwerdungsprozeß geht es? – Prinzessin der Schwerter: Die Karte Prinzessin der Schwerter forderte Jan auf, alte Wertvorstellungen zu hinterfragen und sie umzustürzen. Das sah er deutlich. Jan war nur verwundert, weil er sich eigentlich für einen so »modernen« Menschen hielt, wie er sagte. Aber er konnte erkennen, daß er, was Rollenverteilung und Familienleben anging, im Alten verharrte und etwas nachlebte, was er von seinen Eltern kannte. Sein Vater war ein erfolgreicher Geschäftsmann gewesen, und dem strebte er auch nach. Er meinte außerdem, Frauen könnten viel besser mit

Kindern umgehen als Männer. Das sei nun einmal so, und das hatte er als Junge auch erlebt. Etwas später kam ihm dann aber, daß er als Kind den Vater doch sehr vermißt hatte. Außerdem wußte er, daß seine Partnerin ganz anders war als seine Mutter und daß sie nicht so ruhig und geduldig nur in der Rolle der Mutter aufging. Nein, nun wurde ihm deutlich, daß auch sie die Prinzessin der Schwerter verkörperte.
Der erste Schritt war die stundenweise Berufstätigkeit. Außerdem gab es in der letzten Zeit immer häufiger Auseinandersetzungen, und er wußte, daß das so weitergehen und sich wohl steigern würde. Er sagte am Ende: »Ich verhalte mich ja anscheinend wie ein alter Patriarch!« – und das hatte er bei sich früher nie für möglich gehalten.

4 Ziel, das tun, Heilmittel – XVI Der Turm: Diese Karte machte Jan sehr betroffen, und sie war ihm sofort deutlich: Wenn er nicht seinem Ehrgeiz Einhalt gebot, dann würde es zu gewaltigen Umbrüchen kommen – das hieß für ihn, daß seine Ehe kaputtgehen könnte. Genau das wollte er auf keinen Fall, und er war bereit, an sich zu arbeiten, um einen Wandel herbeizuführen.

5 Das hilft dabei – Ritter der Kelche: Jan war klar, daß die Beziehung zu seiner Frau und zur Familie überhaupt jetzt für ihn ganz obenan stehen mußte, und er wollte alles tun, um wieder mit seiner Partnerin in einen engen Gefühlsaustausch zu kommen, denn er liebte sie sehr. Überhaupt nahm er sich vor, sich insgesamt mehr ins Familienleben einzubringen. Dabei ging es auch um seine Einstellung Kindern gegenüber, und da hatte er – wie er sagte – viel aufzuarbeiten.

6 Das hindert – As der Stäbe: Diese Karte war sofort deutlich: Die übermäßige Aktivität und das Leistungsstreben hatten ihn von seiner Frau und überhaupt vom Familienleben entfremdet. Er mußte einen

Wandel vollziehen und sich als Mann neu definieren, denn bisher leitete er seinen ganzen Selbstwert aus Arbeit und Stärke ab. Jan wußte, daß ihm eine sehr schwierige Zeit bevorstehen würde, aber er wollte sich dem unbedingt stellen.

Dieter

Der 33jährige Dieter wollte sich mit einer Agentur selbständig machen. Hintergrund: Dieter arbeitete in einer Firma, in der er große Probleme mit seinem Chef hatte. Nun ergab sich die Möglichkeit, auszusteigen und sich mit einigen seiner Kunden selbständig zu machen. Das reizte ihn einerseits sehr, andererseits machte es ihm aber auch angst.
Hier bot sich Legemodell 4 an.

1 Thema – König der Stäbe: Diese Karte beschrieb genau Dieters Situation. Es ging um Umgang mit Autorität, um Selbstsicherheit, Durchsetzungsvermögen und Mut. Dieter sah in dem König der Stäbe einmal seinen jetzigen Chef, der das Unternehmen sehr autoritär führte und die Mitarbeiter von oben herab behandelte und sie in wichtige Prozesse nicht mit einbezog (Schatten, Extrem 1). Er erkannte darin teilweise auch seinen Vater wieder, der ähnlich war und bei dem Dieter auf Distanz ging und bei dem er immer das Gefühl gehabt hatte, es ihm nie recht machen zu können. Da war jetzt auch sein Punkt: Einerseits spürte er einen ungeheuren Reiz, ein eigenes Unternehmen zu gründen, und auf der anderen Seite hatte er große Zweifel: Konnte er eine solche Position ausfüllen? War er in der Lage, soviel Verantwortung zu tragen, Mitarbeiter zu führen (Schatten, Extrem 2)? Als jüngster von drei Brüdern war Dieter immer der Kleine, der Unzulängliche gewesen. Trotzdem, er spürte, daß er eigentlich viel Kraft hatte und inzwischen ganz gut in der Lage war, sich durchzusetzen.

Legemodell 4: Entscheidung/Verhalten.
Thema: Sich selbständig machen mit einer Agentur (Rider-Tarot)

2 Das nicht tun – 2 Schwerter: Dieter empfand das Bild der Karte als negativ – als starr und leblos. Das trifft auch einen Teil der Aussagen der Karte, und zwar im Schattenbereich: Hier ist einerseits jemand, der perfektionistisch alles richtig machen will und nun viel zuviel nachdenkt und dabei erstarrt, und andererseits jemand, der nur an das Negative denkt, was alles geschehen könnte, und der sich deshalb nicht öffnet. Dieter fand sich sehr in diesen Schattenbereichen wieder, und ihm war klar, daß er beides vermeiden wollte.

3 Das tun – O der Narr (6 Stäbe): Die Karte O Der Narr gefiel ihm. Sie verkörperte Leichtigkeit und Risikobereitschaft. Genau das war ja nun bei dem neuen Schritt gefragt: mutig Neues zu wagen und an das Gelingen zu glauben. Allein diese Vorstellung beflügelte ihn sehr. Aber in ihm »nagten« die 2 Schwerter, der pessimistische König der Stäbe und der Abgrund, der sich ja vor dem Narren auftut. Also zog Dieter zur Position 3 noch eine Karte, um sich noch sicherer zu sein (er sagte, im Innern sei ihm eigentlich schon jetzt klar, daß er das Risiko eingehen sollte). Er bekam die Karte 6 Stäbe. Sie bestätigte ihn darin, Selbstvertrauen zu haben und an seinen Erfolg zu glauben. Diese Aussage half ihm sehr.

4 Ergebnis – 3 Münzen: Dieter freute sich, daß eine Münz-Karte auf dieser Position lag, denn das zeigte ihm, daß das Ganze für ihn realisierbare und »bodenständige« Folgen haben könnte. Ihm war klar, daß dabei harte Arbeit auf ihn zukommen würde. Aber dem wollte er sich gern stellen. Er sah in den drei abgebildeten Figuren sich selbst und zwei andere Kollegen, die mit ihm gehen wollten. Ihm gefiel aber auch die Interpretation der Karte, daß bei der neuen Arbeit drei verschiedene Persönlichkeitsanteile von ihm selbst angesprochen waren – der Zupackende (Baumeister), der Spirituelle (Mönch) und der Spielerische (Harlekin).

Dieter entschied, die neue Firma zu gründen.

Karin

Die 29jährige Karin wollte für sich klären, wie sie mit ihrem übermäßig »unordentlichen« Sohn umgehen sollte. Sie hatte große Probleme mit ihm. Streitpunkt war das Thema Ordnung. Sie empfand ihren Sohn als extrem unordentlich und war jetzt im Zweifel: Einerseits wußte sie, daß ihr Sohn aufgrund seines äußerst lebhaften Temperaments große Probleme hatte, sich zu disziplinieren und auf Ordnung zu achten, und deshalb wollte sie ihn nicht zu sehr reglementieren. Andererseits hatte sie Angst, daß ihr Sohn später einmal in der Gesellschaft nicht zurechtkommen würde, wenn er nicht im Elternhaus gelernt hätte, etwas Ordnung zu halten. Auch hier bot sich Legemodell 4 an.

1 Thema, Situation – O Der Narr: Darin sah Karin ihren Sohn, der munter und ohne hinzusehen »drauflosmachte«, Chaos um sich herum verbreitete und überhaupt nicht gewillt war, auch nur etwas achtzugeben. Einschränkend meinte sie dann, daß ihr selbst diese Karte insgesamt Probleme bereitete. Sie war so wenig spontan und risikobereit und wollte immer alles überschaubar haben. Ja, deshalb konnte sie auch so schlecht mit dem Unberechenbaren ihres Kindes umgehen. Schließlich erkannte sie sich selbst auch im Schattenbereich der Karte wieder, im zweiten Extrem: Angst vor allem Chaotischen, »Närrischen«, Instinkthaften. Diese Karte forderte sie also auf, sich einmal intensiv mit dem Kindlich-Spontanen in sich und außerhalb auseinanderzusetzen.

Karin sagte, daß sie eigentlich selbst nie richtig Kind sein durfte. Bei ihr zu Hause ging alles wohlgeordnet zu, und sie mußte sich immer wie eine kleine Erwachsene benehmen. Deshalb bereitete ihr das Verhalten ihres Sohnes besonders Probleme. Der Junge lebte etwas, was sie selbst nie durfte und was ihr Angst einjagte. Er spiegelte einen Teil von ihr, der in irgendeiner Form befreit werden wollte.

Legemodell 4: Entscheidung/Verhalten.
Thema: Erziehung (Rider-Tarot)

2 *Das nicht tun – XX Gericht:* Karin sah sich in der Karte die Posaune blasen und dem Sohn sagen, »wo es langgeht«. Sehr oft »hielt sie Gericht« über ihr Kind – manchmal wirklich lautstark, meist aber nur innerlich. Sie wollte den Jungen immer ruhig und »wohlgeordnet«, aber genau das wäre für ihn wie ein Leben im Gefängnis gewesen – das wußte sie sehr genau. Nachdem sie das Bild länger betrachtet hatte, kam tiefe Trauer in ihr auf – einmal ihrem Sohn gegenüber, zum anderen, weil ihr klar wurde, daß sie selbst als Kind so aufgewachsen war.

3 *Das tun – XII Der Gehängte:* Diese Karte sagte Karin zunächst nichts. Sie mochte den Mann auf dem Bild nicht, der da so teil-

nahmslos am Ast hing. Die Farben sprachen sie aber an, vor allem der gelbe Schein um den Kopf. Im Gespräch wurde ihr dann die Botschaft der Karte sehr deutlich: die Dinge einmal von einer anderen Warte aus zu betrachten, Wertvorstellungen zu hinterfragen und mehr in die Selbstbesinnung zu gehen statt in die Handlung und loszulassen. Bisher war sie oft stur den ihr anerzogenen Wertvorstellungen gefolgt (Schatten, Extrem 1). Genau das wollte sie aber nicht mehr, und sie nahm sich vor, von den Ratschlägen ihres Mannes und ihrer Freundinnen Abstand zu nehmen, die so sehr an sie appellierten, in der Erziehung mehr auf Ordnung zu achten.

4 Ergebnis – III Die Herrscherin: Karin sagte spontan, daß sie häufig die Mutter sei, die ihr Zepter schwinge und die meine, dem Kind etwas Gutes zu tun, wenn sie es zu Hause mit den Grenzen vertraut machte, die ihm ja auch in der Gesellschaft überall begegnen würden. Bisher hatten Ordnung und Schönheit ihres Hauses oft Vorrang gehabt vor den vitalen Bedürfnissen ihres Kindes. Sie reglementierte außerdem ihren Sohn häufig, um selbst vor anderen gut dazustehen, ansonsten wollte sie ihn ständig schützen und vor Leid bewahren und vor Situationen, die ihr selbst angst machten. Damit aber bevormundete sie das Kind zu stark und nahm ihm die Chance, selbst Erfahrungen zu machen. Das war Karin nun ganz deutlich, und genau das wollte sie nicht.

Anja

Anja wollte klären, wie sie mit ihrem 16jährigen Jungen umgehen sollte, der ständig Musik hörte, Vergnügen suchte und sich vor jeglicher Pflicht drückte. Anja hatte große Schwierigkeiten mitanzusehen, wie ihr Sohn nach der Schule in seinem Zimmer verschwand, die Musik laut aufdrehte und dort stundenlang blieb. Zu jeder kleinen Pflicht mußte sie ihn ermahnen, was sie sehr wütend machte. Teils spürte sie aber auch, daß der Junge zu diesem Zeitpunkt insge-

Legemodell 4: Entscheidung/Verhalten.
Thema: Erziehung (Crowley-Tarot)

samt sehr empfindlich war und sich ihr immer weiter verschloß, je mehr sie sich einschaltete. Das verunsicherte sie. Auch hier war Legemodell 4 naheliegend.

1 Thema, Situation – 9 Kelche: Anja sah sich selbst überhaupt nicht in dieser Karte mit der Unterschrift Freude – im Gegenteil, sie fühlte sich eher erstarrt und voller Wut. Im Gespräch wurde ihr klar, daß die Karte auch eine Schattenseite hat und daß sie ja nicht nur sie selbst repräsentieren muß, sondern – da die Zahlenkarten ja allgemeine Situationen zeigen – daß es sich dabei auch um einen anderen Menschen handeln kann, der das Energiepotential lebt. Ja, darin sah sie ihren Sohn, der seinem Spaß nachging, während sie die Arbeit im Haus machte. Sie fühlte große Wut in sich aufkommen. Gleichzeitig aber auch Enttäuschung, daß ihr Sohn so »genußsüchtig« und egoistisch war, wie sie es ausdrückte. Irgendwo spürte sie auch Neid – sie erfüllte ständig ihre Pflichten, und andere machten es sich angenehm. Damit hatte sie ihr Thema: sich freuen, genießen und Spaß haben können.

Dieses Beispiel zeigt sehr schön, wie in einer Beziehung oft einer den Schatten des anderen auslebt und umgekehrt. Letztlich geht es aber für beide darum, einen Bezug zu dem durch die Karte ausgedrückten Gesamtthema zu bekommen. Anja meinte schließlich, daß sich ihr Sohn vielleicht um so mehr in sich und seine Musikwelt zurückzog, je arbeitsamer und verkrampfter sie war. Er lebte etwas, was sie sich selbst nie zugestand. Sie war nach dem Motto erzogen: »Erst die Pflicht und dann das Vergnügen«, und da sie sich dieser Prämisse gemäß immer neue Pflichten auflud, blieb für Entspannung und Lebensfreude eigentlich gar keine Zeit.

2 Das jetzt nicht tun – IV Der Kaiser (As der Schwerter): Die Karte IV Der Kaiser war Anja sofort klar. Verblüffend fand sie, daß beim Ziehen dieser Karte auch noch das As der Schwerter herausfiel, was sie als weitere Botschaft ansah. Es ging für sie zu dem Zeitpunkt also nicht um Reglementierung, Ordnung und Kontrolle. In IV Der Kaiser, aber auch im As der Schwerter sah sie ihren Vater, aber auch ihren Mann, die ständig meinten, daß es so mit dem Jungen nicht weitergehen könne. Die beiden griffen sie an, weil sie als Mutter

nicht klar genug Grenzen setzte und »führte«. Da sie selbst in diesem Sinne erzogen worden war, trafen diese Argumente bei ihr auf offene Ohren. Trotzdem kamen ihr im Umgang mit ihrem Sohn immer wieder Zweifel.
Die Botschaft war also, daß es zu dem Zeitpunkt nicht um Reglementierung ging.

3 Das jetzt tun – 5 Scheiben: Damit konnte Anja zunächst gar nichts anfangen. Auf jeden Fall erschreckte sie die Karte und löste Abwehr aus. Repräsentierte diese Karte sie oder ihren Jungen? Zu ihrem Sohn kam ihr, daß er zu der Zeit viel Ablehnung in der Schule erfuhr. Besonders ein Lehrer konnte ihn nicht leiden, und darunter litt der Junge. Auch mit Mädchen hatte er große Probleme. Er mochte sich selbst überhaupt nicht, besonders wegen seiner vielen Pickel. Dazu wurde er überall verlacht, weil er so hoch aufgeschossen war und ganz dünn. Anja erzählte, daß er oft in der U-Bahn gar nicht aufstehen mochte, weil sich – wie er meinte – dann alle Blicke auf ihn richteten. Ja, Anja wurde mehr und mehr bewußt, wie sehr ihr Sohn zu der Zeit litt. Deshalb brauchte er also nach der Schule seine viele Musik, um wieder ins Fließen zu kommen, um sich abzulenken. Das verstand sie, das kannte sie aus ihrer Jugend auch. Sein vieles Musikhören und sein Sich-Abschirmen waren keine böse Absicht ihr gegenüber, er wollte nicht sie arbeiten lassen und selbst nur genießen. Es ging nur um ihn selbst, hatte mit ihr überhaupt nichts zu tun. Das zu erkennen war für Anja sehr wichtig.
Ihr wurde ansonsten bei der Karte 5 Scheiben deutlich, welche Angst sie vor Leid und vor allem »Dunklen« im Leben hatte. Da sie das Bild der 5 Münzen vom Rider-Tarot mit den zwei Bettlern vor der Kirche kannte, fiel ihr dazu noch ein, daß sie immer wegblickte, wenn sie Bettler sah – irgendwie »beleidigte« so etwas ihr heiles Weltbild, und auf der anderen Seite löste es ungeheure Angst in ihr aus. Deshalb befürchtete sie auch immer, daß ihr Sohn einmal durch seine »Faulheit« und »Genußsucht« ohne Beruf dastehen und Au-

ßenseiter der Gesellschaft werden könnte. Für Anja war also wichtig, einerseits eine Einstellung zu all dem Leid dieser Welt zu gewinnen und nicht wegzusehen oder zu verurteilen und andererseits nicht ständig nur das Schlimmste zu befürchten und sich mit quälerischen Gedanken zu plagen. Das konnte sie sehr gut nachvollziehen. Sie verstand auf einmal ihren Sohn viel besser und sah, wie sie durch ihre eigene Erziehung im Sinne IV Der Kaiser und As der Schwerter (jeweils im Schattenbereich) auf der einen Seite viel zu sehr nur auf Arbeit und Pflicht ausgerichtet war und sich damit vom Vergnügen abschnitt und wie sie auf der anderen Seite alles Dunkle bekämpfte oder zu sehr in Ängsten und negativem Denken versank und daher auch als Mutter ihrem Sohn in seinem Leid nicht beistehen konnte.

4 Ergebnis, der nächste Schritt – 4 Stäbe: Diese Karte gefiel Anja sehr. Ihr kam dazu, daß der Sohn vielleicht dadurch, daß sie ihn mehr so annahm, wie er im Augenblick war – und zwar mit all seinen Schwierigkeiten und Schwächen –, wieder in Harmonie mit sich kommen und dann auch mehr Spaß am Gemeinschaftsleben entwickeln könnte. Wenn er spürte, daß er in der Familie aufgefangen, aufgehoben und nicht ständig – wie in der Schule – reglementiert und verletzt würde, so könnte er mehr Vertrauen in sich gewinnen. Erst dann würde er vielleicht von selbst wieder mehr hinausgehen und sich aktiv einbringen. Die Karte wies auch auf Anja selbst hin. Sie brauchte – wie ihr Sohn – mehr innere Harmonie und mehr Vertrauen ins Leben. Sie sollte die positiven Bereiche des Lebens mehr leben und daraus Kraft schöpfen und nicht ständig aus Lebensangst und negativem Denken heraus (5 Scheiben) nur an Verpflichtungen denken und in übermäßiges Leistungsstreben verfallen – was ein Schattenbereich der 4 Stäbe sein kann. Anja nahm sich vor, den Sohn mehr zu lassen und sich selbst auch.
Sie wollte für sich nun erst einmal ergründen, was ihr wirklich Freude machte, und sie nahm sich vor, für mehr Ruhe und Entspannung zu sorgen.

5 Um welchen Bewußtwerdungsprozeß geht es? – XV Der Teufel: Die Botschaft war Anja deutlich – sie sollte lernen, das sogenannte Böse anzunehmen, all das, was sie an sich und an anderen nicht mochte, was sie wegdrückte. Sie hatte eine strenge Erziehung genossen mit sehr engen Moralvorstellungen. Vor allem in bezug auf Sexualität und Sinnenfreude war sie ganz stark beschränkt und als »teuflisch« abgestempelt worden, sowie sie gegen die Normen ihrer Eltern verstieß. All das, was sie nicht leben durfte und was sie sich auch heute versagte, brodelte in ihr und holte sie oft ganz unvorbereitet ein. Dann bekam sie große Angst vor sich selbst. Es hieß aber zunächst einmal, das sogenannte Böse anzunehmen, um es dann wandeln und die darin blockierte Energie leben zu können, die sich andernfalls abspalten und erst recht gefährlich werden würde.

Manuela

Manuela stand vor der Entscheidung, ihre sichere Arbeitsstelle aufzugeben und eine Halbtagsbeschäftigung bei einem Heilpraktiker anzunehmen. Sie war zum Zeitpunkt der Befragung bei einer Behörde beschäftigt, hatte vor kurzem die Heilpraktiker-Ausbildung abgeschlossen, und nun war ihr eine Halbtagsstelle bei einem Heilpraktiker angeboten worden – für sie eine Möglichkeit, in ihren neuen Beruf hineinzuwachsen. Sie wollte Heilpraktikerin werden, weil sie mit ihrer bisherigen Arbeit sehr unzufrieden war und sich so wenig sinnvoll ausgefüllt sah. Eigentlich hatte sie immer gehofft, daß sie ein Angebot bei einem Heilpraktiker erhalten würde. Aber nun, wo es soweit war, bekam sie Angst. Sollte sie ihre sichere Arbeitsstelle aufgeben? Würde sie bei dem Heilpraktiker auf Dauer eine Ganztagsstelle bekommen? Oder bei einem anderen? War sie finanziell abgesichert?

Wir stellten zunächst mit dem offenen Legemodell die Frage: Was ist an Kräften in mir, bezogen auf die Situation, in der ich mich befinde – welche Hoffnungen, Wünsche, Ängste, Wut? Dazu kamen die Karten Königin der Kelche und 2 Schwerter.

Königin der Kelche: Dazu sagte Manuela, daß sie das Gefühl habe, als verschwimme sie in allem, als verliere sie den Boden unter den Füßen. Voller Angst fragte sie sich immer wieder: Was kommt auf mich zu? Wie werde ich mit der Unsicherheit fertig? Gehe ich einer Illusion nach mit meinem Wunsch, Heilpraktikerin zu werden?
Bisher war ihr Leben nämlich in sehr festen Bahnen verlaufen. Sie kam aus einer Beamtenfamilie, und da war das Wichtigste, daß jeder einen gesicherten Beruf hatte. Daher stand für sie die Berufswahl früh fest – zur Freude ihrer Eltern. Die warnten sie jetzt aber vor einem unüberlegten Schritt. Auch ihr Freund konnte es überhaupt nicht verstehen, wieso sie eine gute Arbeitsstelle aufgeben wollte für eine so »unseriöse« Tätigkeit, wie er ihren künftigen Beruf nannte.
All das setzte ihr sehr zu. Auf die Frage, ob sie denn wirklich nur Illusionen nachgehe, wenn sie das Angebot des Heilpraktikers annähme, ob sie finanziell gar keine Rücklagen hätte bzw. ob es für sie mit ihrer kaufmännischen Ausbildung keine Chance gäbe, woanders wieder einzusteigen, sagte sie, daß sie schon über Jahre gespart und eine große Summe angelegt habe. In ihrem kaufmännischen Beruf bestünden zur Zeit sogar recht gute Aussichten auf dem Arbeitsmarkt, aber eben nur in der freien Wirtschaft.

Manuela wurde deutlich, daß sie sich im Schattenbereich der Königin der Kelche befand und daß sie in Ängsten verschwamm, wodurch sie den klaren Blick verloren hatte. Ihr fiel nun aber auch auf, daß sie gerade diese Karte so gern mochte und daß sie während der Heilpraktiker-Ausbildung und vor allem während eines Praktikums bei einem Heilpraktiker einen ganz starken Bezug zu dieser Karte empfunden hatte. Endlich konnte sie einmal wieder ihre weibliche Seite leben. Sie besaß ein gutes intuitives Gespür für die Menschen, die zu ihr kamen, und sie wußte von innen her, was diese brauchten. Sie fühlte eine ganze tiefe Beziehung zu den Mitteln, mit denen sie umging, und das gab ihr Sicherheit und Bestätigung. Aber trotzdem kamen ihr immer wieder Zweifel, und die bestärkte ihr Freund noch durch seine Bemerkungen.

Die Karte zeigte ihr zweierlei: Einmal den Schattenbereich, zum anderen aber machte ihr Inneres sie darauf aufmerksam, daß ihre weibliche Seite mehr leben wollte und daß sie tiefe intuitive Fähigkeiten besaß.

2 *Schwerter:* Manuela sah sich so starr dasitzen wie die Person auf der Karte. Sie war ganz zerrissen von Zweifeln und konnte sich nicht zu einer Entscheidung durchringen. Gleichzeitig kam ihr aber, daß sie die Karte eigentlich auch schön fand wegen des Mondes und des vielen Wassers im Hintergrund. Schnell war klar, daß sie einerseits durch ihre große Angst vor Fehlern und daraus resultierendem ständigem Absichern und andererseits durch negatives Denken so starr geworden war.

Sie konnte die Botschaft der Karte schließlich auch als Aufforderung begreifen, Verstand und Intuition in sich zu verbinden, um inneren Frieden zu finden. Bei ihr standen sich beide Bereiche recht fremd und manchmal feindlich gegenüber. Wenn sie ihrem Verstand vertraute, warnte der sie vor einem »unsicheren« Beruf und vor Fehlern. Ihr Inneres allerdings plädierte für das neue Angebot. Das war ihr nun ganz klar.

Sie versuchte jetzt noch einmal, mit Hilfe ihres Verstandes die Situation auszuloten: Was könnte ihr schlimmstenfalls passieren, wenn sie ja sagte zu dem Angebot? Inwieweit war sie finanziell abgesichert? Wie wäre die Möglichkeit, in der freien Wirtschaft anschließend wieder einen Arbeitsplatz zu finden?
Sie meinte abschließend, daß die Chancen zur Zeit gar nicht so schlecht seien und daß sie ja außerdem eine beträchtliche Summe für »Notfälle« angespart habe. Jetzt fühlte sie sich schon freier. Sie hatte nun auf ihr Gefühl gehört und dabei ihren Verstand konstruktiv zur Analyse der Situation eingesetzt. Das machte es ihr leichter, eine Entscheidung zu treffen.

Dann stellte Manuela die Frage: Wie sieht zur Zeit mein Ziel aus? und zog dazu die Karte XIX Die Sonne.

XIX Die Sonne: Die Karte sagte ihr, daß sie viel optimistischer und kraftvoller dem Leben gegenüberstehen sollte. Dazu fehlten ihr aber irgendwie das Selbstvertrauen und der Mut. Manuela sah in der Karte eine Aufforderung, ihrem inneren Kind in seiner Spontaneität zu folgen und in die Welt hinauszutreten. Sie wußte auch, daß die Karte sie darauf hinwies, ihr inneres Potential zu befreien und voller Freude das einzusetzen, was an Fähigkeiten in ihr angelegt war. Spontan sagte sie, daß sie in ihrem jetzigen Beruf nicht XIX Die Sonne sei. Das sei wohl eher der Heilpraktiker-Beruf.

Legemodell 1: Drei Karten.
Thema: Kündigung des sicheren Arbeitsplatzes und Annahme einer Halbtagsstelle beim Heilpraktiker (Rider-Tarot)

Damit Manuela noch mehr Sicherheit für ihre Entscheidung bekäme, arbeiteten wir nun mit Legesystemen weiter. Da Manuela selbst Tarotkarten benutzte, wählten wir zunächst ein einfaches Legemodell, das für sie gut nachvollziehbar und eine Übung sein sollte, damit sie es später allein anwenden könnte: Legemodell 1.

1 Ziel – O Der Narr: Diese Karte an der Stelle faszinierte sie. Manuela betrachtete sie ganz klar als Aufforderung, den neuen Schritt zu wagen und risikobereit zu sein. Sie hatte das Gefühl, daß diese Karte ihr das gleiche sagte wie XIX Die Sonne, die auf ihre Frage nach dem Ziel erschienen war. Trotzdem überlegte sie dann aber, ob O Der Narr sie nicht auch darauf hinwies, daß sie keinen leichtsinnigen Schritt tun sollte, denn das ist ja die eine Schattenseite der Karte. Ihr kam dazu dann aber, daß sie zwar mit ihrer neuen Entscheidung ein Risiko eingehen würde, doch daß sie ja für den Notfall vorgesorgt hätte. Sie sah sich eigentlich mehr im anderen Extrem der Karte: nichts Neues wagen, kein Risiko eingehen, Angst vor Leichtsinn.

2 Das fördert – 2 Münzen (2 Stäbe): Die 2 Münzen sah sie als Aufforderung, sich Herausforderungen zu stellen und Neues zu wagen. Sie sollte sich mehr dem Auf und Ab des Lebens hingeben und etwas von dem Lebenskünstler in sich entwickeln, der auf der Karte zu sehen ist. Sie erkannte, daß sie mehr den Schatten lebte: verharren, ständig abwägen und nicht entscheiden und handeln. Für sie hatte der Mann auf der Karte viel Ähnlichkeit mit dem Narren, und das bestärkte sie einerseits, aber auf der anderen Seite fragte sie sich, ob diese Karte nicht auch vor Leichtsinn warnte – ein Schattenbereich der Karte. Eigentlich war sie dem Thema schon bei der Karte O Der Narr nachgegangen, und bei 2 Münzen sah sie sich auch eher im anderen Extrem. Trotzdem berücksichtigten wir ihre Befürchtung und nahmen eine weitere Karte zu Hilfe. Sie zog die 2 Stäbe. Die sagte, daß sie zu sich stehen sollte, daß sie Selbstvertrauen haben und nicht ständig schwanken sollte. Das war für Manuela sehr klar. Also aus Selbstvertrauen und innerer Kraft heraus Neues wagen und sich den Herausforderungen und dem Auf und Ab des Lebens stellen.

3 Das hindert – XVII Der Stern: Diese Karte mit dem »schönen« Bild auf Position 3 konnte Manuela zunächst nicht verstehen. Aber auch hier zeigte sich: Alles hat zwei Seiten, und in der Schattenseite fand sie sich dann schnell wieder. Manuela geriet ganz leicht in ein Extrem des Schattenbereichs dieser Karte: mangelndes Selbstvertrauen, fehlende Zuversicht, schnell alles negativ sehen und in Hoffnungslosigkeit verfallen. Wie so oft zweifelte sie auch jetzt, ob sie wirklich »inspiriert« genug sei für ihren neuen Beruf, ob das, was sie als »Stern« aus sich schöpfte, wirklich wichtig und von Bedeutung sein könnte. Diese Karte auf Position 3 zeigte ihr aber, daß genau diese fehlende Zuversicht sie hinderte an der persönlichen Entfaltung.

Eigentlich war ihre Frage jetzt beantwortet. Da sie aber so zum Zweifeln neigte und außerdem den Umgang mit den Tarotkarten besser lernen wollte, fuhren wir fort mit Legemodell 3.

1 Situation – As der Kelche: Darin sah Manuela auf der einen Seite das Angebot, das ihr wie ein Geschenk des Himmels vorkam, und ihre Freude darüber. Auf der anderen Seite erlebte sie sich aber auch im Schattenbereich – Verfließen in Ängsten, Verschwimmen. Gab sie sich Illusionen hin?

2 Antriebe von innen: Hoffnungen, Wünsche, Ängste – 8 Schwerter: Zu dieser Karte sagte sie spontan: Das sind meine vielen negativen Gedanken, die mich fesseln, meine Zweifel, mein Sicherheitsstreben – all das hält meinen weiblichen Teil gefangen! Da diese Karte einen engen Bezug hat zur Karte auf Position 1 – denn das Innere wirkt ja an der Situation mit –, kam ihr dann gleich, daß das oben genannte Extrem des As der Kelche (u. a. Illusionen) wohl nicht so zutreffe, sondern daß ihre negativen Gedanken (8 Schwerter) sie in ihren Ängsten (2. Extrem des As der Kelche) verschwimmen ließen. Sie sah die Karte 8 Schwerter auch als Aufforderung, sich aus ihren ständigen Zweifeln, aus ihrer Entschlußlosigkeit und von all dem zu befreien, was ihre innere Frau hemmte.

3 Ziel, Thema – VIII Kraft: Auch zu dieser Karte konnte Manuela sofort eine Beziehung herstellen: bei allem, was sie tat, ihre Triebe mit einzubeziehen, Lebensfreude zuzulassen, ja zum Körper zu sagen und zur Natur. Spontan meinte sie, daß diese Karte für sie sinn-

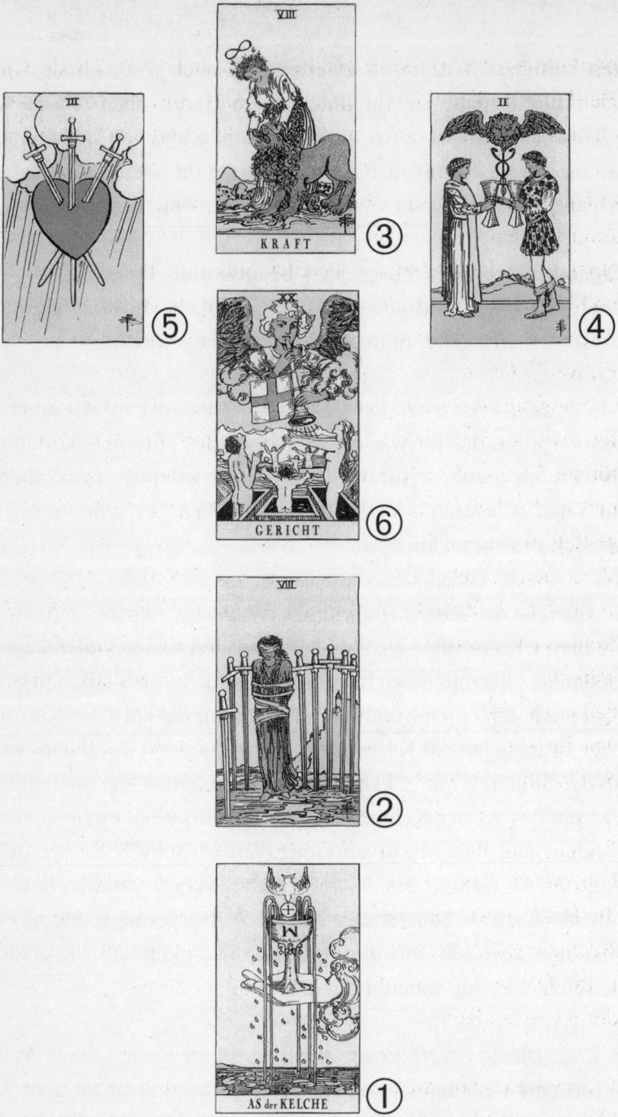

Legemodell 3: Der kleine Lebensbaum.
Thema: Kündigung des sicheren Arbeitsplatzes und Annahme einer Halbtagsstelle beim Heilpraktiker (Rider-Tarot)

bildlich für den Heilpraktikerberuf stehe: Naturbezug, Arbeit mit Heilkräften. Bisher tendierte sie dazu, ihre Instinkte wenig mitsprechen zu lassen und nur vom Kopf her zu entscheiden.

4 Das tun – 2 Kelche: Manuela verstand diese Karte so, daß ihr gezeigt wurde, wie sie in sich mehr das Weibliche und Männliche vereinen sollte. In der Frau sah sie alles, was mit Innenbezug, mit Gefühl und Körper zusammenhing, und im Mann all das, was mit Verstand, Aktivität, Außenbezug zu tun hatte. Bisher war das bei ihr mehr ein Entweder-Oder gewesen. Der Beruf diente in erster Linie zur Absicherung, und da spielte es keine große Rolle, wie sie sich dabei fühlte. Jetzt wollte sie das anders machen. Ihr kam auch noch, daß die Karte für sie Vertrauen bedeutete, denn aus der Verbindung von männlich und weiblich erwächst viel Kraft, was sich im Bild durch den geflügelten Löwen zeigt – Bezug zur Karte VIII Kraft – und woraus dann Vertrauen entstehen kann. Sie war fasziniert vom Äskulapstab, der sie auf ihren künftigen Beruf hinwies. Da diese Karte ja auch Liebesbeziehungen repräsentiert, dachte sie auch an ihre Partnerschaft. Wie wäre die Reaktion ihres Partners auf ihre Entscheidung? Sie glaubte, daß er trotz all seiner Einwände zu ihr stehen werde. Außerdem, das war ihr klar, mußte sie zunächst sich selbst lieben und ihre beiden Seiten vereinen, das war jetzt das Wichtigste.

5 Das nicht tun – 3 Schwerter: Manuela sah darin ihre Vergangenheit, wo die Disziplin über allem stand und wo sie ihre Gefühle und ihr Herz zu sehr eingeengt hatte. Der Kopf und gesellschaftliche Normen bestimmten alles und vergewaltigten dabei alles Fließende in ihr. Das wollte sie sich nicht mehr antun. Für sie war die Botschaft der Karte eindeutig.

6 Ergebnis. Wie alles verbunden werden kann – XX Gericht: Für Manuela stand fest: Sie wollte heraus aus alten Zwängen. Sie wollte ihrem inneren Ruf folgen, sie wollte in sich Mann, Frau und Kind

befreien und so auf eine ganz neue Bewußtseinsebene gelangen. Sie wollte »auferstehen« aus dem »Sarg«, in den sie sich aufgrund von zuviel Disziplin und Anpassung begeben hatte!
Damit war ihr Entschluß klar – sie würde aufhören mit ihrer jetzigen Arbeit und die Stelle beim Heilpraktiker antreten.

Zur Übung mit den Tarotkarten machten wir weiter und nahmen Legemodell 10.

Karten 1, 2, 3: Kräfte der Vergangenheit – womit ich konfrontiert wurde und was ich bewältigt habe.

1 VIII Kraft: Dazu sagte Manuela, daß sie dazu erzogen worden war, ständig ihre Triebkräfte zu unterdrücken. Erst in der jüngeren Vergangenheit stand sie in engerer Verbindung mit den Triebkräften – eigentlich, seitdem sie sich zur Heilpraktikerausbildung entschlossen hatte. Seitdem war vieles anders geworden.

2 Königin der Münzen: Diese Karte bezog sie auch auf die Zeit, in der sie mehr Bezug zu ihrem Körper und überhaupt zur Natur entwickelt hatte. Sie hatte seitdem ein ganz klares Gespür, was ihr Körper brauchte, und sie vertraute mehr und mehr den Heilkräften des Körpers. Damit fühlte sie eine innere Befreiung besonders von ihrer Mutter, die sie so stark geprägt hatte und die die gesamte Verantwortung für ihren Körper auf den Arzt übertrug.

3 Königin der Kelche: Zu dieser Karte fühlte sie sich besonders hingezogen, weil sie Weiblichkeit, inneres Gespür und Verbindung mit der inneren Stimme repräsentiert. Seit einigen Jahren konnte sie sich mehr ihren Gefühlen und auch ihren Phantasien überlassen. Früher war sie da sehr mißtrauisch gewesen, was allerdings jetzt auch noch häufig vorkam. Sie wußte aber vom Inneren her, daß sie da mehr Vertrauen entwickeln sollte.

Legemodell 10: Vergangenheit, Gegenwart, Zukunft.
Thema: Kündigung des sicheren Arbeitsplatzes und Annahme einer Halbtagsstelle beim Heilpraktiker (Rider-Tarot)

Karten 4, 5, 6: Kräfte der Gegenwart – Situationen, derzeitige Einflüsse, Angebote, Herausforderungen.

4 Ritter der Schwerter: Die Botschaft war für Manuela eindeutig: schnell und gezielt handeln und sich mutig allen Hindernissen stellen. Sie sah sich nicht im ersten Extrem der Schattenseite – zu stürmisch nach vorn drängen. Dazu war sie insgesamt viel zu vorsichtig. Für sie galt das zweite Extrem des Schattens – u. a. Angst vor Herausforderungen. Im Ritter der Schwerter erkannte sie außerdem noch ihren Partner, mit dem große Auseinandersetzungen bevorstehen könnten. Aber sie war nun mehr und mehr entschlossen, sich dem zu stellen.

5 X Rad des Schicksals: Manuela empfand das Angebot des Heilpraktikers als eine Weichenstellung im Sinne des Schicksals, als eine Gelegenheit, als eine Herausforderung, der sie sich zu stellen hatte. Sie wußte, daß die Karte im Crowley-Tarot »Glück« heißt, und sie begriff das Angebot doch sehr als Glücksfall, als Chance, vielleicht sogar als schicksalhafte Aufgabe.

6 VII Der Wagen: Diese Karte war nun für sie ganz klar – Altes verlassen und Neues wagen, dabei allerdings nicht zu stürmisch nach vorn drängen, aber die Gefahr bestand bei ihr eigentlich nicht.
Besonders durch die Karten 4, 5 und 6 war für Manuela die Botschaft eindeutig – das Angebot annehmen – und eine weitere Bestätigung zu all den Karten, die wir vorher gelegt hatten.

Karten 7, 8, 9: Zukünftige Entwicklung. Was zu beachten ist.

7 4 Münzen: Manuela interpretierte diese Karte in dem Sinne, daß sie ihr wohl zeigte, daß sie finanziell abgesichert sein und daß alles gutgehen würde – das konnte sie so sehen im Zusammenhang mit den beiden anderen Karten auf Position 8 und 9.

8 König der Stäbe: Sie sah in dieser Karte die Botschaft, daß sie genug Selbstvertrauen, Mut und Fähigkeiten haben würde, um dem Ganzen gewachsen zu sein. Diese Karte repräsentierte für sie außerdem ihren künftigen Chef, der ihr sehr gut gefiel.

9 6 Stäbe: Auch diese Karte bestärkte Manuela darin, daß sie der Herausforderung wohl gewachsen war und siegreich daraus hervorgehen könnte. Diese Karte gab ihr ein ganz tiefes Gefühl der Sicherheit und beflügelte sie sehr.

Damit war diese »intensive« Befragung mit mehreren Legemodellen beendet und für Manuela klar, daß sie das Angebot annehmen würde, was sie dann auch tat. (Heute arbeitet sie mit viel Freude beim Heilpraktiker und erwägt, sich selbständig zu machen.)

Sibylle

Sibylle wurde nach 26jähriger Berufspause die Möglichkeit geboten, in einer Buchhandlung zu arbeiten. Sie fragte sich, ob sie mit 51 Jahren der Aufgabe gewachsen war. Hintergrund: Sibylle war gelernte Kinderkrankenschwester und nach der Geburt ihres ersten Kindes zu Hause geblieben, hatte inzwischen drei Kinder großgezogen, fühlte sich jetzt aber unausgelastet und sehr unzufrieden, seitdem die Kinder ihrer Wege gingen. Als ihr nun der Buchhändler in ihrer Nähe anbot, bei ihm zu arbeiten, traute sie sich nicht so recht – sie war sich nicht sicher, ob sie sich schnell genug »einlesen« und Menschen Auskunft geben konnte, und sie befürchtete, »dumm dazustehen« und andere zu enttäuschen. Außerdem war sie skeptisch, ob sie mit einem Computer zurechtkommen würde. Wir wählten Legemodell 3.

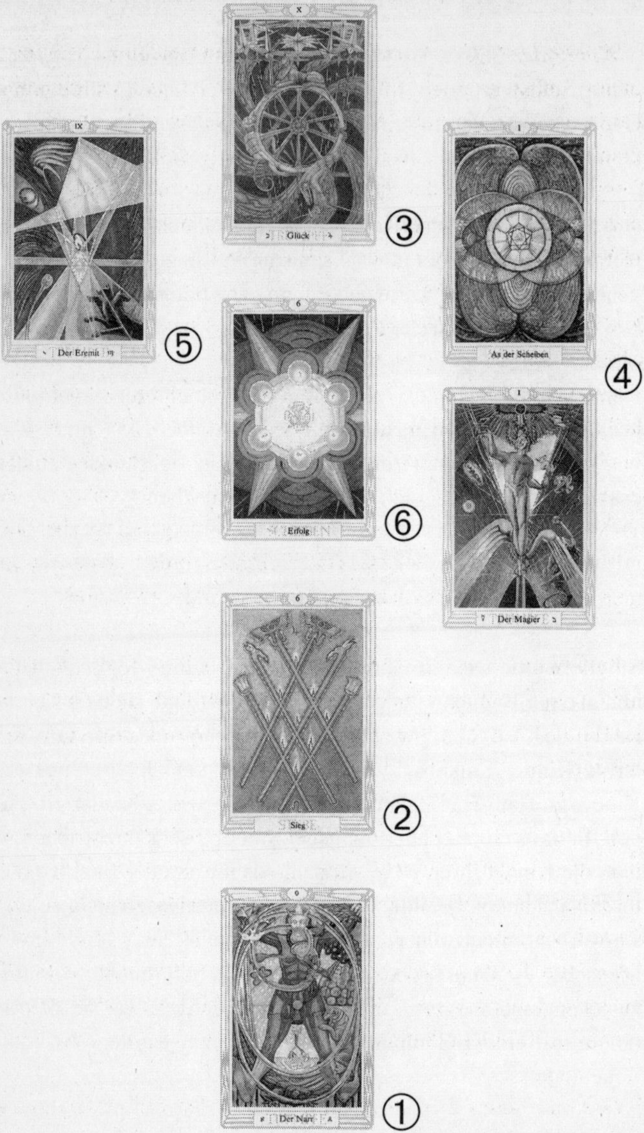

Legemodell 3: Der kleine Lebensbaum.
Thema: Arbeit in der Buchhandlung (Crowley-Tarot)

1 Situation – O Der Narr: Diese Karte kennzeichnete Sibylles Situation, und zwar mit Licht- und Schattenseiten. Auf der einen Seite war in ihr ganz stark der Wunsch, etwas Neues zu beginnen, andererseits machte ihr das Neue angst. Sie befürchtete, in ihrer neuen Tätigkeit als »Narr« dazustehen, wegen ihrer mangelnden Kompetenz. Sie war zwar immer eine Leseratte gewesen und kannte sich insgesamt recht gut aus, aber ob das ausreichte?

2 Kräfte von innen; Hoffnungen, Wünsche, Ängste – 6 Stäbe: Sibylle sah darin auf der einen Seite ganz stark den Wunsch, einmal wieder hinauszugehen und damit Erfolg zu haben. Auf der anderen Seite war da ihr mangelndes Selbstvertrauen, das sie immer wieder an sich zweifeln ließ. Sie wußte, wie wichtig es für sie war, wieder eigene Wege zu gehen, denn sie war bisher zu sehr im Familienleben aufgegangen. Aber sie hatte auch starke Versagensängste. Die Karte gefiel ihr aber außerordentlich gut, und sie fühlte sich dadurch aufgefordert, etwas zu wagen, mehr Selbstvertrauen zu haben und an den »Sieg« zu glauben.

3 Ziel, Thema – X Glück: Wir interpretierten diese Karte – vor allem auch in Verbindung mit der Karte auf Position 4 – als Aufruf, sich der Herausforderung zu stellen und das Angebot als einen Glücksfall zu begreifen.

4 Das tun – As der Scheiben (I Der Magier): Sibylle fühlte sich durch das As der Scheiben aufgefordert, das Angebot als Geschenk des Himmels zu begreifen und es nun auch anzunehmen. Auch die Karte I Der Magier, die beim Ziehen herausgefallen war, sagte ihr, daß es nun darum gehen würde, wieder mehr ihren männlichen Teil zu leben, aktiv zu werden, hinauszugehen und neue soziale Kontakte in der Berufswelt aufzunehmen.

5 Das nicht tun – IX Der Eremit: Sie sah darin ihren jetzigen Zustand – sie saß allein zu Hause und fühlte sich wie ein »Eremit«, der

der Welt den Rücken zuwendet. Sie wußte, daß die Karte sie davor warnte, jetzt dem Angebot als IX Der Eremit den Rücken zu kehren.

6 Ergebnis. Wie alles verbunden werden kann – 6 Scheiben: Diese Karte gefiel ihr ganz besonders. Sie zeigte, daß die neue Tätigkeit wohl von Erfolg gekrönt sein würde. Das beflügelte sie außerordentlich. Was ihr außerdem wichtig war: Diese Karte repräsentierte das Element Erde – also alles, was mit Realisierung, aber auch mit Geld zusammenhing –, und das könnte aus ihr, wie sie sagte, einen ganz neuen Menschen machen. Bisher war sie finanziell nämlich immer von ihrem Mann abhängig gewesen, und sie wußte, wie wichtig es für ihr Selbstwertgefühl und für ihre Eigenständigkeit sein würde, über eigenes Geld zu verfügen.
Besonders diese letzte Karte machte Sibylle noch einmal ganz deutlich, worunter sie in den vergangenen Jahrzehnten besonders gelitten hatte, und was eigenes Geld für sie bedeuten würde! Sie wußte nun, sie wollte sich auf jeden Fall der Herausforderung stellen und wieder berufstätig werden.

Veronika

Veronika beabsichtigte, ein großes Haus auf dem Land zu bauen, und sie stand kurz vor dem Vertragsabschluß. Ihr kamen nun aber ganz starke Bedenken, und sie wollte sich mit Hilfe der Tarotkarten mehr Klarheit verschaffen. Veronika besaß ein gutgehendes Unternehmen und lebte zusammen mit ihrem Partner in einer Eigentumswohnung mitten in der Großstadt. Sie wollte gern draußen auf dem Land leben, um sich in ihrer kurzen Freizeit mehr entspannen zu können. Allerdings fragte sie sich nun, ob sie ein künftiges Domizil auf dem Lande bei ihrer knappen Freizeit überhaupt genügend nutzen und ob sie sich damit finanziell nicht zu sehr binden würde. Wir wählten Legemodell 3. (Dies ist ein Beispiel, wie die Tarotkarten manchmal eine etwas andere bzw. umfassendere Antwort geben als

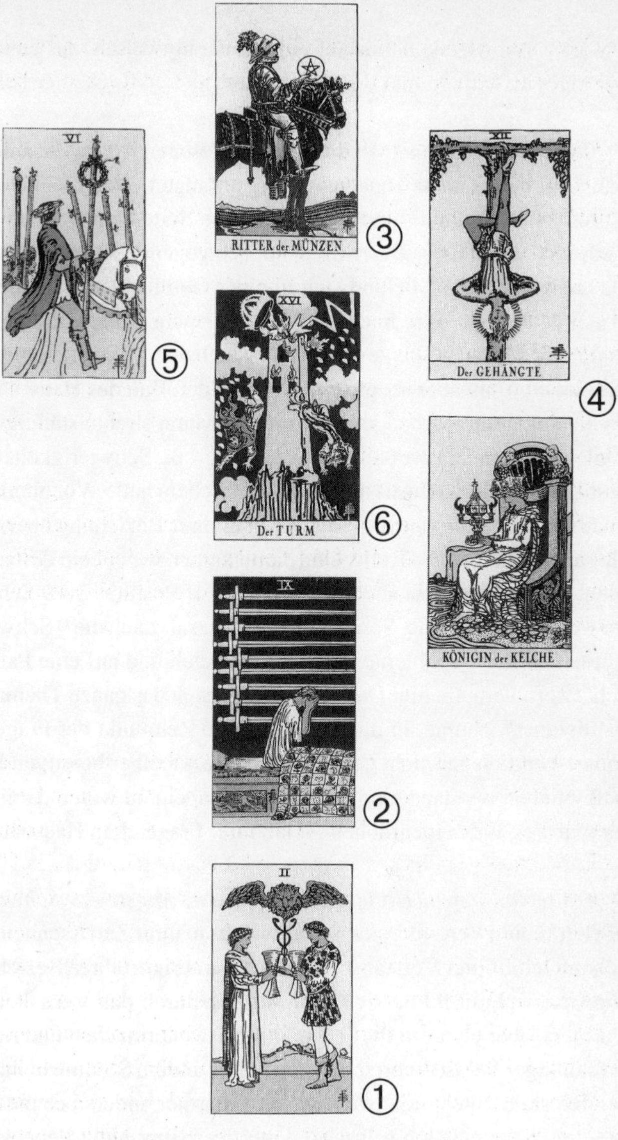

Legemodell 3: Der kleine Lebensbaum.
Thema: Hausbau (Rider-Tarot)

erwartet und wie sie damit auf ein Thema hinweisen, das zunächst gar nicht im Mittelpunkt der Frage stand.)

1 Situation – 2 Kelche: Mit dieser Karte konnten wir im Zusammenhang mit dem Thema zunächst wenig anfangen. Was möglich war: Veronikas männliche und ihre weibliche Seite standen sich zum Zeitpunkt der Befragung etwas skeptisch gegenüber. Das bestätigte sie auch sofort – sie befand sich in einer Gefühlsblockade und war voller Mißtrauen. Ihre innere Frau suchte mehr Ruhe und Entspannung, der Mann wollte deshalb das Haus bauen. Wie sie sagte, war ihre innere Frau aber skeptisch, ob durch den Bau des Hauses mehr Ruhe einkehren würde, denn ihr innerer Mann strebte ständig neue Ziele an. Veronika wußte, daß sie ganz große Schwierigkeiten sowohl mit Männlichem als auch mit Weiblichem hatte. Vor allem ihre Weiblichkeit lebte sie so wenig. Auch in ihrer Beziehung übernahm sie sehr die männliche Rolle. Und damit kamen wir auf ein Grundproblem zu sprechen, das auch in der Karte auf Position 2 – 9 Schwerter – dargestellt wurde. Sowohl die 2 Kelche als auch die 9 Schwerter wiesen auf tiefe Probleme im Gefühlsbereich und auf eine Partnerschaftsproblematik hin. Damit erweiterte sich das ganze Thema und nahm eine Richtung, in die Veronika zum Zeitpunkt der Fragestellung eigentlich gar nicht gehen wollte. Sie war aber bereit, und deshalb blieben wir dann eine ganze Weile dabei und waren damit erst einmal weg vom eigentlichen Anlaß ihrer Frage, dem Hausbau.

2 Kräfte von innen: Hoffnungen, Wünsche, Ängste – 9 Schwerter: Hier erkannte Veronika sich sofort wieder in ihrer Zerrissenheit zwischen Gefühl und Verstand. Sie war tieftraurig in ihrer Beziehung. Ihre innere Frau fühlte sich sehr verletzt durch das Verhalten des Partners, aber etwas in ihr ließ sie immer weitermachen und rief sie zu ständiger Selbstbeherrschung auf. Eine andere Stimme in ihr sagte, daß sie es auch nicht wert sei, vom Partner anders behandelt zu werden. Sie fand sich selbst als Frau überhaupt nicht liebenswert, und um so mehr ging sie in ihre männliche Rolle, um alles zu kompensieren und um durch »Stärke« zu beeindrucken und gemocht zu werden. Dies war ein altes Muster aus der Kindheit. Sie war das vierte Mädchen in der Familie – eigentlich hatten sich ihre Eltern einen Jungen gewünscht. Da sie sich rein äußerlich sehr von ihren zierlichen Schwestern unterschied, übernahm sie dann ganz schnell den männlichen Part. Sie gab sich große Mühe, tüchtig zu sein, und hatte bald ihre Schwestern in diesem Punkt überrundet. Damit fand sie das Lob ihrer Eltern und später ihrer Chefs und heute teilweise das ihres Partners. Aber das reichte ihr nicht, sie fühlte sich – wie sie sagte – gefühlsmäßig verkümmert und war innerlich ganz verzweifelt. Das war auch genau die Botschaft der Karte.

3 Ziel, Thema – Ritter der Münzen: Da Veronika die Karte Ritter der Münzen kannte und für sich mit Arbeit verband, meinte sie ganz entrüstet, daß sie doch wohl genug arbeite. Das tat sie ganz sicher. Aber oft zeigen die Karten, die auf der Position Ziel, Thema liegen, auch den Schattenbereich auf und weisen darauf hin, daß da etwas zu ändern ist. Dafür ist es hilfreich, sich die Karte auf Position 4 – Das tun – anzusehen, denn sie gibt Aufschluß über die Richtung, in die zu gehen ist, um das Ziel zu erfüllen. Auf Position 4 liegt die Karte XII Der Gehängte, der ja nichts mit Arbeit und äußerer Aktivität zu tun hat.
Also mußten wir den Ritter der Münzen unter diesem Gesichtspunkt sehen. Es war nun deutlich, daß Veronika den Schattenbereich der Karte lebte und nun aufgefordert wurde, nicht zuviel zu arbeiten und sich nicht als Arbeitstier alle Pflichten aufzuladen bzw. sich ständig neue Tätigkeiten zu suchen. Darin erkannte sie sich sofort wieder, und jetzt wurde ihr auch der Zusammenhang zwischen ihrem inneren Problem und dem Thema »Hausbau« deutlich: Statt sich mit ihren Gefühlen und ihren ganzen privaten Problemen auseinanderzusetzen, wollte sie wieder aktiv werden. Das war ein altes Muster: Sie ging nach außen statt nach innen. Sie hoffte, durch den Hausbau und

all die Aktivität, die damit verbunden sein würde, von inneren Problemen abgelenkt zu werden und – vor allem – wieder mit ihrem Partner ein gemeinsames Ziel zu haben. So hatte sie mit ihm schon über Jahre gelebt. Das wurde ihr nun ganz deutlich. Aber noch etwas: Ihr Partner verkörperte auch einen Schattenbereich des Ritters der Münzen, er stagnierte und hatte bei all ihrer Tüchtigkeit das Gefühl, nicht gut genug zu sein. Er arbeitete freiberuflich und verließ sich einerseits zu sehr auf sie, neidete ihr aber andererseits den Erfolg. In seiner vielen Freizeit ging er sehr großzügig mit dem gemeinsamen Geld um, und da lag auch ein Teil ihrer Angst, wenn sie nun ein so großes Objekt kaufen würde: Sie würde wahrscheinlich allein für die Finanzierung zuständig und damit enorm gebunden und überlastet sein. So forderte der Ritter der Münzen sie dazu auf, realistisch mit ihren körperlichen und finanziellen Ressourcen umzugehen.

4 Das tun – XII Der Gehängte (Königin der Kelche): Ja, diese Karte rief Veronika zur Umkehr auf, zum Loslassen insgesamt, zur Regeneration. Sie sollte die Dinge einmal von einer anderen Warte betrachten und insgesamt mehr zur Ruhe kommen. Das sah sie sofort. Ihr war klar, daß sie das Hausprojekt nicht realisieren sollte, aber das war ja nur ein Aspekt. Der wesentlichere war, daß sie in ihrem ganzen Verhalten eine Umkehr vollziehen mußte. Sie sollte sich mehr von innen her inspirieren lassen, ruhiger und passiver werden, um so mit ihrem Inneren in Kontakt zu kommen. Vor allem die Königin der Kelche, die wir zusätzlich noch zogen, beeindruckte Veronika sehr. Die war sie selbst eigentlich nie gewesen, obwohl sie diese Karte so sehr mochte. Veronika sah darin ihre Mutter und eine ihrer Schwestern, zu denen sie sich deshalb auch besonders hingezogen fühlte. Jetzt war also ihre weibliche Seite dran – ihr Gefühlsleben, mehr Ruhe und Passivität. Sie wünschte sich eigentlich schon seit langem, sich einmal »hängenlassen« zu können (ihre Interpretation der Karte XII Der Gehängte). Sie wußte nur nicht recht, wie – sie trug doch soviel Verantwortung. Trotzdem war ihr schon irgendwie klar, daß sie die Last mehr auf andere mitverteilen mußte, auch auf ihren Partner. So bekäme auch er eine Chance, sich einzubringen, und vielleicht würde das sogar einen positiven Wandel in der Beziehung bringen.

5 Das nicht tun – 6 Stäbe: Das war deutlich: nicht ständig die Starke sein und sich nicht über Erfolg und Tüchtigsein als akzeptables Mitglied der Gemeinschaft oder auch der Partnerschaft sehen. Sie glaubte ja, überall die Führung an sich reißen zu müssen und nur dann geliebt zu werden, wenn sie »super« war. Aber auch das andere Extrem des Schattenbereichs sah sie sich an. Ganz tief im Innern mochte sie sich überhaupt nicht, und sie glaubte, nicht liebenswert und auch nicht sonderlich begabt zu sein. Das meinte sie, mit Fleiß und unermüdlicher Arbeit kompensieren zu müssen.

6 Ergebnis. Wie alles verbunden werden kann – XVI Der Turm: Diese Karte zeigte Veronika noch einmal, wie wichtig es für sie war, herunterzukommen vom Turm ihres Ehrgeizes und ihrer alten Muster, um so auf eine realistische Basis zu gelangen. Veronika wußte, daß sonst irgendwann ein Ereignis kommen könnte – und sei es eine Krankheit –, das sie bremste in ihrem ungeheuren Tatendrang. Ihr war klar, wie sehr sie seit langem ihre Kräfte überzog. Veronika sah in den zwei hinabstürzenden Personen ihre männliche und weibliche Seite, aber auch ihren Partner und sich selbst. Sie begriff, daß sie durch ihr vieles Tun und ihr Nach-außen-Gehen ein Scheinleben führte, und das wollte sie nicht mehr, so schwer das auch zunächst einmal sein würde.

Teil IV

Interpretationshilfen

Stichworte und Abbildungen

Die vier Elemente

Stichworte, Analogien, Symbole

△

Element Feuer – Stäbe

Außen: Feuer. Sonne. Blitz. Vulkan. Explosion.
Körper: Stoffwechsel. Verbrennung.
Psyche: Wollen. Aktivität. Kreativität. Intuition. Impuls. Kraft. Entschlossenheit. Vitalität. Lebenslust. Bewegung. Temperament. Begeisterung. Ausstrahlung.
Tarot: Alle Zahlen- und Hofkarten der Stäbe.
Astrologie: Widder. Löwe. Schütze.
Erzengel: Meist Michael.
Farbzuordnung im Tarot: Rot.

▽

Element Wasser – Kelche

Außen: Wasser. Meer. Fluß. See. Quelle. Regen.
Körper: Blut. Körperflüssigkeiten.
Psyche: Fühlen. Liebe. Phantasie. Das Unbewußte. Innere Stimme.

Freude. Hoffnungen. Wünsche. Glauben. Vertrauen. Verbinden. Hingabe.

Tarot: Alle Zahlen- und Hofkarten der Kelche.

Astrologie: Krebs. Skorpion. Fische.

Erzengel: Meist Gabriel.

Farbzuordnung im Tarot: Blau.

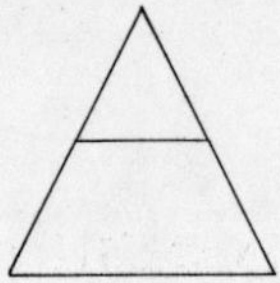

Element Luft – Schwerter

Außen: Luft. Himmel. Wind. Sturm. Orkan.

Körper: Atmung.

Psyche: Denken. Verstand. Ordnen. Analysieren. Werten. Entscheiden. Planen. Kontrolle. Wissen. Bewußtheit. Verständnis. Kommunikation.

Tarot: Alle Zahlen- und Hofkarten der Schwerter.

Astrologie: Zwillinge. Waage. Wassermann.

Erzengel: Meist Raphael.

Farbzuordnung im Tarot: Gelb.

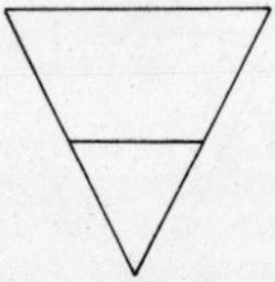

Element Erde – Münzen/Scheiben

Außen: Erde. Körper. Die Natur. Materie. Geld.

Körper: Der Körper insgesamt. Knochen. Feste Substanz. Körperempfinden. Sinnlichkeit.

Insgesamt: Alles, was eine sichtbare Form hat. Alles Gewachsene und Geschaffene. Materie. Boden. Geld. Ergebnisse. Tatsachen. Umsetzung. Verwirklichung. Realitätsbezug. Bodenständigkeit. Praktisches Geschick. Talente.

Tarot: Alle Zahlen- und Hofkarten der Münzen bzw. Scheiben.

Astrologie: Stier. Jungfrau. Steinbock.

Erzengel: Auriel.

Farbzuordnung im Tarot: Zitringelb. Olivgrün. Braun. Schwarz. Grau.

Kurzdefinitionen

Element Feuer – Stäbe

Das männliche Feuer-Element versucht, sich über Aktivität, über das Einbringen von Intuitionen und Fähigkeiten und durch Krafteinsatz zu verwirklichen. Es will schaffen und gestalten, in Bewegung sein und ist voller Begeisterungsfähigkeit und Lebenslust.

Schatten:

a) Zuviel Krafteinsatz oder Kraftmißbrauch im Sinne von Egozentrik, Macht, Kampf.
b) Aufgeben, wenn sich nicht gleich Erfolge zeigen. Pessimismus. Abwehr.

Element Wasser – Kelche

Das weibliche Wasser-Element versucht, über die Verbindung mit der Innenwelt, mit dem Du, mit der Phantasiewelt oder mit dem Bereich der Spiritualität zu Wohlbefinden zu gelangen und in Einklang mit sich und allem zu sein.

Schatten:

a) Verschwimmen in Gefühlen. Zu starke Symbiose mit anderen Menschen. Sich verlieren im Du, in der spirituellen und in der Phantasiewelt. Illusionen.

b) Angst, Enttäuschung, Mißtrauen. Sich verschließen, um nicht verletzt zu werden.

Element Luft – Schwerter

Das männliche Luft-Element versucht, über den Einsatz des Verstandes im Sinne von Denken, Wissen, Erkenntnis, Planung, Regeln, Analysieren und über Kommunikation das »Richtige, Gute, Gerechte« zu bewirken.

Schatten:

a) Zu kopforientiert. Abgehobene Wertvorstellungen. Zuviel Kontrolle. Trieb- und lebensfeindliche Normen. Verurteilung. Kampf gegen das »Falsche, Böse, Ungerechte«.
b) Negatives Denken. Zuviel zweifeln. Grübelei. Den Blick nur auf das »Falsche, Böse, Ungerechte« richten. Angst vor Fehlern hindert am Handeln.

Element Erde – Münzen/Scheiben

Das weibliche Erd-Element versucht, über Streben nach Besitz und Absicherung, über Pflichterfüllung, über Einhaltung von Traditionen, über Wahrung der äußeren Form, über Befriedigung sinnlicher Bedürfnisse zu Sicherheit und Wohlbefinden zu gelangen.

Schatten:

a) Die Materie zum Götzen erklären. Nur das Äußere zählt. Erstarren in Pflichten und Traditionen. Status und Besitz sind das Höchste. Konservatismus. Raff- und Genußsucht. Trägheit.
b) Sich nicht verwirklichen. Zu wenig bodenständig. Arbeiten nicht zum Abschluß bringen. Kein Bezug zum Körper, zur Natur, zur Materie. Die Materie nicht zu schätzen wissen und nur das Negative sehen und Entsprechendes anziehen.

Das Pentagramm

Im Rider-Tarot Symbol des Elements Erde, Münzen.

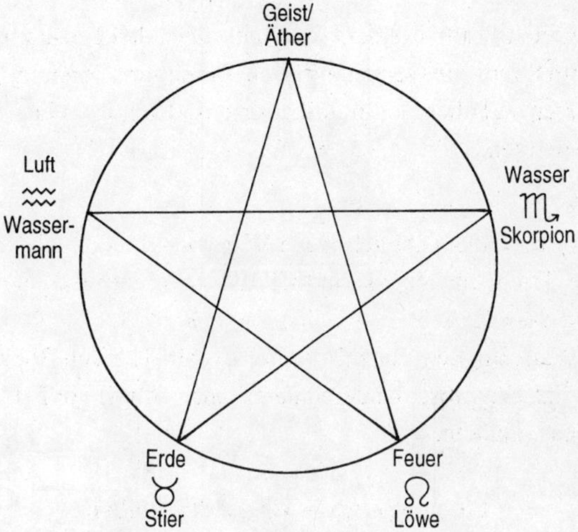

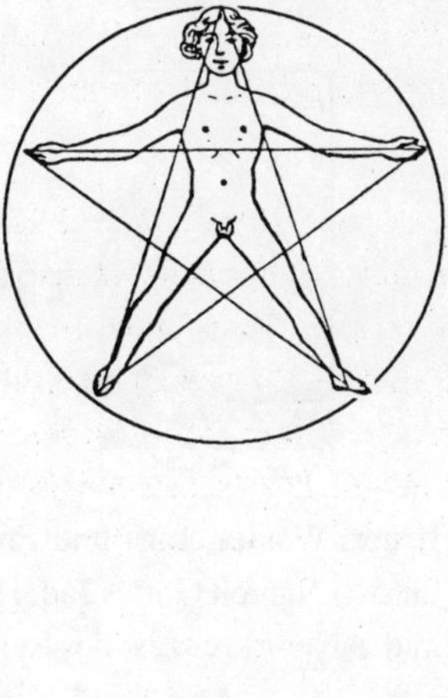

Die vier Elemente im Kreuz (Rider-Tarot)

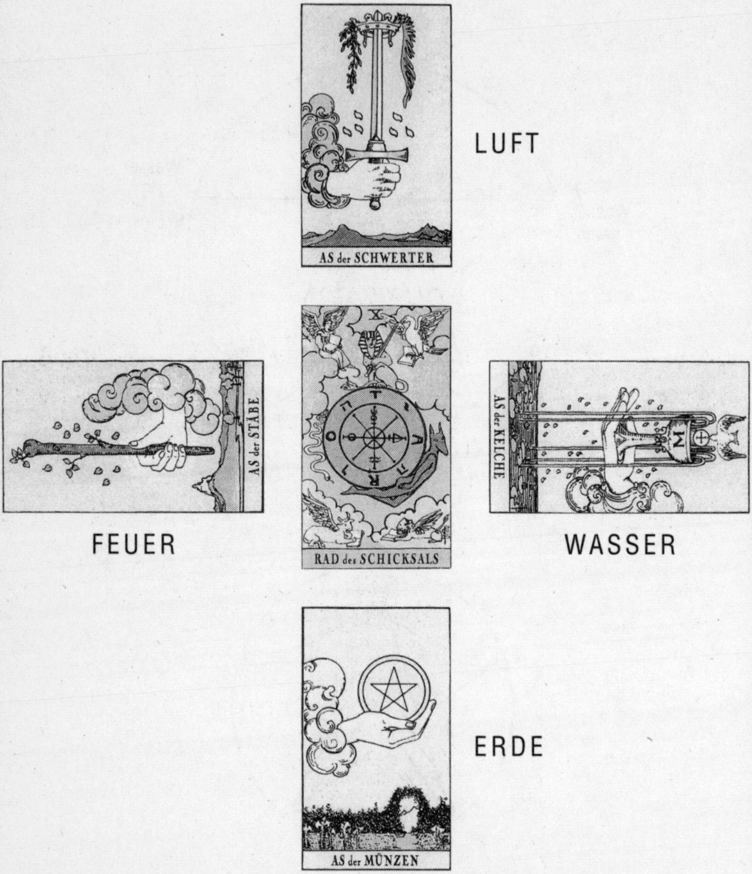

Die vier Elemente Feuer, Wasser, Luft und Erde – mit den hebräischen Buchstaben für den Namen Gottes Jad, He, Wav, He (Jahwe) bezeichnet – in Form des Naturkreuzes, des Symbols für Ganzheit.

Die vier Elemente im Kreuz (Crowley-Tarot)

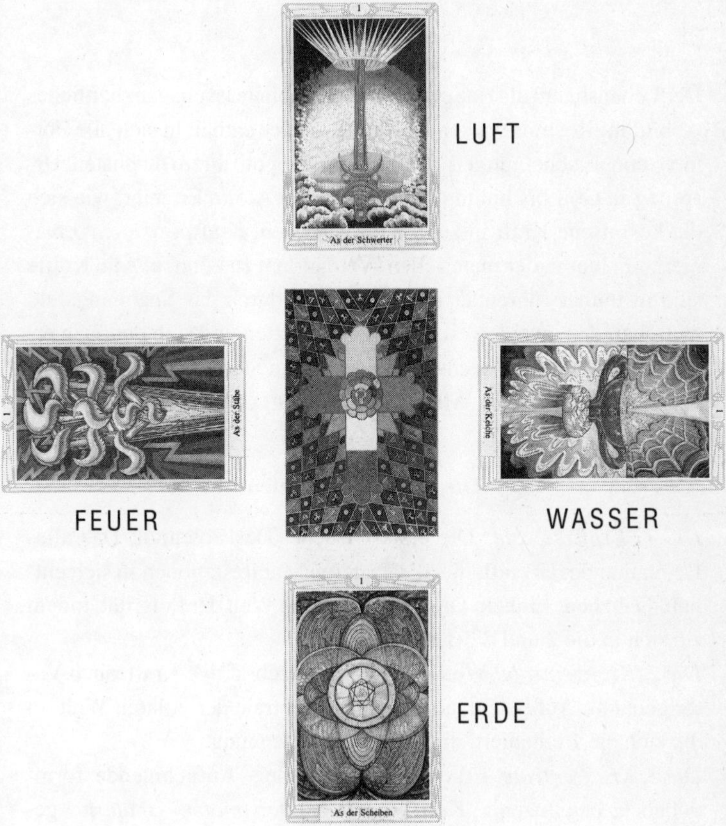

Der Lebensbaum

Der Lebensbaum als Hauptsymbol der Kabbala ist ein ganzheitliches Abbild im Kosmos wirkender Kräfte, und er enthält in sich alle Formen und Erscheinungen der Schöpfung von ihrem höchsten Ursprung in Gott bis hinunter zum kleinsten Atom. Er zeigt, wie sich die kosmische Kraft in zehn Kraftzentralen, Kraftprinzipien, emaniert, um hier in der materiellen Welt wirken zu können. Alle Kräfte sind in immerwährender Bewegung, die durch das Spannungsfeld zwischen den zwei jeweils entgegengesetzten und sich dennoch ergänzenden Polen der rechten und der linken Säule des Lebensbaums entsteht (Abb. S. 308). Alles unterliegt dem Gesetz der Polarität.

Die 10 Kraftzentralen

Die 1. Kraftzentrale: Die erste Ursache. Das Potential. Das alles Beinhaltende. Urkraft, die alle späteren Manifestationen in sich enthält. Ganzheit. Einheit. Die 1 tritt ein in die Welt der Polarität, indem sie sich in die 2 und die 3 aufteilt.
Die 2. Kraftzentrale: Weisheit. Schöpferisch-aktive Kraft, auch Vater genannt. Außerdem, als erste Kraftzentrale der polaren Welt, in die sich die 1 emaniert, die Zweiheit. Begegnung.
Die 3. Kraftzentrale: Erkenntnis. Verständnis. Aufnehmende, formgebende, begrenzende Kraft – auch Mutter *(mater – materia)* genannt. Offenbarung. Verbindung. Manifestation.
Die 1, 2 und 3 bilden die erste Dreiheit des Lebensbaums. Es ist die Welt der ersten Ursachen, die in der 3 ihre erste Stabilität erreicht. Unterhalb dieser Dreiheit liegt Daath, die verborgene Kraft, die in der Darstellung des Lebensbaums nicht erscheint. In ihr soll das Ur-

wissen gespeichert sein, das Wissen des Menschen über Sinn und Aufgabe seines Lebens, das Wissen um Zusammenhänge und Gesetzmäßigkeiten.

Es folgt das nächste Dreieck – 4, 5, 6: Hier sind die Kräfte insgesamt schon dichter. Hier geht es um weitere Konkretisierung und um Teilhabe am Ganzen mit aller damit verbundenen Spannung: Individuum – Gesellschaft; ethisch-geistige Werte – materielle Werte; Stabilität/Harmonie – Veränderung/Konflikt. All das ist hier in die Balance zu bringen.

Die 4. Kraftzentrale: Materie. Stabilität. Materielle Sicherheit. Einbindung ins Gesellschaftsleben. Wachstum. Wohlstand. Harmonie. Güte.

Die 5. Kraftzentrale: Stärke. Mut. Disziplin. Festigkeit. Konfliktbereitschaft. Strenge. Kampf. Umbruch. Krise. Veränderung. Innere Wahrheit. Die 5 tritt da als Korrektiv auf, wo Ungleichgewichte herrschen zwischen individuellen und kollektiven Bedürfnissen, zwischen Geben und Nehmen, zwischen geistigen und materiellen Werten.

Die 6. Kraftzentrale: Sitz der Individualität. Ort des Selbstbewußtseins, der Erkenntnis, der Liebe, der Selbstverwirklichung. Mitte. Zentrum. Balance – obere und untere Hälfte des Lebensbaums und rechts und links. Die 6 wird auch als Sohn bezeichnet, als Christus, als geopferter Gott, womit ausgedrückt werden soll, daß Gott nur dadurch in der Welt wirken kann, daß er sich opfert und Form annimmt. Als Kraftzentrale der mittleren Säule unterhalb der 1 kommt der 6 die Funktion des Sohnes zu, der den Vater erkennt und sein Leben auf ihn ausrichtet. Hier mischen sich obere und untere Welt, und insofern ist die 6, von oben aus gesehen, Ort des geopferten Gottes, von unten Ort des Christus, Ort der Auferstehung.

Im nächsten Dreieck – 7, 8, 9 – werden die Kräfte noch dichter und vielfältiger. Es ist die Ebene der Triebe, der Emotionen, der Sinn-

lichkeit, der Kreativität, Sitz des Unbewußten, Ort des weltbezogenen Denkens, Wünschens und Handelns. Es geht um Ausgleich: Triebe/Gefühle – Ratio; Vergnügen – Pflicht; innere Welt – äußere Welt.
Die 7. Kraftzentrale: Vitalkräfte. Triebe. Gefühle. Sinnlichkeit. Emotionen. Kreativität. Phantasie. Natur. Übersinnliches. Verbindung Materie und Geist.
Die 8. Kraftzentrale: Verstand. Wertvorstellungen. Denken. Kommunikation. Verbindung. Verständnis. Bewußtheit. Zielgerichteter Krafteinsatz. Ausgleich.
Die Energien der 7 tendieren zum Ausufern, zur Ziellosigkeit. Kräfte der 8 allein können zu sehr auf Kontrolle, auf Ordnung, auf die Ratio ausgerichtet und insofern trieb- und lebensfeindlich sein. Nur im Zusammenwirken der beiden entsteht Fruchtbares.
Die 9. Kraftzentrale: Das Unbewußte – Welt der Bilder, Träume, Phantasien. Selbst- und Arterhaltungstrieb. Natur. Selbst- und Weltbild. Weisheit. Hingabe. Die 9 eint die 7 und die 8 und enthält außerdem alle Kräfte des oberen Lebensbaums und wird deshalb Fundament genannt. Von hier aus findet die Übertragung des Lebens auf die 10 statt, und gleichzeitig ist sie, von unten aus gesehen, der erste Schritt in die Bereiche jenseits der Welt der Materie.

Auf das letzte Dreieck folgt:
Die 10. Kraftzentrale: Die materielle Welt in ihrer Vielfalt als sichtbares Abbild aller anderen Kraftzentralen. Hier sind alle Ebenen sichtbar.
In der 10 offenbart sich all das, was in der 1 enthalten ist. Sie ist die Welt der vier Elemente, die physische Welt. Hierher strömt alle Kraft von ganz oben, und von hier aus fließt sie zurück. Hier ist der materielle Standort des Menschen – hier handelt er, schafft neue Ursachen, hier treten die Folgen seines Handelns an ihn heran. Von hier aus kann der Mensch den Weg der Bewußtheit zurück zum höchsten Geist gehen.

Die drei Dreiecke und die zehnte Kraftzentrale bilden zusammen die *vier kabbalistischen Welten,* die mit den hebräischen Buchstaben Jad, He, War, He bezeichnet werden (Jahwe) – genau wie die vier Elemente Feuer, Wasser, Luft und Erde. In der sogenannten Jakobsleiter wird jede dieser vier Welten durch einen eigenen Lebensbaum dargestellt – also vier Lebensbäume, die dann übereinander liegen und miteinander verwoben sind.

Jeder Mensch ist Teil des kosmischen Energienetzes und verfügt über einen eigenen »Lebensbaum«, der Körper, Seele und Geist umfaßt. Nur auf den menschlichen Körper bezogen, repräsentieren die Kraftzentralen des Lebensbaums die Kraftzentren des Körpers. Dabei bilden jeweils die zwei sich im Lebensbaum paarweise gegenüber liegenden Kraftzentralen eine Ebene, genauso jede einzelne der vier Kraftzentralen der mittleren Säule, so daß sich insgesamt 7 Ebenen der Kraft ergeben. Hier ist der Bezug zu den 7 Chakren (Abb. S. 310).

Sowohl die Großen wie auch die Kleinen Arkana des Tarot beziehen sich auf den Lebensbaum.
Die *Großen Arkana* sind den Verbindungspfaden zwischen den Kraftzentralen des Lebensbaums zugeordnet – wobei es unterschiedliche Zuordnungssysteme gibt (siehe S. 32/33). Die Großen Arkana werden teilweise aber auch im Sinne der Numerologie den einzelnen Kraftzentralen zugerechnet.
Die *Zahlenkarten*, die die Zahlen 1 bis 10 tragen, beziehen sich direkt auf die 10 Kraftzentralen des Lebensbaums: 1 – As der Stäbe, As der Kelche, As der Schwerter, As der Münzen/Scheiben … 10 – 10 Stäbe, 10 Kelche, 10 Schwerter, 10 Münzen/Scheiben.
Die *Hofkarten* werden entweder den vier oben beschriebenen Welten des Lebensbaums zugeordnet: König/Ritter der ersten, Königin der zweiten, Ritter/Prinz der dritten und Bube/Prinzessin der vierten – oder aber direkt den Kraftzentralen: König/Ritter der zweiten,

Königin der dritten, Ritter/Prinz den Kraftzentralen von 4 bis 9 mit der Mitte in der 6 und Bube/Prinzessin der 10 (Abb. S. 156/157).

Astrologische Zuordnungen zu den Kraftzentralen des Lebensbaums: Für die ersten drei gibt es unterschiedliche Zuordnungen – meist die 1 – Primum mobile; die 2 – der gesamte Tierkreis oder nur Uranus; die 3 – meist Saturn. Weitgehende Übereinstimmung herrscht für folgende Zuordnungen: die 4 – Jupiter; die 5 – Mars; die 6 – Sonne; die 7 – Venus; die 8 – Merkur; die 9 – Mond; die 10 – Erde.

Farbzuordnungen: Die 1 – Weiß, Brillanz; die 2 – Grau; die 3 – Schwarz; die 4 – Blau; die 5 – Rot; die 6 – Gelb; die 7 – Grün; die 8 – Orange; die 9 – Violett; die 10 – Zitringelb, Olivgrün, Rostbraun, Schwarz (siehe dazu auch »Stichworte zur Farbsymbolik«, S. 312ff.).

Der Lebensbaum – Stichworte zu den Kraftzentralen

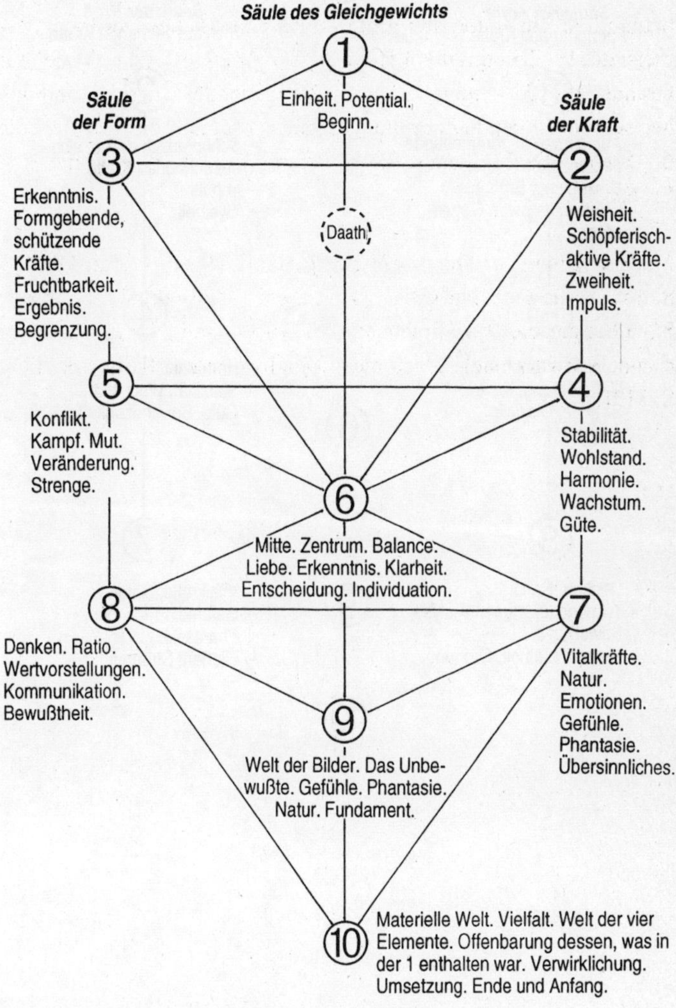

Der Lebensbaum – Polarität

①

Säule der Form	***Säule der Kraft***
Formgebende Kräfte	Sich ausdehnende Kräfte

③

- Aufnehmende, formgebende, begrenzende Kräfte.
- Umsetzung, Ergebnis.
- Überwindung von Gegensätzen.

②

- Schöpferisch-aktive, sich ausdehnende Kräfte.
- Impuls.
- Zweiheit.

⑤

- Konflikt, Kampf.
- Veränderung, Krise.
- Strenge, Disziplin.

④

- Harmonie.
- Stabilität, Wachstum.
- Güte, Barmherzigkeit.

⑥

⑧

- Denken, Ratio.
- Wertvorstellungen, Analyse, Bewußtheit.
- Zielgerichtetheit, Ordnung.

⑦

- Vitalkräfte, Natur.
- Gefühle, Emotionen, Phantasie.
- Fließen, Strömen.

⑨

⑩

Lebensbaum und Bewußtseinsebenen

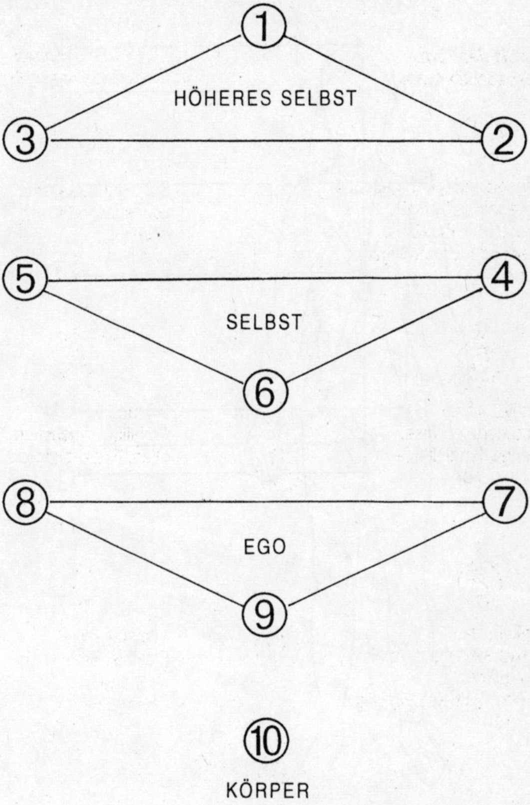

Lebensbaum und Chakren

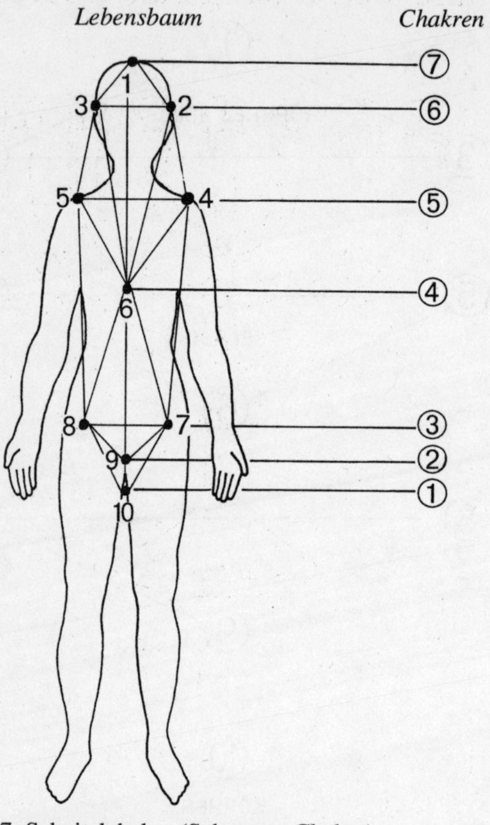

7 Scheitelchakra (Sahasrara-Chakra)
6 Drittes Auge (Ajna-Chakra)
5 Kehlkopfchakra (Vishuddha-Chakra)
4 Herzchakra (Anahata-Chakra)
3 Solarplexus (Manipura-Chakra)
2 Sexual- oder Sakralchakra (Svadhistana-Chakra)
1 Wurzelchakra (Muladhara-Chakra)

Die Menora (siebenarmiger Leuchter) und ihre Verbindung zum Lebensbaum

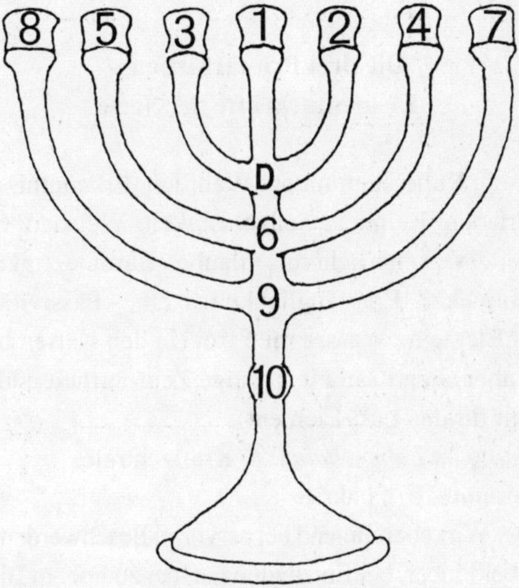

Stichworte zur Farbsymbolik*

Die drei Primärfarben – Elementarkräfte der Seele

Blau: Klarheit. Ruhe. Sammlung. Wahrheit. Erkenntnis. Harmonie. Hingabe. Frieden. Reinheit. Selbstlosigkeit. Weisheit. Sensibilität. Besonnenheit. Verinnerlichung. Glaube. Barmherzigkeit. Schutz. Raum. Weiblichkeit. Empfänglichkeit. Tiefe. – Passivität. Schwere. Symbol des Elements Wasser im Tarot (in den Karten bedeutet die Farbe Blau aber auch Klarheit, geistige Zentriertheit und steht insofern auch mit für das Luft-Element).
Farbzuordnung im Lebensbaum: 4. Kraftzentrale.
Chakrazuordnung: 5. Chakra.
Als Heilfarbe: Wirkt beruhigend bei nervösen Beschwerden, bei Schlafproblemen, bei Fieber, bei Entzündungen, bei zu hohem Blutdruck.

Rot: Aktivität. Dynamik. Lebensfreude. Vitalität. Durchsetzungskraft. Männlich-aktive Kraft. Eigenwillen. Schaffenskraft. Emotionalität. Willenskraft. Entschlossenheit. Leidenschaft. Temperament. Mut. Verwirklichung. – Kampf. Aggression. Wut.
Symbol des Elements Feuer im Tarot.
Farbzuordnung im Lebensbaum: 5. Kraftzentrale.
Chakrazuordnung: 1. Chakra.
Als Heilfarbe: Wirkt belebend und entschlackend.

* Siehe auch: Heinrich E. Benedikt, »Die Kabbala – Farbe, Zahl, Ton und Wort als Tore zu Seele und Geist«, Verlag Hermann Bauer, und Ingrid S. Kraaz von Rohr, Begleitheft zu dem Spiel »Die Farbkarten«, AG Müller.

Gelb: Geistiges. Denken. Weisheit. Spiritualität. Erkenntnis. Einsicht. Wahrheitssuche. Strahlen. Heiterkeit. Wärme. Offenheit. Lebensfreude. Autorität. Persönlichkeit. Kommunikation. Schnelle Auffassungsgabe. Beweglichkeit. – Intellektualismus. Ironie. Abgehobenheit.
Symbol des Elements Luft im Tarot.
Farbzuordnung im Lebensbaum: 6. Kraftzentrale.
Chakrazuordnung: 3. Chakra.
Als Heilfarbe: Wirkt entschlackend und entgiftend und »hellt« auf bei Mutlosigkeit, Resignation, Krankheit.

Die drei Sekundärfarben – Farben der Wandlung (Egotransformation)

Grün (Verbindung von Blau und Gelb): Natur. Wachstum. Fruchtbarkeit. Kreativität. Innere Ausgeglichenheit. Harmonie. Frieden. Ausgewogenheit. Heilung. Ausdehnung. Naturverbundenheit. Werden und Vergehen. Innewohnendes universelles Lebensprinzip. Vertrauen. Hoffnung. – Trägheit. Zu starke Anpassung.
Das Blau wird »durchlichtet«, das Gelb mehr »geerdet« (Gegenpol und Ergänzung ist Rot).
Farbzuordung im Lebensbaum: 7. Kraftzentrale.
Chakrazuordnung: 4. Chakra.
Als Heilfarbe: Wirkt entspannend, harmonisierend und entkrampfend bei Stauungen. Schafft Raum, Vertrauen und Gelassenheit bei Beengungen.

Orange (Verbindung von Rot und Gelb): Lebensfreude. Entfaltung. Schaffenskraft. Kreative Ausdruckskraft. Vergeistigung. Wärme. Herzlichkeit. Liebe. Barmherzigkeit. Neue Ideen. – Vorurteile. Nervosität.
Die dynamischen Energien des Rot werden durch das Gelb »verfeinert« (Gegenpol und Ergänzung ist Blau).

Farbzuordnung im Lebensbaum: 8. Kraftzentrale.
Chakrazuordnung: 2. Chakra.
Als Heilfarbe: Wirkt öffnend und belebend bei Depressionen. Bringt Lebensfreude. Aktiviert Stoffwechsel und Atmung.

Violett (Verbindung von Blau und Rot): Vereinigung von männlich und weiblich. Verschmelzung. Hingabe. Opfer. Reinigung. Läuterung. Überwindung der Welt. Verwandlung. Religiosität. Versenkung. Mystische Schau. Meditation. Spiritualität. – Rausch. Leiden. Die dynamischen Energien des Rot finden im Blau Beruhigung und Verankerung (Gegenpol und Ergänzung ist Gelb).
Farbzuordnung im Lebensbaum: 9. Kraftzentrale.
Chakrazuordnung: 7. Chakra, manchmal auch 6. Chakra.
Als Heilfarbe: Wirkt beruhigend. Reinigung von Körper, Seele und Geist. Steigert Abwehrtätigkeit. Trägt bei zur Harmonisierung beider Gehirnhälften.

Komplementärfarben

Sie werden auch Gegenfarben genannt, weil sie sich im Farbkreis gegenüber liegen. Sie stellen einerseits den größten Kontrast und andererseits die jeweilige Ergänzung dar.

Rot und Grün.
Blau und Orange.
Gelb und Violett.

Die drei Tertiärfarben

Manchmal auch Hüllfarben genannt. Die Hauptfarbe »verhüllt« sich durch ihre Komplementärfarbe. Verbindung von jeweils zwei Anteilen einer Grundfarbe mit einem Anteil der ihr komplementären Sekundärfarbe.

Braun (Verbindung von 2 Anteilen Rot und 1 Anteil Grün): Erde. Materie. Schutz. Erdung und Erhalt des Körpers. Erdverbundenheit. – Übermäßiges Sicherheitsstreben. Haltsuche in Strukturen. Verborgene Selbstsucht. Starrheit.
Farbzuordnung im Lebensbaum: Wird gemeinsam mit Zitringelb, Olivgrün und Schwarz der 10. Kraftzentrale zugerechnet.

Oliv (Verbindung von 2 Anteilen Gelb und 1 Anteil Violett): Wissen. Geistigkeit. – Intellektualismus. Besserwisserei.
Farbzuordnung im Lebensbaum: Wird gemeinsam mit Rostbraun, Zitringelb und Schwarz der 10. Kraftzentrale zugeordnet.

Blauschiefer/Grau (Verbindung von 2 Anteilen Blau und 1 Anteil Orange): Ruhe. Struktur. – Kühle. Distanz. Unklarheit. Ängstlichkeit.
Farbzuordnung im Lebensbaum: 2. Kraftzentrale – Hellgrau = Weisheit.

Weitere Farben im Tarot

Rosa (Pastellfarbe – Mischung der Grundfarbe Rot mit Weiß – »verfeinertes«, »aufgehelltes« Rot): Selbstlose Liebe. Empfindsamkeit. Zärtlichkeit. Herzenswärme. Harmonie. Mitgefühl. Nächstenliebe.

Indigo: Farbe des Glaubens und der Versenkung. Tiefe. Inneres Wissen. Selbstlosigkeit. Mediale Fähigkeiten.
Chakrazuordnung: Manchmal das 6., manchmal auch das 7. Chakra.

Purpur: Farbe hoher spiritueller Reife und Verantwortung und insofern Farbe der Kardinäle und der Kaiser.

Nicht-Farben

Weiß: Vollkommenheit. Reinheit. Unschuld. Selbstlosigkeit. Klarheit.
Farbzuordnung im Lebensbaum: 1. Kraftzentrale.
Chakrazuordnung: Manchmal 7. Chakra.

Schwarz: Materie. Struktur. Unbewußtheit. Energieblockade.
Farbzuordnung im Lebensbaum: 3. Kraftzentrale und außerdem gemeinsam mit Olivgrün, Zitringelb und Rostbraun Teil der 10. Kraftzentrale.

Für alle, die mit Farben arbeiten

Es gibt Aura-Soma-Balance-Öle zu allen Tarotkarten (siehe hierzu: Irene Dalichow/Mike Booth: »Aura-Soma«, Knaur Verlag).
Im Verana-Farbfolien-System sind Folien zu allen Tarotkarten erhältlich.

Lebensbaum und Farben

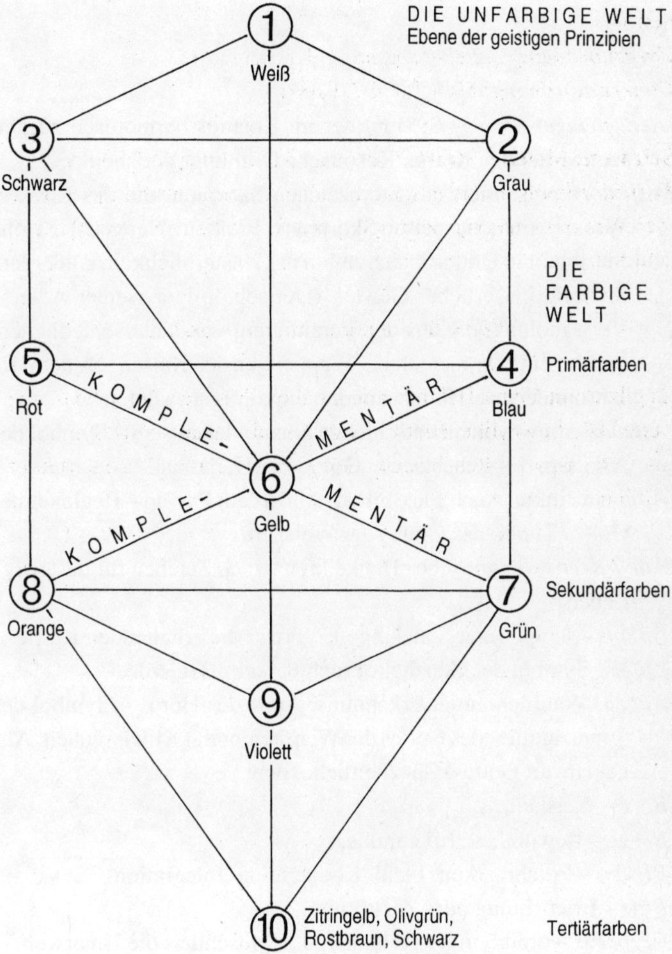

Stichworte zur Tarot-Bildsymbolik

Achtzackiger Stern – Symbol der im Kosmos harmonisch zusammenwirkenden Kräfte. Kosmische Ordnung. Weisheit.

Adler – repräsentiert das Sternzeichen Skorpion und das Element Wasser (transformierter Skorpion). Freiheit. Neugeburt. Hohe Spiritualität. Götterbote. Symbol der Unsterblichkeit. Außerdem Sinnbild kaiserlicher Gewalt. (Doppelköpfiger weißer Adler – Verwandlung, die aus der Vereinigung von Unterschiedlichem hervorgeht. Doppeladler – Wappentier der Kaiser seit dem 15. Jahrhundert; ab 19. Jahrhundert einköpfiger Adler.)

Äskulap-Stab – von einer Schlange umwundener Stab – Symbol des Äskulap, des griechischen Gottes der Heilkunst.

Affe – Instinkte. Auch Flexibilität. Außerdem Pavian – Begleiter des Gottes Thoth, des Gottes der Weisheit.

Ankh-Kreuz – ägyptisches Henkelkreuz, u. a. Zeichen für das ewige Leben.

Anubis – ägyptischer Schakalgott. Vertritt die erhaltenden Kräfte.

Apfel – Symbol der Ganzheit. Fruchtbarkeit. Begierde.

Auge – Wahrnehmung. Erkenntnis. Auge des Horus – Symbol des Sonnengottes, des Gottes der Wahrnehmung. Allwissenheit, Allgegenwart Gottes. Ganzheitliche Sicht.

Bart – Weisheit.

Berge – Bewußtheit. Erkenntnis.

Bienen – Fruchtbarkeit. Fleiß. Kooperation. Integration.

Blitz – Erleuchtung oder Zerstörung.

Cerberus – dreiköpfiger Höllenhund, repräsentiert die Unterwelt.

Delphin – dem Menschen freundlich gesinntes Tier. Zeichen der Fruchtbarkeit.

Dionysos – Gott der Fruchtbarkeit und des Weines.

Dreieck – Spitze nach oben: Geistigkeit, Männliches, Himmel. Spitze nach unten: Natur, Weiblichkeit, Erde.

Dromedar/Kamel – Geduld, Genügsamkeit. Weisheit.

Ei (geflügelt) – Verwandlung, Erneuerung, Äther.

Ei (mit Schlange) – Fruchtbarkeit. Kreative Kräfte.

Einhorn – Einheit.

Elefant – Kraft. Bodenständigkeit.

Ellipse – wiedergefundene Einheit.

Erde – Materie.

Fackel – reinigende Kraft.

Falke – mit Maske: gezügelte Leidenschaft; ohne Maske: Freiheit, Leidenschaftlichkeit.

Federn – Element Luft. Denken, Bewußtheit.

Feuerkugel (geflügelt) – das Allwissende.

Fisch – Glauben. Phantasie. Fruchtbarkeit. Weisheit. Christussymbol.

Flügel – Bezug zur Transzendenz. Bewußtheit. Geflügeltes Wesen: Symbol für Wassermann – Element Luft.

Frau – das Unbewußte. Innere Stimme. Gefühle. Natur- und Körperbezug. Sinnlichkeit. Mütterlichkeit.

Fünfstern (Pentagramm) – vier Elemente vereinigt mit dem fünften, dem Äther/Geist. (Spitze nach oben: Harmonie, Verbindung oben–unten, Streben nach Geistigem; Spitze nach unten: die Materie herrscht über die Geistigkeit, Ungleichgewicht, Schwarze Magie.)

Globus (geflügelt) – transformierte irdische Kraft. »Vergeistigte« Erde.

Granatäpfel – Fruchtbarkeit.

Haare – langes Haar: Bewußtheit; blondes, gelbes Haar: Bewußtheit, Erkenntnis.

Helm (geflügelt) – Intuitionen.

Hermes – Götterbote. Merkur. Oft dargestellt mit Flügelschuhen, Reisehut und Heroldstab.

Hörner (besonders lang) – erweiterte Wahrnehmung.

Hund – Instinkte. Aber auch domestizierte Triebe, Anpassung.

Ibis-Vogel – heiliger Vogel; Symbol für den Gott Thoth, Gott der Weisheit.

Irisblüten – die Blume Iris ist der Göttin Diana zugeordnet, der Göttin der Jagd.

Kamel – siehe Dromedar.

Kelch – Träger des Elements Wasser. Gefühle, Beziehungen, Phantasie, Liebe, innere Stimme.

Kind – das innere Kind. Ursprünglichkeit. Natürlichkeit. Unschuld. Reinheit.

Kopfbedeckungen (Krone, Hut, Helm) – hohe Bewußtheit.

Krebs – Gefühle. Beziehungen. Familie.

Kreis – Ganzheit.

Kreuz – Vereinigung der verschiedenen Pole. Zeichen der irdischen Hemisphäre – Welt der vier Elemente.

Kristall – Klarheit. Weisheit. Schutz- und Heilkraft.

Krokodil – Symbol für den ägyptischen Gott der Kreativität. Aber auch Ur-Instinkte und Gefahren des Wasser-Elements.

Krone – Bewußtheit. Königliches Attribut. Kether, die erste Kraftzentrale im Lebensbaum, auch Krone genannt – Einheit, Ganzheit.

Kupfer – Metall der inneren Heilung.

Lamm – Christussymbol. Königszeichen.

Lemniskate (liegende Acht) – Unendlichkeitszeichen. Unendlich fließende Kraft. Verbindung zweier Welten.

Lilie – heilige Blume. Blume der Reinheit, aber auch des Todes.

Lingam – Phallus. Zeugungskraft (siehe auch Lingam und Yoni).

Lingam und Yoni – hinduistisches Zeichen für Vereinigung von männlich und weiblich.

Löwe – König der Tiere. Repräsentant aller Ausdrucksformen der vitalen Kräfte. Verkörpert das Element Feuer – Kraft. Mut. Stärke. Macht.

Löwenschlange – vereinigt Licht und Dunkel in sich.

Lotus – symbolisiert das Element Wasser (Lotus hat seine Wurzeln im Wasser, wächst aus dem Wasser heraus und öffnet sich dem Licht) – Reinheit, Liebe.

Malteserkreuz – Vereinigung von Spirituellem und Materiellem.

Mann – Bewußtheit. Verstand. Aktivität. Durchsetzung.

Mond (Mondsicheln) – Welt der Bilder. Das Unbewußte. Weiblichkeit. Gefühle. Das Innere. Empfänglichkeit. Natur.

Münze – Träger des Elements Erde. Solidität. Sicherheit. Gute finanzielle Basis. Gesundheit.

Muschel – Weiblichkeit. Uterus.

Nacktheit – Ganzheit. Ursprünglichkeit. Offenheit. Freiheit.

Naturkreuz – die vereinigten vier Elemente.

Nut – ägyptische Himmelsgöttin.

Palme – Friede. Glaube. Fruchtbarkeit.

Pelikan, Schwan – Mutterliebe. Fürsorge (ernährt die Jungen mit dem eigenen Blut).

Pentagramm – siehe Fünfstern.

Pfeil und Bogen – Zielgerichtetheit. Direktheit (Attribut der Artemis, der Göttin der Jagd).

Pferd – Vitalkräfte. Sexualität. Schnelligkeit.

Phoenix – Wandel. Neues. Unsterblichkeit. Auferstehung aus der Asche. Wiedergeburt.

Pinienzapfen – spirituelles Wachstum.

Quadrat – Zeichen für Materie. Die materielle Welt.

Rad – Zeichen des ewigen Kreislaufs.

Reichsapfel – verantwortungsvoller Umgang mit weltlicher Macht.

Regenbogen – Ganzheit. Verbindung Himmel und Erde. Harmonie.

Rose – Liebe. Weiblichkeit. Schönheit. Passion (bei Crowley oft auch im Zusammenhang mit Schwerter-Karten – Bewußtheit, Klarheit).

Säulen – Stabilität. Verbindung Himmel–Erde (2 Säulen – Polarität).

Salamander – Feuerzeichen.

Schakalköpfiges Wesen – ägyptischer Gott Anubis (siehe auch Anubis).

Scheiben (Münzen) – Erde als Scheibe. Träger des Elements Erde – Welt der Vielfalt. Bodenständigkeit. Verwirklichung. Geld. Besitz. Gesundheit.

Schlange – Verführung. Weisheit. Transformation (Häutung). Symbol der Lebens- und Todeskraft. Geflügelte Schlange – Gott der Weisheit. Ineinandergeschlungene Schlangen – Heilung. Gesundheit (Schlangenkraft Kundalini).

Schmetterling – Element Luft. Leichtigkeit. Transformation (Wandlung der Raupe zum Schmetterling). Freiheit.

Schwan – siehe Pelikan.

Schwert – Symbol des Elements Luft – Verstand. Denken. Bewußtheit. Kommunikation.

Sechseck (auch Siegel Salomons) – Durchdringung und unauflösliche Verbindung der Gegensätze Feuer und Wasser, männlich und weiblich, Himmel und Erde.

Seerose – Symbol für das Element Wasser (sie wurzelt im Wasser) – Liebe. Träume. Phantasie. Reinheit.

Skarabäus-Käfer – Käfergestalt des altägyptischen Sonnengottes Re. Der Käfer hält in seinen Zangen das Symbol der Sonne, Träger des erneuernden Lichts.

Skorpion – Tod und Wiedergeburt. Stirb und Werde. Astrologisches Wasserzeichen.

Sphinx – repräsentiert die vier Elemente. Weisheit. Im Alten Ägypten Herrschersymbol. Im griechischen Mythos tötet die Sphinx vor Theben den Vorübergehenden, der ihr Rätsel nicht lösen kann. Ödipus findet schließlich die Lösung.

Sonne – Feuer. Lebensspender. Bewußtheit. Kreativität. Männliches Prinzip.

Sonnenblumen – Sonne. Feuer. Freude.

Sonnenscheibe (geflügelt) – hohe Bewußtheit. Sieg. Schutzzeichen gegen das Böse.

Stab – Träger des Elements Feuer – Aktivität. Kreativität. Vitalität. Wollen. Stärke. Macht.

Sessel, Stühle – Erdverbundenheit. Materie.

Stab mit geflügelter Kugel und Schlangen (des Horus) – Zeugungskraft.

Stadt (Häuser) – materielle Welt.

Sterne (Sternenhimmel, Sternenbaldachin) – Sinnbild himmlischer Mächte und der kosmischen Ordnung.

Stier – symbolisiert das Element Erde. Fruchtbarkeit. Bodenständigkeit. Sinnlichkeit.

Taube – Frieden. Reinheit. Der Heilige Geist. Vogel der Aphrodite, der Weiblichkeit.

Tische – Materie.

Tiara – dreistufige Kopfbedeckung des Priesters. Hohe Spiritualität.

Tiger – Instinkte. Kraft, aber auch Angst.

Tiere (vier Tiere in den Ecken) – vier Elemente: Sternzeichen Wassermann – Element Luft, Sternzeichen Skorpion/Adler – Element Wasser, Sternzeichen Löwe – Element Feuer, Sternzeichen Stier – Element Erde.

Wasser – Symbol für das Unbewußte, für Gefühle.

Weintrauben – Fruchtbarkeit. Sinnengenuß.

Widderköpfe – Element Feuer. Kraft. Kampf. Dynamik. Neues.

Wolf – Wildheit. Ungezähmte Triebe.

yin und yang – kosmische Ganzheit. Chinesisches Zeichen für vereinigte männliche und weibliche Kräfte.

Yoni – weiblicher Schoß (siehe auch Lingam und Yoni).

Zepter – Herrscherstab. Symbol der Macht und Fruchtbarkeit.

Ziegenbock – dunkle Triebe. Lüsternheit. Symbol des Gottes Pan (halb Mensch, halb Ziegenbock), des Gottes der Hirten und Jäger. Tritt im Gefolge des Dionysos auf als Anführer der Satyrn (Fruchtbarkeitsdämonen).

Astrologische Symbole

Die 12 Tierkreiszeichen		Die Herrscherplaneten	
Widder	♈	Mars	♂
Stier	♉	Venus	♀
Zwillinge	♊	Merkur	☿
Krebs	♋	Mond	☾
Löwe	♌	Sonne	☉
Jungfrau	♍	Merkur	☿
Waage	♎	Venus	♀
Skorpion	♏	Pluto	♇
Schütze	♐	Jupiter	♃
Steinbock	♑	Saturn	♄
Wassermann	♒	Uranus	♅
Fische	♓	Neptun	♆

Teil V

Die Tarotkarten als Hilfsmittel bei psychischen Transformations- und Wachstumsprozessen

Der Spiegel

Zwei Menschen
begegnen sich
Werden
von unsichtbarer Kraft
zusammengeführt
Sie wissen nicht warum
In ihnen
klingt plötzlich etwas an
Sie begegnen Vertrautem
Trotz äußerer Fremdheit
spüren sie Gleiches
Der eine
dient dem anderen
als Spiegel
Darin erblickt er
sich selbst
den anderen
die Welt
das eine
das überall wirkt

Der Schatten – seine Integration und Transformation

Der Schatten ist – einfach gesagt – all das, was uns von unserer Mitte trennt, weil wir unsere Kräfte entweder überziehen oder zu wenig einsetzen. Im Schattenbereich der Tarotkarten befindet sich das, was wir an uns und anderen nicht mögen, was uns Schwierigkeiten bereitet, all die Verletzungen der Kindheit, unsere Ängste, das negative Denken über uns und andere, ständiges Absichern, Anpassung, unterdrückte Wut, aber auch übermäßiges Genußstreben und zu starker Ehrgeiz, der uns ständig zu Höchstleistungen antreibt, weil wir alles »super« machen wollen und immer Erster und Bester sein müssen.
Wenn diese Muster nicht erkannt werden, so bleibt der Mensch im negativen Kindheits-Ich stecken, sieht nur sich und seine Ziele, oder aber er liebt weder sich noch andere, ist voller Mißtrauen, verschließt sich oder paßt sich zu stark an und strebt vielleicht ständig nach Anerkennung von Eltern und »Ersatzeltern«, glaubt, nur über Leistung liebenswert zu sein. Mit all dem lebt er nicht aus seiner Mitte heraus, sondern er lebt den Schatten.
Auf die vier Elemente bezogen, heißt das:

Element Feuer: Im einen Extrem sind wir überaktiv, unstet, egozentrisch, wollen andere überflügeln und beherrschen und bekämpfen manchmal wie kleine Kinder alles, was sich uns in den Weg stellt. Im anderen Extrem stehen wir zu wenig zu uns, haben Schwierigkeiten, unsere Kreativität zu entfalten, uns durchzusetzen, Konflikte auszutragen, und sind dadurch negativ und pessimistisch.

Element Wasser: Im einen Extrem erwarten wir das Paradies auf Erden, verschwimmen in Tagträumen und Illusionen und gehen mit anderen Menschen eine kindliche Symbiose ein. Im anderen Extrem sind wir voller Mißtrauen, haben ganz große Ängste und gehen auf Distanz zu anderen Menschen, um nicht wieder verletzt zu werden. Wir lieben weder uns noch andere.

Element Luft: Im einen Extrem sind wir ganz und gar »verkopft«, versuchen alles zu kontrollieren und schneiden uns von unseren Gefühlen und unserem Innern und damit auch von anderen Menschen ab. Wir reglementieren, leben triebfeindlichen Normen entsprechend und verurteilen und bekämpfen alles, was nicht unseren Wertvorstellungen genügt. Im anderen Extrem sind wir gefangen im negativen Denken, mögen keine Entscheidungen treffen, grübeln, statt zu handeln, sind voller Zweifel und Angst vor Fehlern. Manchmal begeben wir uns deshalb in die Abhängigkeit von Autoritäten, deren Maßstäbe wir dann unreflektiert übernehmen, oder aber wir bekämpfen gerade diese Autoritäten, bleiben die ewigen »Revoluzzer«.

Element Erde: Im einen Extrem vergötzen wir die Materie, sehen nur auf Äußeres, auf Status, Besitz, Geld, wollen alles perfekt machen, leben konservative Rollen und Traditionen, sind übermäßig genuß- und sinnenbezogen. Im anderen Extrem haben wir keinen inneren Bezug zur Materie, sind zu wenig bodenständig, verwirklichen uns nicht und leben in ganz starken Ängsten vor Verlust und Krankheit und sehen das Leben in der materiellen Welt nur negativ.

In all diesen Beispielen sind wir nicht in unserer Mitte, leben insgesamt nur im Sinne unseres Ego und stehen nicht in Verbindung mit unserem höheren Selbst und der spirituellen Welt, mit der Ebene, wo wir herkommen.
Das Ziel wäre aber: volle Kraftentfaltung, Lebendigkeit, Selbstvertrauen, Durchsetzungs- und Begeisterungsfähigkeit, Kreativität (Element Feuer); Liebe, Phantasie, Hingabe, Vertrauen, Freude

(Element Wasser); Klarheit, Bewußtheit, Entscheidungs- und Konfliktfähigkeit, Kommunikation (Element Luft); gute Verankerung im Körper, in der Natur, in der materiellen Welt, Sinnenbezug, Verwirklichung, Bodenständigkeit (Element Erde).

Wir werden so lange im Schatten verharren, wie wir unsere alten Muster nicht »erlösen«. Dazu ist ein Transformationsprozeß erforderlich, der mehrere Schritte umfaßt. Zunächst gilt es, unseren Schatten überhaupt zu erkennen. Darauf folgt dann, ihn sich immer weiter bewußtzumachen, ihn anzunehmen und mit uns selbst ins reine zu kommen. Erst danach sind wir in der Lage, auch die zu verstehen, die uns geprägt haben, und auch ihnen zu verzeihen. Nur wenn wir uns und anderen vergeben, können wir das Alte loslassen und uns dem Wandel öffnen.

Wenn im Tarot eine Karte auftaucht, die das vielleicht problematische Verhältnis zwischen uns und einem anderen Menschen anspricht, so geht es zunächst einmal darum, das Ganze als unser Thema zu begreifen und auch den Schatten sehr genau anzusehen. Wir können davon ausgehen, daß im Konfliktfall zwischen zwei Menschen immer beide in irgendeiner Form daran beteiligt sind – sonst hätten sie kein Problem miteinander. Wie die Tarotkarten uns Spiegel sind, so sind es auch die anderen Menschen. Das, was wir an ihnen am meisten bekämpfen, hat in irgendeiner Form auch mit uns zu tun – entweder weil wir es auch haben, es uns wünschen oder aber weil es uns Schwierigkeiten bereitet, da wir es uns vielleicht verbieten und evtl. sogar neidisch sind.

Wenn wir ehrlich mit uns sind, so werden wir feststellen, daß wir gar nicht immer nur »Opfer« sind, sondern auch »Täter«. Wenn wir uns im Schattenbereich wiedererkennen, so bleibt uns nichts anderes übrig, als uns auch damit anzunehmen. Wenn beispielsweise eine Mutter im Umgang mit ihrem Kind die Karte Königin der Schwerter zieht und sich im Schatten wiedererkennt und nun ganz negativ und auch voller Schuldgefühle ist, weil sie ihr Kind manchmal so verletzt, so wäre ein erster Schritt, zunächst einmal nur sich zu sehen –

warum muß sie so rechthaberisch sein und so reglementieren? Welchen Wertvorstellungen folgt sie? Wo liegen ihre Ängste und ihre tiefen Verletzungen, aus denen heraus sie so wenig Vertrauen hat und so streng sein muß? Sie sollte sich also mit ihren Anschauungen, ihren eigenen Ängsten, Verletzungen und Enttäuschungen auseinandersetzen und sich selbst mit all dem liebevoll annehmen. Wenn sie das nämlich nicht tut, so wird sie entweder die Schuld nur beim Kind suchen oder aber sich selbst zu kontrollieren versuchen, um ihr Kind nicht weiter zu verletzen. Das macht sie jedoch immer verhärteter, denn sie lebt dann ständig in der Angst, daß ihre strenge Seite doch durchbricht. Mit all diesen Gedanken zieht sie aber genau das an und lebt das, was sie auf jeden Fall vermeiden möchte.
Nur über die Schritte Erkennen, Bewußtmachen und Annehmen des Schattens ist Transformation möglich, der Weg von der Dunkelheit ins Licht, in die eigene Mitte – zu Kraft, Vertrauen, Liebe, Klarheit, Freude.

Affirmationen zu den 78 Tarotkarten

Affirmationen dienen dazu, negative Inhalte der Psyche durch positive zu ersetzen, um auf diese Weise »neues Leben« zu bringen. Aus der Kindheit ruht in allen von uns vieles an Negativ-Botschaften bzw. auch an entsprechenden Interpretationen unsererseits über uns und die Welt, was dann in heutigen Situationen hochkommt: Das kann ich nicht, mich mag keiner, den anderen geht es gut, mir schlecht …

Durch die Tarotkarten als Schlüssel zum Unbewußten ist es möglich, mit diesen alten Inhalten in Berührung zu kommen, sie zu erkennen, sich bewußtzumachen und anzunehmen. Ein weiterer sehr wichtiger Schritt wäre dann, die Psyche durch neue positive Botschaften »aufzuladen«. Bei diesem Prozeß können Affirmationen eine ganz große Hilfe sein, weil sie Leitsätze »senden«, deren Inhalte Kraft, Liebe, Klarheit und Freude sind.

Wer mit Affirmationen arbeitet, sie intensiv auf sich wirken läßt und ihre Botschaften aufnimmt, der hat eine gute Chance, neue Lebendigkeit in sich zu erwecken, denn sie wirken tief in die Strukturen der Psyche hinein.

Mit der Affirmation einer zur Zeit besonders wichtigen Karte könnte man sich beispielsweise vor dem Schlafengehen noch einmal befassen, damit sie dann nachts im Innern »arbeiten« kann. Genauso ist es möglich, die Karte in die Meditation mit einzubeziehen. Hilfreich wäre auch eine Kartenmeditation (siehe S. 63), die die Affirmation mit einschließt. Mancher spricht die Affirmation auch mehrmals während des Tages vor sich hin bzw. denkt intensiv daran, besonders in einer Situation, wo er Kraft braucht.

Die Großen Arkana

O Der Narr
Ich folge meinen inneren Impulsen, fühle mich leicht und frei und wage den Sprung ins Neue.

I Der Magier
Ich bin voller Kraft und Kreativität, ich schaffe und gestalte und verfolge meine Ziele.

II Die Hohepriesterin
Ich fühle mich getragen von kosmischen Kräften, öffne mich der inneren Weisheit und bin voller Vertrauen, Hingabe und Empfänglichkeit.

III Die Herrscherin/Die Kaiserin
Ich liebe das Leben, gebe aus der inneren Fülle heraus, bin fürsorglich, sinnlich und kreativ.

IV Der Herrscher/Der Kaiser
Ich bin stark und setze meine Kraft zum Wohl des Ganzen ein, voller Verantwortungsbewußtsein, Toleranz und Ehrfurcht vor dem Leben.

V Der Hierophant/Der Hohepriester
Ich lasse mich leiten von der inneren Führung und bringe die höhere Wahrheit voller Menschenliebe in die Welt ein.

VI Die Liebenden
Ich liebe mich, verbinde mich in Liebe einem anderen Menschen, vereinige Gegensätze und treffe eigene »Herzens-Entscheidungen«.

VII Der Wagen
Ich verlasse Altes, gehe meinen eigenen Weg, verbinde die unterschiedlichen Kräfte und meistere mein Leben und Herausforderungen.

VIII Kraft/XI Lust
Ich sage ja zur animalischen Seite und beziehe aus ihr Kraft und Lebensfreude.

IX Der Eremit
Ich besinne mich auf mich selbst, finde das Licht in mir, gehe meinen Weg und lerne aus meinen Lebenserfahrungen.

X Rad des Schicksals/Glück
Ich weiß mich eingebunden in die kosmischen Kräfte, sage ja zum Auf und Ab des Lebens und zu Veränderungen und nutze meine Chancen.

XI Gerechtigkeit/Ausgleichung
Ich sehe mir beide Seiten an, bringe die verschiedenen Kräfte voll innerer Klarheit in die Balance, entscheide sachlich und urteile gerecht und tolerant.

XII Der Gehängte
Ich lasse los, betrachte die Welt von einer anderen Warte aus, ich regeneriere mich und gewinne neue Einsichten.

XIII Tod
Ich akzeptiere Leid, Unsicherheit und immer neue Abschiede als Bestandteil des Lebens, lasse alles Lebensfeindliche los und gewinne so neues Leben.

XIV Mäßigkeit/Kunst
Ich bin offen für einen Wandel, bringe die unterschiedlichen Kräfte in ein neues Verhältnis zueinander und bemühe mich, mein Maß zu finden.

XV Der Teufel
Ich nehme das sogenannte Böse an, lerne mit diesen Kräften umzugehen und die in ihnen gebundene Kraft konstruktiv ins Leben einzubringen.

XVI Der Turm
Ich bin bereit zu einem Umbruch, zu einem Bewußtseinswandel, so daß ich herunterkomme vom »Turm« meines Ehrgeizes, meiner Illusionen und Ängste.

XVII Der Stern
Ich habe großes Vertrauen in die höhere Weisheit, schöpfe aus den inneren Tiefen und lasse meinen »Stern« leuchten.

XVIII Der Mond
Ich gehe hinein in die Welt der Bilder, stelle mich alten Ängsten und akzeptiere meine »Nachtseite«, meine Weiblichkeit, die Natur.

XIX Die Sonne
Ich strahle aus meiner inneren Mitte heraus, bin voller Ursprünglichkeit, »Sonne« und Lebensfreude.

XX Gericht/Das Aeon
Ich folge dem Ruf meines Selbst nach Neuorientierung, erstehe auf aus Einengendem, »erwache« zu hoher Bewußtheit und Gesamtschau.

XXI Die Welt/Das Universum
Ich lebe in Einklang mit den kosmischen Kräften, bringe mich ein in die Welt und bin voller Flexibilität und Leichtigkeit.

Die Zahlenkarten

As der Stäbe
Ich bin erfüllt von Kraft und Vitalität, ergreife die Chance, die sich bietet, und handle voller Kreativität und Freude.

As der Kelche
Ich bin voller Vertrauen und Liebe, weiß mich getragen von kosmischen Kräften und öffne mich allem um mich herum.

As der Schwerter
Ich bin voller Klarheit und Bewußtheit, entscheide zielsicher, urteile gerecht und bin offen und fair im Meinungsaustausch.

As der Münzen/Scheiben
Ich nehme dankbar die Geschenke und den Reichtum des Lebens an, nutze Chancen und verwirkliche mein Potential.

2 Stäbe
Ich ruhe kraftvoll in mir, ergreife die Initiative und setze mich klar, selbstsicher und verantwortungsbewußt für mich und meine Ziele ein.

2 Kelche
Ich liebe mich, verbinde mich in Liebe einem anderen Menschen, bin voller Vertrauen und kann Liebe geben und empfangen.

2 Schwerter
Ich finde Frieden in mir, indem ich inneres und äußeres Wissen vereine, Unterschiedliches verbinde und in Ruhe kläre und entscheide.

2 Münzen/Scheiben
Ich stelle mich vertrauensvoll, voller Flexibilität und Leichtigkeit dem Auf und Ab des Lebens und sage ja zu Veränderungen und zu Neuem.

3 Stäbe
Ich bin gut verwurzelt im Leben, handle souverän aus großer Reife heraus und bin offen für innere Impulse und für Neues.

3 Kelche
Ich genieße dankbar das, was mir gegeben ist, gebe meinerseits und bin voller Hingabe, Vertrauen und Liebe.

3 Schwerter
Ich setze mich mit jetzigem und altem Leid auseinander, nehme mich und unabänderliche Grenzen an, befreie mein Herz und lasse los.

3 Münzen/Scheiben
Ich verwirkliche mein Potential mit Hingabe und Fleiß, voller Liebe zum Leben und Freude an der Arbeit.

4 Stäbe
Ich bringe mich voller Freude ins Leben ein, verbinde Gegensätzliches und finde Erfüllung in meinem Tun.

4 Kelche
Ich ruhe in mir, nehme die Geschenke des Lebens an, genieße emotionale Nähe, bleibe dabei aber mir selbst treu.

4 Schwerter
Ich lasse los, halte Zwiesprache mit mir selbst und der inneren Weisheit und gönne mir eine Pause.

4 Münzen/Scheiben
Ich schaffe mir eine gute Lebensgrundlage, erkenne, was ich wirklich brauche, und lasse los, was das Leben einengt und unfrei macht.

5 Stäbe
Ich setze mich ein für meine Ziele und erkenne, wo ich mich Konflikten und Herausforderungen stellen oder wo ich innehalten und aufhören sollte.

5 Kelche
Ich nehme Leid und Krisen an als Bestandteil des Lebens, gebe mich hinein, komme dabei mir selbst nahe, lasse los und suche neue Wege.

5 Schwerter
Ich orientiere mich in Krisen und Konflikten an der inneren Wahrheit, lerne aus Fehlern und verfalle weder in Rechthaberei noch in Entmutigung.

5 Münzen/Scheiben
Ich nehme Krisen an als Herausforderung des Schicksals, lasse negative Gedanken los und vertraue darauf, daß ich es schaffe und daran wachse.

6 Stäbe
Ich bin voller Kraft, Selbstvertrauen und Optimismus, verfolge klar und selbstsicher meine Ziele und glaube an meinen Erfolg.

6 Kelche
Ich liebe mich und das Leben, verbinde mich in Liebe mit anderen Menschen und kann genießen und mich freuen.

6 Schwerter
Ich finde Klarheit und Orientierung in meiner inneren Mitte, lasse das los, was mir nicht mehr entspricht, öffne mich Neuem und gehe meinen Weg.

6 Münzen/Scheiben
Ich verwirkliche mich aus meiner Mitte heraus, glaube an meinen Erfolg, kann selbstlos geben und dankbar nehmen.

7 Stäbe
Ich vertraue in meine Kraft, stehe zu mir und stelle mich mutig allen Herausforderungen und Hindernissen.

7 Kelche
Ich öffne mich meinen Wünschen und Ängsten, durchschaue Illusionen und Gefahren und erkenne, was ich brauche, was mir Freude und Kraft gibt.

7 Schwerter
Ich verlasse mich in schwierigen Situationen auf meine Flexibilität und Geschicklichkeit, baue Tabus ab und mache es mir nicht unnötig schwer.

7 Münzen/Scheiben
Ich vertraue in meine Fähigkeiten, verfolge geduldig meine Ziele und wachse an Herausforderungen.

8 Stäbe
Ich setze meine Kraft schnell und zielgerichtet ein und kommuniziere klar und offen.

8 Kelche
Ich lasse los, besinne mich auf mich selbst und gehe meinen Weg in Einklang mit der inneren Wahrheit.

8 Schwerter
Ich lasse Zweifel, negatives Denken, lebensfeindliche Maßstäbe los, vertraue in mich, treffe eigene Entscheidungen und riskiere, Fehler zu machen.

8 Münzen/Scheiben
Ich arbeite mit Hingabe, Gewissenhaftigkeit und Fleiß, vertraue in meine Fähigkeiten und bin offen für Neues.

9 Stäbe
Ich begegne mit meiner Kraft allen Ängsten und Hindernissen und setze mich ein für das, was von innen kommt.

9 Kelche
Ich ruhe vertrauensvoll in mir, weiß mich getragen von kosmischen Kräften, kann genießen, loslassen und mich freuen.

9 Schwerter
Ich setze mich mit meiner Negativität, Zweifeln und Ängsten auseinander, um mich davon zu lösen und wieder liebevoll und lebendig zu werden.

9 Münzen/Scheiben
Ich lebe in Einklang mit Körper, Geist und Seele, kann arbeiten und genießen und verwirkliche das, was von innen kommt.

10 Stäbe
Ich bringe meine Kraft zielgerichtet ein, ohne mir dabei Streß zu machen, und mit dem Vertrauen, auch Schwierigkeiten bewältigen zu können.

10 Kelche
Ich bin voller Freude und Vertrauen ins Leben, öffne mich, kann Liebe geben und empfangen, mich verbinden und abgrenzen.

10 Schwerter
Ich erkenne, wie mich Egokontrolle, Kopflastigkeit, negatives Denken und Zweifel »gekreuzigt« haben, ich lasse los, riskiere Fehler und »erstehe auf«.

10 Münzen/Scheiben
Ich genieße den Reichtum des Lebens, verwirkliche mich, finde Erfüllung in Familie und Gemeinschaft, kann geben und nehmen.

Die Hofkarten

König der Stäbe (Rider)/Ritter der Stäbe (Crowley)
Ich bin stark, ergreife die Initiative und handle zielstrebig, mutig und entschlossen im Sinne meiner inneren Weisheit und meiner Intuition.

Königin der Stäbe
Ich bin gereift an den Erfahrungen meines Lebens, liebe und genieße das Leben und helfe auch anderen Menschen, ihre Kräfte zu entfalten.

Ritter der Stäbe (Rider)/Prinz der Stäbe (Crowley)
Ich stelle mich mutig Herausforderungen, bin leidenschaftlich und tatkräftig, suche Abenteuer und erprobe Neues.

Bube der Stäbe (Rider)/Prinzessin der Stäbe (Crowley)
Ich bin voller Lebenslust und Kreativität, ergreife Gelegenheiten, um meine Kraft zu entfalten, und suche meinen Weg.

König der Kelche (Rider)/Ritter der Kelche (Crowley)
Ich handle im Sinne der höheren Weisheit, meiner Intuitionen und Phantasie und setze mich mit großem Mitgefühl ein in Familie und Gemeinschaft.

Königin der Kelche
Ich lebe in Einklang mit der inneren Stimme und mit meinen Gefühlen und bin voller Hingabe und Liebe.

Ritter der Kelche (Rider)/Prinz der Kelche (Crowley)
Ich bringe mich einfühlsam ein in Beziehungen und lasse mich beim Handeln beflügeln von dem, was von innen kommt.

Bube der Kelche (Rider)/Prinzessin der Kelche (Crowley)
Ich bin voller Liebe und Phantasie, öffne mich vertrauensvoll dem Leben und anderen Menschen und kann genießen und mich hingeben.

König der Schwerter (Rider)/Ritter der Schwerter (Crowley)
Ich handle aus großer geistiger Klarheit und Bewußtheit heraus – zielsicher, entschlossen, verantwortungsvoll und gerecht.

Königin der Schwerter
Ich habe mich mit Hilfe meiner Geisteskräfte von alten Ängsten, Maßstäben und Abhängigkeiten befreit und kommuniziere einfühlsam, klar und offen.

Ritter der Schwerter (Rider)/Prinz der Schwerter (Crowley)
Ich stelle mich Herausforderungen und Konflikten, befreie mich von allem Lebenverhindernden und handle entschlossen, schnell und zielgerichtet.

Bube der Schwerter (Rider)/Prinzessin der Schwerter (Crowley)
Ich suche nach Wahrheit und Sinn, kommuniziere ehrlich, klar und offen und setze mich ein für meine Ideale.

König der Münzen (Rider)/Ritter der Scheiben (Crowley)
Ich nehme den Reichtum des Lebens dankbar an und setze meine Kompetenz verantwortungsbewußt zum Wohl des Ganzen ein.

Königin der Münzen/Scheiben
Ich fühle mich getragen von kosmischen Kräften, lebe in Einklang mit der Natur und umsorge mich und andere voller Liebe zum Leben.

Ritter der Münzen (Rider)/Prinz der Scheiben (Crowley)
Ich bin bodenständig und sinnlich und bringe meine Kraft ein mit großer Gewissenhaftigkeit, Ausdauer und Geduld.

Bube der Münzen (Rider)/Prinzessin der Scheiben (Crowley)
Ich lebe in Harmonie mit Körper und Sinnen, habe Ehrfurcht vor der Natur, verwirkliche mein Potential, bin fruchtbar und offen für Neues.

Bildnachweis

Rider-Waite-Tarot: U. S. Games Systems Inc. – Crowley-Tarot: AG Müller – Golden-Dawn-Tarot: AG Müller – Kabbalistisches Tarot: AG Müller – Marseiller Tarot: Grimaud, Paris – Ibis-Tarot: AG Müller – Röhrig-Tarot: Aquamarin Verlag – Arcus-Arcanum-Tarot: AG Müller – Haindl-Tarot: Droemer Knaur Verlag – Tarot der Liebe: AG Müller – Tarot der weisen Frauen: AG Müller – Voyager-Tarot: James Wanless und Ken Knutson, Integral – Motherpeace-Tarot: Motherpeace – Osho-Neo-Tarot: Osho International Foundation.

Informationen über Seminare
und sonstige Anfragen bei der Autorin
unter folgender Adresse:

Marlies Burghardt
Op'n Plack 7
22869 Schenefeld